# 会计理论及其信息化发展研究

汪一宁　牛书宇　梁淑文 ◎著

中国商务出版社
CCTP
CHINA COMMERCE AND TRADE PRESS

图书在版编目（CIP）数据

会计理论及其信息化发展研究 / 汪一宁，牛书宇，
梁淑文著. -- 北京 ：中国商务出版社，2022.10
ISBN 978-7-5103-4438-1

Ⅰ．①会… Ⅱ．①汪… ②牛… ③梁… Ⅲ．①会计理
论－研究 Ⅳ．①F230

中国版本图书馆CIP数据核字(2022)第 179439 号

## 会计理论及其信息化发展研究

KUAIJI LILUN JIQI XINXIHUA FAZHAN YANJIU

汪一宁　牛书宇　梁淑文　著

出　　版：中国商务出版社

地　　址：北京市东城区安外东后巷28号　　邮　编：　100710

责任部门：外语事业部（010-64283818）

责任编辑：李自满

直销客服：010-64283818

总 发 行：中国商务出版社发行部 （010-64208388　64515150 ）

网购零售：中国商务出版社淘宝店 （010-64286917）

网　　址：http://www.cctpress.com

网　　店：https://shop162373850.taobao.com

邮　　箱：347675974@qq.com

印　　刷：北京四海锦诚印刷技术有限公司

开　　本：787毫米×1092毫米　1/16

印　　张：14.75　　　　　　　　　　字　数：304千字

版　　次：2023年5月第1版　　　　　　印　次：2023年5月第1次印刷

书　　号：ISBN 978-7-5103-4438-1

定　　价：70.00元

# 前　言

作为国际通用的商业语言和经济管理信息系统，会计在社会经济发展中的作用愈来愈重要，并受到广泛重视。当今世界，互联网、移动通信、云计算、物联网、智慧地球等现代信息技术的应用，催生了网络时代的发展和知识经济时代的到来，迎来了信息技术发展和应用的第三次浪潮。会计信息化也步入了以标准化、知识化、智能化、社会化和产业化为主要标志的第三次浪潮变革期。

会计信息化主要利用现代科学技术尤其是计算机信息技术，使得会计核算工程更加准确与高效。会计信息化促使会计核算工作更多地利用现代信息技术高速发展的成果，推动了会计理论与会计实务的进一步发展与完善，促进了会计管理制度的改革；会计信息化的实现，在很大程度上推动了我国会计行业的发展与完善，对我国会计管理制度改革的深化具有巨大的推动作用。

为了推动信息技术环境下会计行业的发展，特撰写《会计理论及其信息化发展研究》一书，以协助企业制定竞争战略，实施战略规划，切实促进企业在信息技术环境下会计信息化的发展。本书首先对会计的基础知识进行阐释，着重研究了会计的历史演进、会计职能与目标、会计环境及其类别、会计信息质量要求。以此为基础，对会计核算的方法，会计资产分析与核算，负债与所有者权益，收入、费用与利润核算，会计工作的组织与管理，会计信息化发展与标准体系构建进行了深度剖析。最后基于大数据、物联网和云计算环境探析会计信息化发展。

全书体系完整、层次清晰，内容翔实、丰富，注重理论联系实际，具有较强的理论性、实践性和指导性，对推动会计信息化发展起到重要作用。

笔者在撰写本书的过程中，得到了许多专家学者的帮助和指导，在此表示诚挚的谢意。由于笔者水平有限，加之时间仓促，书中所涉及的内容难免有疏漏之处，希望各位读者多提宝贵意见，以便笔者进一步修改，使之更加完善。

# 目　录

# 第一章　会计的基础知识

## 第一节　会计的历史演进

会计是适应人类生产实践和经营活动的客观需要而产生的。人类社会自从有了经济活动，记录和计算就成为必要。在我国古代，早就出现了"日记、月要、岁会"等会计术语，我国"会计"之职，最早设于西周，称为"司会"，主管财政经济。在《周礼》一书中，曾经多处提到会计。如"司会"之职——"逆群吏之治而听其会计"，意即司会接受朝廷和地方百官的会计文书而进行考核。清人焦循在《孟子正义·万章篇》中对"会计"一词注释为"零星算之为计，总合算之为会"。会计的产生，源于人们关心经济效益和管理经济的需要。会计在早期作为人们开展生产、交换、分配和消费活动的附带职能。随着生产和经营规模的日益扩大，逐步成为一个独立的职能①。

宋代把财政收支分为"原管、新收、已支、现在"四部分，用来计算财产的增减变化。此法在元代传入民间，明初概括为"四柱清册"。所谓"四柱"，即旧管、新收、开除、实在，通过"旧管＋新收－开除＝实在"的平衡公式进行结账，交代所经管财产的来龙去脉。

明末清初，商业和手工业趋向繁荣，出现了以四柱为基础的"龙门账"。它把全部账目划分为"进"（各项收入）、"缴"（各项支出）、"存"（各项资产）、"该"（资本及各项负债）四大类，运用"进－缴＝存－该"的平衡公式，计算盈亏，分别编制"进缴表"和"存该表"。两表计算得出的盈亏数应当相等，称为"合龙门"。清代随着资本主义生产关系的萌芽，又产生了"天地合账"，要求一切账项都要在账簿上记录两笔，既登记"来账"，又登记"去账"，以反映同一账项的来龙去脉。账簿采用垂直书写，分上下两格，上格记收，称为"天"，下格记付，称为"地"，上下两格所记数额必须相等，即所谓"天地合"。四柱清册、龙门账和天地合账显示了我国历史上各个时期传统中式簿记的特色。

民国时期，我国中西式会计并存。中华人民共和国成立以后，在财政部成立了主管全国会计事务的专门机构，基于国家有计划地进行大规模社会主义经济建设的需要，先后制定出多种统一会计制度，指导企业的会计工作。

自1978年党的十一届三中全会以来，随着经济体制改革的深入和对外开放的扩大，

---

① 陈信元：《会计学》（第五版），上海财经大学出版社2018年版。

会计所处的环境不断嬗变。1984 年起，我国开始转向有计划的商品经济体制，传统的会计已逐渐难以适应需要。1992 年起，我国又开始实行社会主义市场经济体制，国有企业被推向市场，逐步成为真正的会计主体，为此，财政部在 1992 年 11 月制定并颁布了《企业会计准则》。

20 世纪 90 年代我国证券市场的出现和发展对我国会计的发展产生了重要影响。1990 年 12 月，在上海设立了中国第一家证券交易所；1991 年 7 月，又在深圳设立了证券交易所；1992 年 10 月，中国证券监督管理委员会(以下简称中国证监会)成立；1993 年 12 月，《公司法》颁布，公司组织的成立和运作有了法律依据。此后，一大批国有企业改制，民营企业上市，上市公司的数量迅速上升，证券市场的规模与日俱增。

在公司组织中，股东通常并不直接从事企业的经营活动，他们通过董事会或股东大会聘用经理人员去管理企业，经理层要通过会计向股东报告他们的经营业绩，会计起着交代经管责任的作用。从股东的角度看，由于社会经济资源的稀缺性，他们要选择能有效使用经济资源的企业，以得到更好的投资回报，会计信息应当有助于投资者评价公司的投资回报率及相关的风险，会计起着有效配置资源的作用。投资者、债权人等企业利益攸关方的利益及其会计信息需求必须在设计会计制度时加以考虑，透明的会计信息披露在公司治理中发挥着越来越重要的作用。

鉴于计划经济体制下会计的局限性，1992 年 5 月，财政部与国家体改委联合颁发了《股份制试点企业会计制度》，较多地借鉴了国际会计惯例。1992 年，财政部又颁布了适应市场经济发展需要的《企业会计准则》，要求全国企业执行。以后，财政部又多次修改了企业会计制度，制定和颁布了 10 多项具体会计准则，不断满足经济体制转型和证券市场发展的需要。2006 年再次修订完善了《企业会计准则》，要求上市公司自 2007 年 1 月 1 日起执行，并鼓励其他企业执行。

科学技术的进步也对我国的会计工作产生了重大影响。20 世纪 80 年代中期以后，科学技术尤其是现代信息技术突飞猛进。会计电算化程度越来越高，技术愈益成熟，用计算机处理和加工会计信息更加普遍。会计信息的生成、加工、分析和利用，更应该在计算机环境下加以讨论。

从世界范围看，会计的发展也源远流长。早在原始印度公社时期就已经出现了记账员，负责登记与农业生产相关的事项。在奴隶和封建社会时期，商品经济尚不发达，会计主要被政府部门用来记录、计算和考核钱物出纳等财政收支。13—15 世纪，地中海沿岸一些城市的手工业和商业日趋发达，经济繁荣，从而诞生了科学的复式记账法。1494 年，意大利数学家卢卡·巴其阿勒 (Luca Padoli) 所著的《算术、几何、比及比例概要》一书问世，对复式记账法做了系统的说明，为复式簿记在全世界的广为流传奠定了基础。

18—19 世纪英国爆发了工业革命，以后相继波及其他西方国家。工业革命使大工厂逐步取代了手工作坊，产品的商品化程度提高，市场竞争日益激烈，要求对批量生产的产品进行成本计算，机器的使用产生了折旧概念，成本会计应运而生。随着企业规模的扩大，孕育了科学管理概念，开始需要对企业的经济活动进行分析、计划、决策和控制，管理会计诞生了。

在生产力发展的同时，企业组织形式也经历了从独资、合伙到公司的演变。公司组织，尤其是上市公司，能够比较容易地向社会公众筹集到更多的资金，以满足社会化大生产的需要。由于所有权和经营权的分离，产生了查核经理人员履职情况的需要；信贷业务的开展，又促使审阅企业偿债能力成为不可缺少的一环，于是出现了以查账为职业的特许或注册会计师。这一时期，各国税法、商法、公司法的陆续颁布和完善，也促进了会计的发展，簿记逐步成长为会计，会计出现了财务会计、成本会计、管理会计和审计等分支学科。

20 世纪 30 年代以后，为了适应证券市场发展的需要，引导企业会计工作规范化，提高会计信息的真实性和可比性，西方各国先后研究和制定了会计原则（以后改称为会计准则），进一步把会计理论和方法推上了一个新的水平。第二次世界大战之后，随着跨国公司的蓬勃兴起，出现了国际会计这一新的会计学分支。

综上所述，无论中外，会计很早就存在了。随着生产力的不断发展，会计经历了一个由简单到复杂、由低级到高级的不断发展和完善的过程。同时，会计的重要性也逐渐为人们所认识。客观实践证明，经济越发展，会计越重要。

# 第二节　会计职能与目标

对"会计"一词，我国清代焦循在《孟子正义》中的解释是"零星算之为计，综合算之为会"，由"会"与"计"组成"会计"一词，包括了日常的零星核算和定期的综合核算。由于会计是随着社会环境的变化而不断发展变化的，因此关于会计的定义在不同的背景下也有不同的解释。自 20 世纪 80 年代以来，我国会计界对会计的定义提出了若干不同的观点，其中具有代表性的观点有两种，即"管理活动论"和"信息系统论"。

管理活动论认为，会计不仅是一种管理工具，它本身就具有管理职能，是人们从事管理的一种活动。因此，会计的本质是一种管理活动。信息系统论认为，会计是旨在提高企业和各单位活动的经济效益，加强经济管理而建立的一个以提供财务信息为主的经济信息系统。该观点强调会计本质上是一个经济信息系统[1]。

综上所述，基于对会计本质的认识及各种观点的综合，可以对会计进行如下定义：会计是以货币作为主要计量单位，通过一系列专门的方法，对企业和其他单位的经济活动进行连续、系统、全面的核算和监督，以提供会计信息和提高经济效益为目的的一种经济管理活动。

## 一、会计的基本职能

会计的职能是指会计在经济管理活动中所具有的功能。会计的职能是会计本身所客观

---

[1] 薛玉莲、张丽华：《会计学》，首都经济贸易大学出版社2016年版，第3页。

具有的，并且随会计的发展而发展。尽管到目前为止对会计的职能有多种解释，但会计最基本的职能是核算职能和监督职能。

## （一）会计的核算职能

会计的核算职能主要是指会计通过确认、计量、记录和报告，从数量方面反映企业和其他单位已经发生和已经完成的经济活动，它是会计最基本的职能。会计的核算职能也可称为会计的反映职能，记账、算账和报账是会计执行核算职能的主要形式。会计的核算职能不仅包括对已经发生的经济活动进行核算和反映，也包括对未来发生的经济活动进行的事前预测和规划，因此，会计还具有对经济活动的预测职能。

## （二）会计的监督职能

会计的监督职能主要是利用会计核算所提供的经济信息对企业和其他单位的经济活动进行控制和指导。会计监督的核心在于通过干预经济活动，使之符合国家有关法律、法规和制度，并对经济活动的合理性和有效性进行审查、分析和控制。会计监督贯穿于经济活动的全过程，包括事前监督、事中监督和事后监督。事前监督是指对未来即将发生的经济活动的监督，实质上是审查预算和计划的合法性和合理性。事中监督是指对正在发生的经济活动的审查和控制，对于偏离预算和规定的经济活动进行调整和控制。事后监督是指对已经发生的经济活动进行的审查和分析。

会计的核算职能和监督职能，是密切联系、相辅相成的。会计核算是进行会计监督的基础，只有在对经济活动进行正确核算的基础上，才能进行有效的会计监督；也只有在对经济活动进行有效的会计监督的情况下，才能保证企业等单位的经济活动正常进行，会计核算所提供的信息才能发挥相应的作用。

## 二、会计的目标

会计的目标是指在一定的客观环境和经济条件下，会计活动所要达到的结果或目的。会计目标是会计工作的内在规定性，为会计活动指明了方向。从实务的观点看，会计目标是会计系统运行的导向，是会计实践活动的出发点和归宿。在理论上，会计目标是会计概念结构的最高层次，是决定会计假设、会计原则和会计技术的基础[①]。

会计目标与会计职能是两个既相互联系又相互区别的概念。会计职能表明会计可以做什么，它为会计目标设定了最大限度；而会计目标是会计职能的具体化，它会随着社会经济环境的变化而变化，在不同的社会制度和经济制度下，会计目标也会存在一定差异。

会计目标主要是明确为什么要提供信息，向谁提供信息，提供哪些信息的问题。长期

---

① 黄明、郭大伟：《会计学》（第4版），立信会计出版社2016年版，第3页。

以来，在会计目标问题上，会计学界存在两种不同的观点：一是决策有用学观，认为会计目标在于向信息使用者提供有助于经济决策的数量化信息，会计信息是经营决策的基础；二是受托责任观，认为会计的目标是以恰当的形式有效反映和报告资源受托者的受托责任及其履行情况。前者强调会计信息使用者处于会计系统的核心，更强调会计信息的相关性；后者强调会计是处于委托者和受托者的中介地位，更强调会计信息的可靠性、客观性。

我国《企业会计准则—基本准则》第四条规定，企业应当编制财务会计报告，财务会计报告的目标是向财务会计报告使用者提供与企业财务状况、经营成果和现金流量等有关的会计信息，反映企业管理层受托责任履行情况，有助于财务会计报告使用者做出经济决策。

# 第三节　会计环境及其类别

## 一、会计环境

### （一）会计环境的界定

从会计的产生与发展历史可见，会计是一种经济活动，这种经济活动受会计环境的影响与制约。所谓会计环境，是指影响并决定会计的产生与发展的社会客观条件与特殊情况，包括会计思想、会计法制、会计理论、会计方法以及与之密切相关的审计等，它们是会计赖以生存与发展的基础。

会计环境对会计的产生和发展具有极大的促进、制约和引导作用，它规定着会计发展的规模、速度、趋向和状态。会计的发展既不可能超越一定历史阶段中会计所处的环境，即产生超前的会计；也不可能使落后的会计思想和行为起主导作用。在特定的历史阶段，会计一定是与该阶段的会计环境相适应的。一般而言，会计环境会朝着改善的方向发展，或是局部环境的改善，或是会计环境的改善。

### （二）构成会计环境的因素

会计环境由许多因素构成，这些因素分别从不同方向和不同角度来影响会计。从会计的产生和发展史中不难看出，影响会计发展的会计环境因素主要有社会经济水平、科学技术水平、文化教育水平以及政治与经济制度状况等。

（1）社会经济水平。会计思想的演进，会计理论与方法的发展首先取决于社会经济发展水平：低下的社会生产力，只需要简单的会计方法；而较高的社会经济发展水平，需要有较复杂的会计方法与之相适应。因此，会计的产生和发展首先取决于社会经济的发展水平。也正是因为如此，社会经济发展水平是会计环境的第一因素。

（2）科学技术水平。会计的发展离不开社会科学技术的进步。科学技术直接促进着会计的发展，这种促进作用日益突出和显著。一方面，科学技术通过转化为生产力，强有力地推动着社会经济的发展，进而推动着会计的发展；另一方面，科学技术的发展已直接影响到会计领域的拓宽、会计理论的发展、会计方法的改进。如计算机技术在会计中的运用，网络会计的产生与运用，云计算会计的产生等。因此，科学技术水平是决定和影响会计发展的另一重要因素。

（3）文化与教育水平。社会文化与教育的发展是人类文明进步的重要标志，对会计的发展产生着影响。社会文化与教育水平主要从会计思想、会计工作人员的素质和职业道德的方面来影响会计的发展。因为会计人员的会计思想和素质决定着会计理论研究的深度、广度，决定着会计的科学性及运用水平。

（4）政治与经济制度状况。会计的生存与发展，无不受到社会政治与经济制度的影响、制约。这种影响和制约是强制性的、具体的，它不仅要求会计必须符合一个国家的政治和经济制度的基本要求，甚至还规定了会计实务处理的一些具体细节。这一因素对会计的影响主要体现在以下三个方面：①社会政治制度的变革必将引起会计组织、会计法制和会计理论等方面的改革；②国家经济制度的变革不仅涉及会计基本理论和会计管理控制的变化，还影响到会计方式和会计方法的革新；③国家的基本政策法规和具体政策法规的变化必将影响法规政策、物价政策等的变化，进而影响会计制度的调整及会计事务具体处理方法的变化。

会计环境因素还包括经济危机、社会危机、通货膨胀等负面因素。在分析会计演进史并揭示会计发展趋势时，应综合考虑各方面的因素。

## 二、会计分类

### （一）按照报告对象的不同划分

按其报告对象不同，会计可划分为财务会计（对外报告会计）和管理会计（对内报告会计）。

#### 1. 财务会计

财务会计是向企业外部的信息使用者提供决策所需的会计信息。如增加还是减少对公司的投资决策以及是否拓展公司借贷规模的决策等。它是通过处理会计凭证、登记账簿、编制财务报表的方式，提供企业财务状况、经营成果和现金流量等方面的信息。财务会计信息反映的是过去一段时间内所发生的经济事项，具有历史性。此外，由于财务报表是公开发布的正式报告，为了使使用者读懂财务报表，财务报表的编制必须遵循权威机构制定的会计准则。

### 2. 管理会计

管理会计是为企业内部管理者（尤其是高层管理者）提供控制、预测、决策所需的信息。由于管理会计信息是供企业内部管理者使用，因此，它们的编制不需要按照权威组织的准则，弹性较大，比较灵活。

## （二）按照会计目的不同划分

按会计目的的不同，会计可划分为营利组织会计（企业会计）和非营利组织会计。

### 1. 营利组织会计（企业会计）

营利组织会计，即企业会计，是指服务于企业单位的会计，主要反映企业的财务状况和经营业绩。

### 2. 非营利组织会计

非营利组织会计是提供资产、负债、基金或者净资产、收入、支出及结余方面信息的会计，以便为资产提供者（政府和捐赠者）考核组织是否按要求运作、管理和处置资产提供相关信息的会计。因为不以营利为目的，资产提供者不能获得财务上的好处，会计也就不能反映所有者权益，而是反映资产减去负债的差额。

营利组织与非营利组织的概念不是按照某个单位组织活动的结果，而是按照其活动的目的划分，所以，营利两个字不能写成"盈利"，因为"盈利"是指单位组织的总收入大于总支出的差额，它反映的是活动的结果而不是目的。从某个单位组织活动的目的而不是结果来划分营利组织和非营利组织是研究非营利组织会计理论的出发点。

会计按对象的范围来划分，可分为宏观会计和微观会计。宏观会计是以整个社会经济活动作为会计对象，而微观会计则以会计个体作为会计对象。上述的财务会计、管理会计以及营利组织会计与非营利组织会计均属于微观会计。宏观会计主要包括社会会计、社会责任会计和环境会计（绿色会计）等。

在所有会计分类中，按报表对象的不同来划分是最基本的、也是最主要的划分。

# 第四节　会计信息质量要求

会计信息质量要求是使会计信息对其使用者管理和决策有效所应具备的基本特征，包括可靠性、相关性、可理解性、可比性、及时性、实质重于形式、谨慎性和重要性等。

## 一、可靠性要求

可靠性要求企业应当以实际发生的交易或事项为依据进行确认、计量和报告，如实反映符合确认和计量要求的各项会计要素及其他相关信息，保证会计信息真实可靠、内容完整。

会计信息要对决策有用，必须以可靠性为基础。不可靠甚至是虚假的会计信息，会误导信息使用者的决策，从而导致他们产生经济损失。可靠性要求会计工作做到以下三点：

第一，会计核算应当以实际发生的交易或事项为依据，不能虚构经济业务。

第二，应当如实反映其所应反映的交易或事项，会计信息是中立的、无偏向的。

第三，在符合重要性和成本效益原则的前提下，保证会计信息的完整性，不能随意遗漏或者减少应披露的会计信息。

## 二、相关性要求

相关性要求企业提供的会计信息应当与财务会计报告使用者的经济决策需要相关，有助于财务会计报告使用者对企业过去、现在或者未来的情况做出评价或者预测。相关性具体包括以下要求：

第一，提供的会计信息具有反馈价值。相关性有助于会计信息使用者评价企业过去的决策，证实或者修正过去的有关预测。

第二，提供的会计信息要有预测价值。相关性有助于信息使用者根据财务会计报告所提供的会计信息预测企业未来的财务状况、经营成果和现金流量。

例如，企业向银行申请贷款时，需要提供与还款能力有关的信息，银行才能判断是否提供贷款，与还款能力有关的信息对银行来说都具有相关性。区分收入和利得、费用和损失、流动资产和非流动资产等，都可以提高会计信息的预测价值，进而提升会计信息的相关性。

相关性和可靠性之间存在一定的矛盾关系，但不能将两者对立起来。会计信息应当在可靠性的前提下，尽可能做到相关性，以满足信息使用者的决策需要。

### 三、可理解性要求

会计虽然具有专业性，但会计信息往往是为非会计专业人员服务的，因此，会计信息应当具有可理解性。可理解性要求企业提供的会计信息应当清晰明了，便于会计信息使用者理解和使用。可理解性具体包括以下要求：

第一，提供的会计信息应当清晰明了，易于理解。

第二，会计记录和会计报表数量关系清晰、明确，会计术语通俗易懂。

如果会计信息易于理解，不仅可以扩大用户的范围，满足更多信息使用者的要求，活跃经济活动，还可以提高信息的效益性，使信息资源的配置更为合理。

### 四、可比性要求

可比性要求企业提供的会计信息应当相互可比。对同一笔经济业务，要保证同一企业不同时期可比、不同企业相同会计期间可比，即能够进行纵向和横向的比较分析。可比性具体包括以下要求：

第一，不同企业发生的相同的交易或事项，应当采用一致的会计政策，按照一致的确认、计量和报告基础提供有关会计信息。

第二，同一企业对于不同时期发生的相同的或者相似的交易或事项，应当采用一致的政策，不得随意变更。

### 五、及时性要求

及时性要求会计核算应当及时进行，不得提前或延后。及时性是保证会计信息使用者及时利用会计信息的必要条件。及时性具体包括以下要求：

第一，及时收集会计数据并取得有关凭证。

第二，对会计数据及时进行处理，及时编制财务会计报告。

第三，对会计信息进行及时传递。

例如，甲公司各项经济业务应当及时进行会计核算。及时性内容包括两个方面：一是公司的会计处理应当及时，即会计事项的账务处理应当在当期内进行，不能延至下一会计期间或提前至上一会计期间；二是会计报表应在会计期间结束后，按规定日期呈报给相关会计信息使用者，不得影响有关各方使用会计报表。

### 六、实质重于形式要求

实质是指经济实质，形式是指法律形式。实质重于形式要求企业应当按照交易或事项的经济实质进行会计确认、计量和报告，不应当仅仅按照它们的法律形式作为会计核算的依据。

例如，企业按照销售合同销售商品但又签订了售后回购协议，虽然从法律形式上实现了收入，但如果客户没有取得商品控制权，企业没有将商品所有权上的主要风险和报酬转移给购货方，那么即使签订了商品销售合同或者已将商品交付给购货方，也不应当确认销售收入。

又如，以融资租赁形式租入的固定资产，虽然从法律形式来讲企业并不拥有其所有权，但从实质上看，企业控制了该项资产的使用权及受益权。因此在会计核算上，基于实质重于形式的会计信息质量要求，将融资租赁的固定资产视为企业的资产。

## 七、谨慎性要求

谨慎性又称稳健性。谨慎性要求企业对交易或事项进行会计确认、计量和报告时，应当保持应有的谨慎，不应高估资产或者收益、低估负债或者费用。但是谨慎性的应用不允许企业故意低估资产或收益，故意高估负债或费用。如果谨慎性应用不当，将不符合可靠性和相关性的会计信息要求，损害会计信息的质量。例如，会计报表需要对所有资产进行评估和测试，凡是不能收回成本的资产，都需要计提减值准备，确认资产减值损失。

又如，固定资产加速折旧法是对在用的固定资产使用初期多计提折旧额、后期少提折旧额的方法，使得所用固定资产磨损的大部分价值能在较前的几个使用期间内收回，保证所耗资产的价值得到及早补偿，体现了谨慎性的会计信息质量要求。

再如，对于企业发生的或有事项，通常不能确认或有资产；相反，相关的经济利益很可能流出企业而且构成现时义务时，应当及时确认为预计负债。

## 八、重要性要求

重要性要求企业提供的会计信息应当反映与企业财务状况、经营成果和现金流量有关的所有重要交易或事项。

若企业会计信息的省略或者错报会影响使用者据此做出经济决策的，该信息就具有重要性。重要性没有统一的标准，需要根据会计人员的职业判断来确定。会计人员应当根据企业的经营环境和经营状况，从项目的性质和金额大小两方面来判断重要性。

例如，资产负债表日后事项是自年度资产负债表日至财务会计报告批准报出日之间发生的需要调整或说明的事项。其中，"需要调整或说明"中的"需要"与否，就是重要性会计信息质量要求的实施应用，达到了重要性标准的，即足以影响信息使用者决策，若不披露就会误导投资者决策的，就认为其需要调整或说明，应将其确认为资产负债表日后事项进行处理。

# 第二章　会计核算的方法解读

## 第一节　会计语言：会计科目与会计账户

### 一、会计科目

为了系统、全面地反映和监督企业的经济活动，我们将会计对象划分为一定的会计要素，即资产、负债、所有者权益、收入、费用和利润六要素。为了能正确地反映由各项经济业务引起的会计要素有关项目的增减变动情况，通过对各会计要素的增减变动来确认、计量、记录和报告全部经济业务，就需要先确定会计科目、设置账户，从而全面、系统地反映和监督资金运动，有效地控制和管理企业的经济活动。

会计科目是按照经济业务的内容和经济管理的要求，对会计要素的具体内容进行分类核算的项目[①]。每一个会计科目都明确地反映其特定经济内容，例如，固定资产和原材料虽然都属于资产，但是它们的经济内容、在经济活动中的消耗方式和所起的作用各不相同。又如，应付账款和长期借款虽然都是负债，但它们的形成原因和偿付期限也各有不同。

### （一）设置会计科目的原则

在实际工作中，会计科目是通过会计制度预先规定的，它是设置账户、处理账务所必须遵循的规则和依据，是正确组织会计核算的重要依据。据此，在设置会计科目时，应遵循以下原则：

第一，必须结合会计对象的特点，全面反映会计对象的内容。作为对会计对象具体内容进行分类核算的项目，会计科目的设置应能够全面、系统地反映会计对象的全部内容，不能有任何遗漏。同时，会计科目的设置必须反映会计对象的特点。除各行各业的共性会计科目外，还应根据各行各业会计对象的特点设置相应的不共性会计科目。

第二，既要满足对外报告的要求，又要符合内部经营管理的需要。企业的会计核算应能满足各方面的需要：满足政府部门加强宏观调控、制定方针政策的需要；满足投资人、

---

① 张蕊、程淑珍、王建辉：《会计学》，复旦大学出版社2015年版，第49页。

债权人及有关方面对企业经营和财务状况做出准确判断的需要；满足企业内部加强经营管理的需要。因此，在设置会计科目时，要兼顾对外报告信息和企业内部经营管理的需要，并根据需要提供数据的详细程度，分设总分类科目和明细分类科目。

第三，既要适应经济业务发展的需要，又要保持相对稳定。会计科目的设置要适应社会经济环境的变化和本企业业务发展的需要。例如，随着商业信用的发展，为了反映和监督商品交易中的延期付款或延期交货而形成的债权债务关系，核算中应单独设置"预收账款"和"预付账款"科目，即把预收货款和预付货款的核算从"应收账款"和"应付账款"科目中分离出来。再如，随着技术市场的形成和《专利法》《商标法》的实施，对企业拥有的专有技术、专利权、商标权等无形资产的价值及其变动情况，有必要专设"无形资产"科目予以反映。但是，会计科目的设置也应保持相对稳定，以便在一定的范围内综合汇总和在不同时期对比分析其所提供的核算指标。

第四，做到统一性与灵活性相结合。所谓统一性，是指在设置会计科目时，应根据提供会计信息的要求，按照《企业会计准则》，对一些主要会计科目的设置及其核算内容进行统一的规定，以保证会计核算指标在各个部门乃至全国范围内综合汇总，分析利用。所谓灵活性，是指在保证提供统一核算指标的前提下，各企业可以根据本企业的具体情况和经营管理要求，对统一规定的会计科目做必要的增补或兼并。例如，统一规定的会计科目中未设"废品损失"和"停工损失"科目，企业如果需要单独核算废品损失和停工损失，可以增设"废品损失"和"停工损失"科目。

第五，会计科目要简明、适用。每个会计科目都应有特定的核算内容，在设置会计科目时，对每一个科目的特定核算内容必须严格、明确地界定。会计科目的名称应与其核算的内容相一致，并要含义明确、通俗易懂。科目的数量和粗细程度应根据企业规模的大小、业务的繁简和管理的需要而定。

## （二）会计科目的不同层次

会计科目按其所提供信息的详细程度不同可分为总分类科目和明细分类科目。

### 1. 总分类科目

总分类科目又称一级科目，是指对会计要素的具体内容进行总括分类的项目。它是对会计对象不同经济内容所做的总括分类，是进行总分类核算的依据，所提供的是总括指标，如"应收账款""原材料"等科目。总分类科目在我国原则上由财政部统一制定，且须有编号。

需要说明的是，在手工系统下，会计人员进行账务处理时，不得只有编号而无会计科目名称。在会计电算化系统中，应按会计准则的规定，在开始时设计"会计科目名称及编号表"，以便对电算化的会计处理进行审查和监督。

2.明细分类科目

明细类科目又称三级科目或明细科目，是对总分类科目所含内容再做详细分类的会计科目，提供详细指标或信息。在总分类科目与明细分类科目之间，企业也可以根据需要增设二级科目，即设置提供中间性核算指标的科目，所提供的指标或信息介于总分类科目和明细分类科目之间，又称为类目，反映某一类经济资源的经济指标及会计信息。

可见，会计科目按其提供指标或信息的详细程度，一般可以分为一级科目（总分类科目）、二级科目（类目）、三级科目（明细分类科目），其中，三级科目实际上还可以按照实际需要继续细分，如四级科目、五级科目等。总分类科目统辖下属数个明细科目或总分类科目统辖下属数个二级科目，然后再在二级科目下设置数个明细科目。

实际工作中，大多数总分类科目下需要设置明细分类科目，主要是满足企业内部经营管理的需要。因此，二级科目和明细分类科目的名称、核算内容除少部分通过会计准则加以统一规定外，大部分均由企业根据其实际情况自行规定。例如，"库存商品"总分类科目可根据企业实际情况，按其品种或规格、类别分设明细科目，以反映各类别商品的库存情况。

会计科目是对会计对象的组成内容进行科学分类而规定的名称，但它只对核算的范围做出规定，并不对其增减变动的情况和结果做出记录。

## 二、会计账户

会计账户就是用来记录经济交易或事项及其所引起的会计要素具体内容变动情况的一种工具。它是根据会计科目设置的、具有一定格式和结构的、用于分类反映会计要素增减变动情况及其结果的载体。

设置账户是会计核算的重要方法之一。它是对各种经济业务进行分类和系统、连续的记录，反映资产、负债和所有者权益增减变动的记账实体。会计科目的名称就是账户的名称，会计科目规定的核算内容就是账户应记录反映的经济内容，因此，账户应该根据会计科目的分类相应地设置。

### （一）账户的类型

在实际工作中，设置账户与会计科目一样，从需要出发，根据总分类科目、二级科目和明细分类科目开设相应的账户，以便于分类、归集、总括和具体、详细地核算数据。

账户可分为总分类账户和明细分类账户。总分类账户又称总账，是按总分类科目开设的，提供的是总括核算指标，对明细分类账户起控制和统驭的作用，一般只用货币计量；明细分类账户又称明细账，是按明细分类科目开设的，提供的是明细分类核算指标，对总分类账户起补充说明作用，除采用货币量度外，有时还采用实物量度作为其辅助计量。

## （二）会计账户的基本结构

会计账户的结构就是指账户的格式。企业的各项经济业务所引起会计要素的变化虽然是千变万化的，但从数量上看，无非是增加或减少两种情况。所以，用来反映企业在某一会计期间内各种有关数据的账户，在结构上就应分成左、右两方：一方用来登记增加数，另一方则用来登记减少数，至于到底哪一方登记增加、哪一方登记减少，则由其所采用的记账方法和所记录的经济内容决定。为了说明问题和方便学习，我们一般采用"T"字形来表示简化的账户基本结构，如图 2-1 所示[①]。

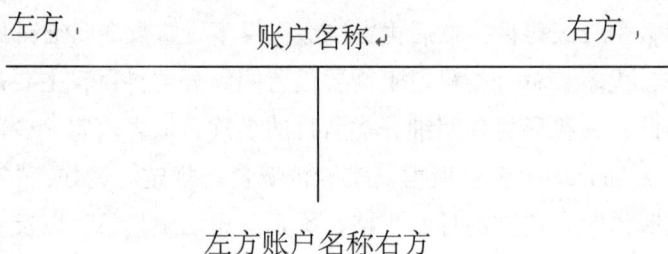

| 左方 | 账户名称 | 右方 |
|---|---|---|

左方账户名称右方

**图 2-1 T 形账户的基本结构图**

实际工作中，账户的格式并非如此简单，而是根据实际需要来设计账户的具体结构。一个完整的账户结构应包括以下内容：

（1）账户名称。

（2）记账日期及内容摘要。

（3）会计凭证的种类及号数。

（4）反映增加额、减少额及余额的部分。

我国实际工作中会计记账常用的账户基本格式见表 2-1。

**表 2-1 会计记账常用的账户基本格式**

账户名称：　　　　　　　　　　　　　　　　　　　　　　　　　　　　页码：

| 20××年 | | 凭证 | | 摘要 | 借方 | 贷方 | 借或贷 | 余额 |
|---|---|---|---|---|---|---|---|---|
| 月 | 日 | 种类 | 号数 | | | | | |

**注：表格中的借方和贷方代表增加数和减少数，至于哪一方登记增加数、哪一方登记减少数，详见本章第二节借贷记账法。**

在会计账户的基本结构中，可提供四个金额指标，即期初余额（即旧管）、本期增加额（即新收）、本期减少额（即开除）和期末余额（即实在），也称为四个金额要素。期初

---

① 张蕊，程淑珍，王建辉.会计学[M].上海：复旦大学出版社，2015：55.

余额是指上期（月、季、年）期末结转到本期的余额。每个账户的左方和右方在一定时期内所记载的金额合计称为本期发生额。其中，一方所记载的增加额合计称为本期增加额；另一方所记载的减少额合计称为本期减少额。每个账户的期初余额和本期发生额相抵之后的余额就是期末余额。账户四个金额要素之间的关系如下：

期末余额 = 期初余额 + 本期增加发生额 − 本期减少发生额

### （三）会计账户和会计科目的区别

会计对象的基本分类就是会计要素，会计要素的进一步分类则是会计科目。会计科目和会计账户是两个既有联系又有区别的概念。它们的联系在于：两者都是对会计对象具体内容进行科学分类，口径一致，性质相同。会计科目是账户的名称，也是设置账户的依据；而会计账户则是会计科目的具体运用，会计科目的内容就是会计账户应记录、反映的内容。实务中，人们常常把会计科目与会计账户等同使用，当会计科目在账簿中用来记录经济业务的增减变动及其结果时，会计科目就叫作会计账户，账户是根据会计科目开设的，会计科目是账户的名称。它们的区别在于：会计科目仅仅是账户的名称，不存在结构，而账户则具有一定的格式和结构；会计科目仅说明反映的经济内容是什么，而账户不仅说明反映的经济内容是什么，而且系统地反映和控制其增减变化及结余情况；会计科目的作用主要是为了开设账户、填制凭证所运用，而账户的作用主要是提供某一具体会计对象的数据资料，为编制财务报表所运用。

# 第二节　会计记账：借贷记账法

所谓记账方法，就是根据一定的记账原理和规则，运用特定的计量手段，利用文字和数字记录经济业务的一种专门方法。记账方法一般包括记录方式、记账原理与规则、记账符号、试算平衡公式及方法等。

## 一、记账方法的类型

按记录方式的不同，记账方法可以分为单式记账法和复式记账法两大类。

### （一）单式记账法

单式记账法是最早使用的记账方法。单式记账法是指对发生的每一项经济业务，只在一个账户中单方面地进行记录的记账方法。这种方法主要用于记载现金收付和债权债务结算业务，一般不登记实物的收付业务。因此，单式记账法存在以下不足：

（1）手段简便，账户设置不完整。单式记账法一般只设置现金账户、银行存款账户以及债权、债务账户，没有一套完整的账户体系。

（2）账户之间的记录没有直接联系，也不能形成相互平衡的关系。

（3）单式记账法不能全面、系统地反映经济业务的来龙去脉，也不可能进行全面的试算平衡和检查账户记录的正确性和完整性。

## （二）复式记账法

复式记账法是指对发生的每一项经济业务都以相等的金额在相互联系的两个或两个以上的账户中进行登记的一种记账方法。复式记账法是由单式记账发展而来的，是一种科学的记账方法。与单式记账法相比，复式记账法有以下两个显著特点：

第一，对每项经济业务都在至少两个相互关联的账户上进行记录，不仅可以全面、清晰地反映出经济业务的来龙去脉，还能够全面、系统地反映经济活动的过程和结果。

第二，对每项经济业务都以相等的金额在有关账户中进行记录，可以对记录的结果进行试算平衡。

根据记录方式、记账原理与规则、记账符号、试算平衡公式及方法不同，复式记账法可分为借贷记账法、增减记账法、收付记账法等。其中，借贷记账法是历史上第一种复式记账法，也是当前世界各国普遍采用的一种记账方法，是现代会计中最具代表性的一种科学的复式记账法。我国《企业会计准则——基本准则》第十一条规定："会计记账采用借贷记账法。"

## 二、借贷记账法的内容解析

借贷记账法是以"借""贷"为记账符号，以"有借必有贷，借贷必相等"为记账规则来记录会计要素增减变动情况的一种复式记账法。借贷记账法要求在每一项经济业务发生后记账，同时在相互联系的两个或者两个以上的账户中按照借、贷相等的金额进行登记。

## （一）借贷记账法的基本结构

在借贷记账法下，任何账户都分为借方和贷方两个基本部分，通常左方为借方，右方为贷方。在会计教学中，一般将其简化为 T 形账户的形式，它的基本结构如图 2-2 所示。

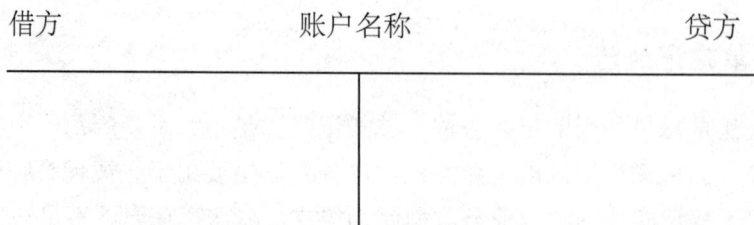

| 借方 | 账户名称 | 贷方 |
|---|---|---|

图 2-2 T 形账户结构图

在借贷记账法下，所有账户的借方和贷方都要按相反的方向记录，即一方登记增加金额，另一方登记减少金额。至于哪一方登记增加金额、哪一方登记减少金额，则要根据各个账户所反映的经济内容来决定，即要由经济业务涉及的账户和账户性质而定。

根据借贷记账法下 T 形账户左借右贷的基本约定，等式左边的"资产"和"费用"两个会计要素类账户的余额应在借方，等式右边的"负债""所有者权益""利润"和"收入"四个会计要素账户的余额应在贷方。结合余额通常在增加那一方的规律。在等式左边的账户，借方记录期初余额和增加额，账户的贷方记录减少额。在一个会计期间内（月、季、年），借方记录的合计数额称作本期借方发生额，贷方记录的合计数额称作本期贷方发生额，如果有余额，一般应在借方。费用类账户除"生产成本"账户外，通常月末无余额。其计算公式如下：

左边账户期末借方余额＝期初借方余额＋本期借方发生额－本期贷方发生额

在等式右边的账户，贷方记录期初余额和增加额，账户的借方记录减少额。在一个会计期间内（月、季、年），贷方记录的合计数额称作本期贷方发生额，借方记录的合计数额称作本期借方发生额，如果有余额，一般应在贷方。收入类账户月末无余额；"本年利润"账户年末无余额。其计算公式如下：

右边账户期末贷方余额＝期初贷方余额＋本期贷方发生额－本期借方发生额

综上所述，账户的结构可以概括为资产类账户、负债类账户、所有者权益类账户、费用类账户、收入类账户和利润类账户六类。

## （二）借贷记账法的记账规则

### 1. 记账规则

经济业务有四种类型，依据复式记账法、借贷记账法和账户对应关系的原理，可得知借贷记账法的记账规则是"有借必有贷，借贷必相等"。

### 2. 对应关系原理

在借贷记账法下，经济业务发生后，必然涉及借贷方两类账户，这两类账户存在着应借、应贷的关系，这种关系称为账户的对应关系，存在着相互对应关系的账户称为对应账户。掌握账户的对应关系有利于充分反映会计要素具体内容增减变化的来龙去脉，通过账户对应关系，就可以清楚地了解每一项经济业务的资金流动状况；通过账户对应关系，可以检查经济业务的处理方法是否合理。

## （三）借贷记账法的记账公式——会计分录

会计分录是将原始的经济业务翻译成"会计语言"的第一步，被称为记账公式，是指明每笔经济业务（会计事项）应登记的账户名称、方向及其金额的一种记录。会计上需要设置的账户很多，发生的经济业务又复杂多样，为了准确地反映账户之间的对应关系与登记的金额，在各项经济业务登记到账户之前，都要运用借贷记账法的记账规则，编制会计分录，以确定应记账户的名称、方向和金额，这就是会计分录三要素。

会计分录可分为简单会计分录和复合会计分录两种。简单会计分录是指经济业务发生后，只涉及两个对应账户的会计分录，即"一借一贷"的会计分录，这种会计分录的账户之间的对应关系简单明了，便于检查。复合会计分录是指经济业务发生后，要涉及两个以上对应账户的会计分录。具体包括"一借多贷""一贷多借"及"多借多贷"等三种。企业编制复合会计分录，可以更加全面地反映经济业务的来龙去脉，并简化记账手续，提高工作效率。

## （四）借贷记账法的试算平衡

所谓试算平衡，就是在全部经济业务登记入账以后，根据资产、权益之间的平衡关系和记账规则来检查各类账户的记录是否正确、完整的一种验证方法。借贷记账法对每项经济业务都是根据"有借必有贷，借贷必相等"的记账规则，在两个或两个以上账户中进行记录，使每一项经济业务所引起的借贷两方的发生额必然相等。因此，无论是定期汇总或是月末计算，全部账户的借方本期发生额合计数必然与全部账户的贷方本期发生额合计数相等。而全部账户的期末余额又是在期初余额的基础上加、减本期增加发生额和减少发生额后得到的，所以，全部账户的借方期末余额合计数与贷方期末余额合计数也必然是相等的。

如果在记账过程中出现差错，就可能使借贷金额不平衡，使账户记录出现错误，最终导致以账户记录为依据而编制的财务报表出现错误。因此，必须定期地进行试算平衡，以便检查账户记录是否正确，及时找出差错及原因，并予以更正，保证财务报表提供信息的准确无误。

借贷记账法的试算平衡有发生额试算平衡法和余额试算平衡法两种。

### 1. 发生额试算平衡法

发生额试算平衡法是用来检查全部账户的借贷方发生额是否相等的方法。当我们要检验所有账户在某一期间内对各项业务的记录是否正确时，可以用这种方法。其计算公式如下：

全部账户本期借方发生额合计 = 全部账户本期贷方发生额合计

### 2. 余额试算平衡法

余额试算平衡法是用来检查全部账户的借贷方期末余额合计是否相等的方法。当我们要检验所有账户记录的内容经过一个时期的增减变动之后，在某一时点上（期末）的结果是否正确时，可采用这种方法。其计算公式如下：

全部账户借方期末余额合计 = 全部账户贷方期末余额合计

以上这两种试算平衡方法，一般是在月末结出总分类账户本期发生额和期末余额后，通过编制试算平衡表进行检验的。

应当注意的是，试算平衡只是在不平衡的情况下才能肯定平时记账有误，如果试算的结果是平衡的，但这并不能肯定记账就一定没有错误，因为某些记账错误并不破坏平衡关系。例如，用银行转账支票 10 000 元购买原材料，应记入"原材料"账户借方 10 000 元，同时应记入"银行存款"账户贷方 10 000 元，而记账员有可能把方向记反了，即：借：银行存款 10 000 元，贷：原材料 10 000 元。在这种情况下，虽然账的方向记错了，但并不影响其平衡关系，因为从记账规则的角度来说，它并没有违背"有借必有贷，借贷必相等"的规则。如果记账中借贷金额全部漏记、重记等诸如此类的错误发生后，也不能通过试算平衡来发现它们。因此，需要对一切会计记录进行日常或定期的复核，以保证账户记录的正确性。

# 第三节　会计记录：会计凭证与会计账簿

## 一、会计凭证

如前所述，经济业务发生后，会计工作要经过编制会计分录、登记账户，然后定期对每个账户进行汇总计算并试算平衡，再经过期末账项调整、结账后，最后编制会计报表等一系列会计处理，这些会计处理形成了相互联系和循环往复的会计方法体系。然而会计方法的实施必须借助于一定的载体，即会计信息存载之处，这就是会计凭证、会计账簿和会计报表。与会计处理循环"分录—登账—编表"的模式相对应，会计信息载体也形成了"凭证—账簿—报表"的循环模式。

### （一）会计凭证的作用

会计凭证，简称凭证，是记录经济业务、明确经济责任、作为记账依据的书面证明。正确填制和严格审核凭证是会计工作的起点和基础[1]。

为了反映经济活动的全貌，必须将会计主体的任一经济活动都登记入账。而登记入账必须有凭有据，先办理会计凭证。这就是说，人们不能直接将经济业务登记到账簿中去，应当按照有关规定和程序取得或填制会计凭证，经过审核无误的会计凭证才能作为登记账簿的书面证明，并据以登记账簿。在办理会计凭证的过程中，有关部门和人员要在会计凭证上盖章签字，以表示对会计凭证的真实性、正确性和合法性负责。因此，填制和审核凭证对于实现会计职能和完成会计工作具有重要的意义。

第一，如实反映各项经济业务的实际情况。任何经济业务，如资金的取得和运用、销

---

① 张蕊、程淑珍：《会计学》，复旦大学出版社2015年版，第67页。

售收入的取得、财产物资的采购、生产经营过程中发生各项耗费、财务成果的形成和分配等，都需要取得或填制会计凭证，并以其为记账依据。会计凭证详细地记载了经济业务发生的具体内容，反映经济业务的发生、执行和完成情况。填制和审核凭证，是保证会计核算客观性和及时性的基础。

第二，为登记账簿提供依据。只有经过审核无误的会计凭证才能作为记账的依据，没有会计凭证就不能记账，也就无法进一步进行其他会计核算。根据会计凭证记账可避免记账的主观随意性，使会计信息的质量得到可靠保证。

第三，确保经济业务合理合法。在记账前，会计人员通过审核会计凭证可以检查发生的经济业务是否符合国家有关方针、政策、制度、法律和法规，是否符合本单位的相关制度和规定，是否如实地反映经济业务的内容，已填制的会计凭证是否正确，等等，从而保证会计监督的有效性，及时发现会计核算和经营管理工作中存在的问题，防止不合理、不合法的经济业务发生，使企业的经济活动健康地发展。

第四，便于分清经济责任。会计凭证不仅记录了经济业务的内容，而且要求有关部门和人员签名盖章，以对会计凭证的真实性、正确性、合法性负责，增强有关人员的责任感。日后即使发现问题，也可根据凭证上部门和经办人员的记录进行进一步追查，明确经济责任，必要时追究相应的法律责任。

## （二）会计凭证的类型

按照填制的程序和用途，会计凭证可以分为原始凭证和记账凭证两大类。

### 1. 原始凭证

原始凭证，亦称单据，是在经济业务发生时取得或填制的，用以记录和证明经济业务发生和完成的情况，并作为记账原始依据的会计凭证。原始凭证作为填制记账凭证或登记账簿的原始依据，其作用主要是证明与会计事项相关的经济业务实际发生和完成的情况，因此，凡是不能起到这种作用的单据，如材料或商品的请购单、经济合同、派工单等，均不能作为会计核算的原始凭证，而只能作为原始凭证的附件。

（1）按来源不同，原始凭证可分为外来原始凭证和自制原始凭证。

1）外来原始凭证。外来原始凭证是与外单位发生经济业务时，从外单位或个人处取得的原始凭证，如购货时由销货方开具的发货票或增值税专用发票、付款时由收款单位开具的收据、银行收款通知、铁路运单等。由于经济业务不同，外来原始凭证的形式各有差异。

2）自制原始凭证。自制原始凭证是指由本单位自行制作并由内部经办业务的部门和人员在执行或完成某项经济业务时填制的仅供本单位内部使用的原始凭证。常用的自制原始凭证有收料单、领料单、限额领料单、产品入库单、产品出库单、销货发票、借款单、差旅费报销单、收款收据、成本计算单、扣款通知单、折旧计算表、工资结算单等。

（2）按填制手续不同，原始凭证可分为一次凭证、累计原始凭证和汇总原始凭证。

1）一次凭证。一次凭证是指填制手续一次完成，一次记录一项或若干项同类经济业务的原始凭证。一次凭证的特点是填制一次完成，已填列的凭证不能重复使用。外来的原始凭证都是一次凭证，自制的领料单、借款单、发货票等都是一次凭证。

2）累计原始凭证。累计原始凭证是指在一定时期内，在一张凭证上连续地记载同类重复发生的经济业务的原始凭证。累计原始凭证既可以随时计算累计数及结余数，以便按计划或限额进行控制，又可以减少凭证张数，简化填制手续。工业企业的限额领料单和费用限额卡均属于累计原始凭证。

3）汇总原始凭证。汇总原始凭证又称为原始凭证汇总表。为了简化会计核算的记账凭证编制工作，将一定时期内反映同类经济业务的若干张原始凭证加以汇总，编制成一张汇总原始凭证，用以集中反映某项经济业务发生的总括情况，如收料凭证汇总表、发料凭证汇总表、工资汇总表等。

### 2. 记账凭证

记账凭证，俗称传票，是将审核无误的原始凭证或汇总原始凭证进行归类整理而编制的，是用来确定会计分录、作为登记账簿直接依据的会计凭证。由于日常经济业务比较繁杂，相应的原始凭证形式和格式也就多种多样，直接根据原始凭证登记账簿容易发生差错。因此，会计人员在按规定对原始凭证审核后，必须先经过一定的归类和整理，为有关原始凭证所记载的经济业务确定应借、应贷的会计科目和金额，即确定会计分录，然后根据记账凭证登记账簿。可见，原始凭证是记账凭证的重要附件和依据。记账凭证记载的是会计信息，从原始凭证到记账凭证是经济信息转换成会计信息的过程，是一种质的飞跃。

（1）按是否与货币资金有关，记账凭证可分为收款凭证、付款凭证和转账凭证。

1）收款凭证。收款凭证是用来记录银行存款和现金收入业务的记账凭证，是根据货币资金收入业务的原始凭证填制的。根据借方科目是"银行存款"还是"库存现金"，收款凭证又具体分为银行存款收款凭证和现金收款凭证。凡涉及银行存款、现金收入业务的原始凭证，都应编制收款凭证。

2）付款凭证。付款凭证是用来记录银行存款和库存现金支付业务的记账凭证，是根据货币资金支付业务的原始凭证填制的。根据贷方科目是"银行存款"还是"库存现金"，付款凭证又具体分为银行存款付款凭证和现金付款凭证。对涉及银行存款、库存现金支出业务的原始凭证，应编制付款凭证。对于涉及库存现金与银行存款之间的收付业务，如将现金送存银行或从银行提取现金，一律只填制付款凭证，不填制收款凭证。这就是说，当从银行提取现金时，应编制银行存款付款凭证；当将现金送存银行时，应编制现金付款凭证。这样处理既能避免重复记账，又有利于加强对付款业务的管理。

收款凭证和付款凭证是登记库存现金日记账、银行存款日记账以及有关明细账和总账等账簿的依据，也是出纳员办理收款、付款业务的依据。

3）转账凭证。转账凭证是记录与银行存款或库存现金收付无关的转账业务的凭证，是根据不涉及货币资金收付的其他原始凭证填制的记账凭证。有的转账凭证没有或不需要填制原始凭证，可直接根据有关账簿资料填制，但需要在转账凭证上注明出处。转账凭证是登记转账日记账、明细分类账和总分类账等有关账簿的依据。

（2）按使用范围不同，记账凭证可分为通用记账凭证和专用记账凭证。

1）通用记账凭证。通用记账凭证是一种不分收款、付款和转账业务，任何经济业务都统一使用同一种格式的记账凭证。这种凭证一般适合业务不多、凭证数量少的单位。

2）专用记账凭证。专用记账凭证是按经济业务的某种特定属性定向使用的记账凭证。如前面介绍的专门用于记录货币资金收、付款业务的收付款凭证，专门用于记录转账业务的转账凭证。

（3）按填制方式分类。按填制方式不同，记账凭证可分为复式（或复项）记账凭证和单式（或单项）记账凭证。

1）复式记账凭证。复式记账凭证是把每项经济业务所涉及的会计科目集中填制在一张记账凭证上。无论是专用的还是通用的记账凭证，都是复式记账凭证。复式记账凭证的优点是，可以集中反映账户的对应关系，有利于了解经济业务的全貌；减少凭证数量，节约人力、物力和财力；有利于对该凭证进行审核和检查。

2）单式记账凭证。单式记账凭证是指每张记账凭证只填制一个会计科目。如果一项经济业务的会计分录涉及两个会计科目，就要填制两张记账凭证；如果一项经济业务的会计分录涉及多个会计科目，就要填制多张记账凭证。这就意味着，单式记账凭证将一个会计分录所涉及的会计科目分散记入两张或两张以上记账凭证。其中，填列借方账户的记账凭证称为借项记账凭证，填列贷方账户的记账凭证称为贷项记账凭证。单式记账凭证的优点是，有利于汇总计算每一个会计科目的发生额，从而减少登账的工作量。

在实际工作中，为了简化登记总分类账的工作，可以把许多记账凭证按一定形式汇总编制成各种汇总凭证或科目汇总表。按汇总的方法和范围不同，汇总记账凭证可分为分类汇总记账凭证和全部汇总记账凭证。分类汇总记账凭证主要是对收款凭证、付款凭证和转账凭证分别进行汇总，形成汇总收款凭证、汇总付款凭证和汇总转账凭证；全部汇总记账凭证即按各会计账户名称分别进行汇总，形成科目汇总表。

## （三）原始凭证的要素、填制与审核

### 1. 原始凭证的要素

由于经济业务多种多样，相应的经济管理的要求也不同，因此用来记录经济业务的原始凭证的格式和内容会有不同的特点。但是，无论哪一种原始凭证都必须如实反映经济活动的发生和完成情况，并明确有关部门和人员的责任。也就是说，任何原始凭证都必须具备若干基本要素，这些基本要素如下：

（1）原始凭证的名称。其标明原始凭证所记录的经济业务的种类，如收料单、销货单、借款单等。

（2）原始凭证的填制日期及编号。其一般是经济业务发生或完成日期，若经济业务发生或完成时没有及时填制，应以实际填制日期为准。

（3）接受原始凭证的单位的名称。注明接受单位名称，便于查明经济业务的来龙去脉。

（4）填制凭证的单位的名称、填制人员及经办人员的签名或盖章，用于明确经济责任。如果是外来原始凭证，还必须有填制单位所盖的公章。所谓"公章"，应是具有法律效力和规定用途，能够证明单位身份和性质的印鉴，如业务公章、财务专用章、发票专用章、收款专用章或结算专用章等。

（5）经济业务内容摘要。其说明经济业务的项目、名称和有关事项。

（6）经济业务涉及的实物数量、单价、金额和总额等。

**2. 原始凭证的填制**

原始凭证作为会计核算的原始证明，必须真实、正确和可靠。根据财政部印发的《会计基础工作规范》和其他相关会计法规的规定，原始凭证的填制应该遵循以下几项基本要求和若干具体规定：

（1）填制原始凭证的基本要求。

第一，记录真实。原始凭证的内容和数字必须反映经济业务的实际情况，凭证上的日期、经济业务的内容、数量金额等，不得随意填写、匡算、估算，不得有任何弄虚作假行为。原始凭证内容的真实、可靠，是保证会计信息客观、有效的基础和前提。

第二，内容完整。凡是原始凭证应该填写的内容，都必须逐项填写齐全，手续完备，不得随意省略或遗漏。除了某些特殊外来原始凭证如火车票、汽车票等外，其他从外单位取得的原始凭证都必须盖有填制单位的公章，没有公章的外来原始凭证属于无效的凭证，不能作为编制记账凭证的依据。从个人处取得的原始凭证，必须有填制人员的签名或盖章。自制原始凭证必须有经办部门负责人或其指定的人员的签名或盖章。购买实物的原始凭证，必须有验收证明。实物入账后，要按照规定办理验收手续，以明确经济责任，保证账实相符。支付款项的原始凭证必须有收款单位和收款人的收款证明。保证原始凭证内容完整和手续完备，是明确经济责任、实施会计监督的有效手段。

第三，填制及时。原始凭证应在经济业务发生或完成时及时填制，以便及时办理后续业务，并按规定程序和手续将凭证送交会计部门，不得随意拖延和积压凭证，避免事后填制造成差错。此外，及时填制凭证还能使会计核算与经济业务尽量同步，有利于提高会计信息的质量。

（2）填制原始凭证的书写要求。

第一，书写用笔。原始凭证要用蓝色或黑色墨水笔书写，不得使用圆珠笔和铅笔填写；文字端正，清晰整洁，易于辨认，不得使用未经国务院公布的简化字。

第二，阿拉伯数字。金额数字前面应当书写货币币种符号或货币名称简写和币种符号，如"￥"（人民币）、"US$"（美元）、"£"（英镑）等，且币种符号与阿拉伯金额数字之间不留空位。凡是阿拉伯数字前写有货币符号的，数字后面不再写"元"。所有以元为单位（其他货币种类为货币基本单位，下同）的阿拉伯数字，除表示单价等情况外，一律填写到角、分。无角、分的，角位和分位可写"00"，或者符号"—"；有角无分的，分位应当写"0"，不得用符号"—"代替。

第三，汉字大写金额数字。汉字大写金额数字，如零、壹、贰、叁、肆、伍、陆、柒、捌、玖、拾、仟、万、亿等，一律用正楷或者行书体书写，不得用〇、一、二、三、四、五、六、七、八、九、十等字样代替，不得任意自造简化字。汉字大写金额数字到"元"或者"角"为止的，应当加写"整"字断尾；大写金额数字有"分"的，分字后面不写"整"字。汉字大写金额数字前未印有货币名称字样的，应当加填货币名称，且货币名称与金额数字之间不得留有空位。如果金额中间有一个或连续几个"〇"，则大写金额只用一个"零"字表示。如金额¥1800040.20，汉字大写金额应为人民币壹佰捌拾万零肆拾元贰角整。另外，填有大写和小写金额的原始凭证，大写与小写金额必须相符。

第四，空隙和高度。阿拉伯数字应当一个一个写，不得连笔写，特别注意连续写几个"0"时要单个写，不要将几个"0"一笔写完。数字排列要整齐，数字之间的空隙要均匀，不宜过大。此外，一般要求文字或数字的高度占凭证横格高度的1/2，并且要紧靠横格底线书写，使上方能留出一定空位，以便需要更正时可以再次书写。

第五，多联凭证。对于一式几联的原始凭证，应当注明各联的用途，并且只能以一联作为报销凭证；一式几联的发票和收据，必须用双面复写纸（发票和收据本身具备复写纸功能的除外）套写，并且每一联都必须写透，防止出现上联清楚、下联模糊甚至上下联金额不一致等现象。

第六，错误更正。原始凭证所记载的各项内容均不得随意涂改、刮擦、挖补，否则为无效凭证。原始凭证若填写错误，应当由开具单位重开或者更正，更正工作必须由原始凭证出具单位负责，并在更正处加盖出具单位和经手人印章。但原始凭证金额错误的，不得在原始凭证上更正，应当由出具单位重开。提交银行的各种结算凭证上的数字一律不得更改，如遇凭证填写错误，应加盖"作废"戳记，保存备查，并重新填写。

第七，连续编号。各种原始凭证必须连续编号，以备查考。如果凭证上已预先印定编号，如发票、支票、收据等，作废时应当加盖"作废"戳记，连同存根和其他各联一起保存，不得随意撕毁，不得缺联。

（3）其他有关规定。

第一，经上级有关部门批准的经济业务事项，应当将批准文件作为原始凭证附件。如果批准文件需要单独归档，应当在凭证上注明批准机关名称、日期和文件字号。

第二，职工公出借款凭据，必须附在记账凭证之后。收回借款时，应当另开收据或者退还借据副本，不得退还原借款收据。

第三，发生销货退回的，要先填制退货红字发票，冲销原有记录。但红字发票不能作为退款的证明。退款时必须有退货验收证明，必须取得对方的收款收据或者汇款银行的凭证，不得以退货发票代替收据。

第四，原始凭证遗失处理。从外单位取得的原始凭证如有遗失，应当取得原开出单位盖有公章的证明，注明原来凭证的号码、金额和内容等，或根据原始凭证存根复印一份，并由经办人员签名，报经办单位会计机构负责人和单位负责人批准后，代做原始凭证。如果确实无法取得证明,如火车票、轮船票、飞机票等凭证,则由当事人写出详细情况,经经办单位会计机构负责人和单位负责人批准后,代做原始凭证。

第五,原始凭证分割。若一张原始凭证所列支的金额需要几个单位共同负担,应开具原始凭证分割单,将其他单位负担的部分单独列出,凭此结算所发生的款项。原始凭证分割单必须具备原始凭证的基本要素,包括凭证名称、填制凭证的日期及单位名称、接受凭证单位名称、经济业务内容摘要、数量、单价、金额、费用分摊情况、经办人签章等。

### 3. 原始凭证的审核

为了如实反映经济业务的发生和完成情况,充分发挥会计的监督职能,保证会计信息的真实、可靠,应由专门人员严格审核原始凭证。对原始凭证的审核主要从形式和实质两方面进行。

(1) 原始凭证的形式审核。

原始凭证形式上的审核,侧重于审核凭证是否按照要求规范填写,办理凭证的相关手续是否完备。

一是完整性审核。根据原始凭证的构成要素,审核凭证中应填写的项目是否填写齐全,是否有漏项情况,日期是否完整,数字是否清晰,文字是否工整,凭证联次是否正确,有关经办人员是否都已签名或盖章,是否经过主管人员审批同意,等等。

二是正确性审核。审核原始凭证各项计算及其相关部分是否正确,如凭证的摘要和数字是否填写清楚、正确,数量、单价、金额、合计数是否正确,大小写金额是否相符,等等。

(2) 原始凭证的实质审核。

对于原始凭证的审核,更重要的是实质审核,即审核原始凭证的真实性、合法性、合规性和合理性,审核原始凭证所载的经济内容是否符合有关政策、法令、制度、计划、预算和合同等的规定,是否符合审批权限,有无伪造凭证等不法行为。

一是真实性审核。真实性审核包括两方面:审核凭证所记载的经济业务是否真实,包括凭证日期是否真实、业务内容是否真实、数据是否真实等内容,审查开出发票的单位是否存在;凭证本身是否真实,尤其对于外来原始凭证,还要审核凭证是否为税务统一发票,防止以假冒的原始凭证记账。

二是合规性审核。根据国家有关的法规、政策和本单位相关规章制度,审核凭证所记载的经济业务是否有违反国家法律法规的问题,是否符合费用开支标准和规定的审批权限,是否符合企业生产经营需要,是否符合计划、预算,等等。

上述审核完毕,对于完全符合要求的原始凭证,会计人员应及时据以填制记账凭证;对于真实、合法、合理,但形式上不够完整或计算有误的原始凭证,会计人员可将其退回经办人员,更正后再进行有关会计处理;对于不真实、不合法的原始凭证,会计机构和会计人员有权拒绝接受,并向单位负责人报告,及时制止、纠正不法行为。

### （四）记账凭证的要素、填制与审核

#### 1. 记账凭证的要素

记账凭证虽有不同种类，但是每一种记账凭证都要对原始凭证进行整理、归类，都是用来确定会计分录并据以登记账簿的一种会计凭证[①]。记账凭证必须具备下列几项基本要素：

(1) 记账凭证的名称。

(2) 填制凭证的日期和凭证的编号。

(3) 经济业务内容摘要。

(4) 应借应贷的账户名称（包括总分类账户和明细分类账户）和金额，即会计分录。

(5) 所附原始凭证的张数。

(6) 填制、审核、记账、会计主管等有关人员的签名或盖章，收款凭证和付款凭证还须有出纳人员的签章。

#### 2. 记账凭证的填制要求

填制记账凭证是会计核算的重要环节，正确填制凭证是保证账簿记录正确的基础。填制记账凭证应符合一些基本要求，如原始凭证审核无误、摘要填写简明扼要、内容附件完整无缺、会计分录编制正确、凭证书写清楚规范等。记账凭证填制的具体要求和注意事项如下：

第一，合理选择记账凭证类别。对于经济业务不多的单位，可以选用通用记账凭证。而对于业务频繁、凭证数量多的单位，则应选择专用记账凭证或单式记账凭证。对于采用专用记账凭证的单位，会计人员对原始凭证审核无误后，应根据经济业务的具体情况，正确选择应使用的收款凭证、付款凭证或转账凭证。为了避免重复记账，对于涉及库存现金和银行存款之间以及不同银行存款之间的划转业务，只填制付款凭证，不填制收款凭证。

第二，正确填写记账凭证日期。收款凭证和付款凭证的日期应按本单位库存现金或银行存款实际收入、付出的日期填写，一般是会计人员编制记账凭证的当日；转账凭证原则上也按编制凭证的日期填写，但是编制本月调整分录和月终结账分录时，应填写本月月末日期。

第三，摘要填写准确、扼要。摘要是对经济业务的简要说明，不论是手工填制凭证还是计算机填制凭证，都要在记账凭证上填写摘要。摘要应符合两个要求：一是能准确地表述经济业务的基本内容；二是简明扼要，容易理解。为此，摘要应清楚表述以下内容：一是发生经济业务的单位或个人。例如，编制购入物资的记账凭证，应在摘要中写出从"×××公司"购入；编制材料费用分配的记账凭证，应在摘要中写出"生产车间""厂部"……领用；编制费用报销记账凭证，应在摘要中写出"×××"报销。二是当一笔经济业务涉及两个以上（不含两个）一级科目时，应根据经济业务和各会计科目的特点分别

---

[①] 周虹、耿照源：《会计学基础》，浙江大学出版社2019年版，第223页。

填写摘要。三是经济业务的主要内容。例如，"计提 8 月份固定资产折旧""×××报销出差北京差旅费"。四是其他关键内容。例如，重要收据的号码等。此外，对于购买货物，要写明供货单位名称及所购货物的主要品种和数量；对于收、付款业务，要写明收、付款对象的名称和款项内容，使用银行支票的最好写上支票号码；对于应收、应付、预收、预付款以及分期收款发出商品的债权、债务业务，应写明对方单位名称、业务经办人、发生时间等内容；对于盈溢、损失等事项，应写明发生部门及责任人、发生原因等；对于冲销和补充等业务，应写明冲销或补充的记账凭证的号码及日期，如写明"更正某日某号凭证错账""冲减退货进项税额"等。总之，摘要应能够清楚地反映经济业务的来龙去脉。

第四，正确编制会计分录。根据经济业务内容确定应借、应贷的会计科目名称及金额是编制记账凭证最实质的要求。首先，各会计科目的总账科目要使用规范，各级明细科目要填写齐全，以便登记总分类账和明细分类账；其次，账户对应关系要清晰，尽量保持一借一贷、一借多贷和多借一贷的对应关系，一般应避免编制多借多贷的会计分录；再次，一张记账凭证一般只反映一项经济业务，不要将不同类型、不同内容的业务合并编制在一张记账凭证上；最后，金额必须与所附原始凭证完全一致，并且符合数字书写规范，角、分位不留空格，对于金额栏的空行，应画斜线或一条 S 形线予以注销。合计金额的第一位数字前要填写币种符号，如人民币符号"¥"，不是合计金额，则不填写货币符号。

第五，正确选择编号方法。记账凭证应当连续编号，目的是分清会计事项处理的先后顺序，便于记账凭证与会计账簿之间的核对，确保记账凭证的完整。记账凭证的编号方法有多种，总的来说，有按月编号（业务极少的单位也可按年编号）、按编制凭证的顺序编号、一张记账凭证只编一个号等方法。具体方法应根据本单位采用的记账凭证的种类来确定。

1）通用记账凭证，采用顺序编号法。将本月发生的经济业务按会计处理顺序，以自然数 1、2、3……连续编号，一直编到本月最后一张。

2）专用记账凭证，采用字号编号法。字号编号法是一种分类编号法，将不同类型的记账凭证用字加以区别，再将同类记账凭证按会计事项处理顺序连续编号。它具体又可以分两种情况：一种是纯粹的字号编号法，另一种是双重编号法。纯粹的字号编号法仅按凭证的类别编号，它既可以按三类格式编号，也可以按五类格式编号。三类格式编号是将收款凭证、付款凭证和转账凭证分别编为"收""付""转"三类，如"收字第××号""付字第××号"和"转字第××号"；更细的是五类格式编号法，即将现金收款凭证、现金付款凭证、银行存款收款凭证、银行存款付款凭证和转账凭证分别编为"现收""现付""银收""银付"和"转"五类，如"现收字第××号""现付字第××号""银收字第××号""银付字第××号"和"转字第××号"。双重编号法是将月份内记账凭证的总字号顺序编号与类别编号相结合的一种编号方法，如某一张付款凭证的编号为"总字第××号，付字第××号"。

上述不同的编号方法举例如下：20××年 12 月 8 日收到一笔银行存款，是该月第 52 笔业务，第 6 笔收款业务，第 2 笔银行收款业务，则运用通用记账凭证编号为"第 52 号"，运用字号编号法编号为"收字第 6 号"或"银收字第 2 号"，运用双重编号法编号为"总字第 52 号，收字第 6 号"或"总字第 52 号，银收字第 2 号"。

有时会计分录所涉及的科目较多，一张记账凭证填列不下，可以填制两张或两张以上记账凭证，这时可以采用分数编号法。例如，20×× 年 12 月 15 日，分配材料费用属该月第 16 笔转账业务，且需填制两张转账凭证，则这笔经济业务所编转账凭证的编号应分别是"转字 16"和"转字 16"分母表示该笔经济业务填制记账凭证的总张数，分子表示第几张凭证，分数前的整数表示该笔转账业务的编号。分数编号法也适合于单式记账凭证的编号，它既可以与顺序编号法结合使用，也可以与字号编号法结合使用。但不论采用哪种方法编号，都应在每月最末一张记账凭证的编号旁加注"全"字，以防记账凭证散失。

第六，注明记账凭证的附件。记账凭证一般应附有原始凭证，并注明其张数。凡属收、付款业务的记账凭证都必须有原始凭证；转账业务一般也应附原始凭证，如赊销、赊购、材料领用、产品入库、各项摊提等，只有当更正错账和期末结账时才可以不附原始凭证。

附件的张数要用阿拉伯数字填写，并在记账凭证上注明。记账凭证张数计算的原则是：没有经过汇总的原始凭证，按自然张数计算，有一张算一张；经过汇总的原始凭证，每一张汇总单或汇总表算一张。例如，某职工填报的差旅费报销单上附有车票、船票、住宿发票等原始凭证 26 张，这 26 张原始凭证在差旅费报销单上的"所附原始凭证张数"栏内已做了登记，它们属于附件的附件，在计算记账凭证所附原始凭证张数时，这一张差旅费报销单连同其所附的 26 张原始凭证一起算作一张。财会部门编制的原始凭证汇总表所附的原始凭证，一般也作为附件的附件处理，原始凭证汇总表连同其所附的原始凭证算在一起作为一张附件。但是，属收、付款业务的，其附件张数的计算要做特殊处理，应把汇总表及所附的原始凭证或说明性质的材料均算在张数内，有一张算一张。当一张或几张原始凭证涉及几张记账凭证时，可将原始凭证附在其中一张主要的记账凭证后面，并在摘要栏内注明"本凭证附件包括 ×× 号记账凭证业务"字样，在未附原始凭证的记账凭证摘要栏内注明"原始凭证附于 ×× 号记账凭证后面"字样，以备查阅，或附上该原始凭证的复印件。

### 3. 记账凭证的审核

为了保证记账凭证符合记账要求和账簿记录的正确性，在记账前必须对记账凭证认真审核。对于记账凭证的审核，主要从形式和内容两方面入手：

（1）记账凭证的形式审核。从形式上审核记账凭证，主要是审核记账凭证的填写是否符合填制要求、凭证的各项要素是否填写齐全、有关人员是否签章等。

（2）记账凭证的内容审核。第一，根据国家财经法规、方针政策和本单位规章制度审核记账凭证所反映的经济业务是否合法、合理；第二，审核记账凭证所填列的会计分录是否正确，包括会计科目运用是否恰当、对应关系是否清晰、借贷金额是否平衡等；第三，审核所附的原始凭证的内容和张数是否与记账凭证所填列的相关内容相符，原始凭证的合计金额与记账凭证金额是否一致，即审核证证是否相符。

此外，对于电算化账务系统，审核凭证比手工账务系统更加重要。因为，在电算化账务系统中，编制并输入记账凭证几乎是唯一的人工操作，所有的账簿数据都是由计算机自动计算汇总产生的，用户无法在记账过程中再次确认和计量。因此，只有做好记账凭证的审核工作，才能确保账簿数据和报表数据正确。

无论是什么形式的账务系统，只有将记账凭证审核无误才能据以登记账簿。如发现记账凭证有错误，应及时查明原因，按规定方法更正。

## （五）会计凭证的传递和保管

### 1. 会计凭证的传递

会计凭证的传递是指会计凭证从填制（或取得）到归档保管的整个过程中，在本单位内部各有关部门和人员之间，按规定的时间、路线办理业务手续和进行处理的过程。合理组织会计凭证的传递活动，能及时、真实地反映和监督经济业务的发生和完成情况，有利于各部门和有关人员分工协作，使经济活动能够在正确的轨道上运行；有利于考核经办业务的有关部门和人员是否按照规定的手续办事，从而强化经营管理上的责任制，提高经营管理水平，提高经济活动的效率。

企业的会计凭证是从不同渠道取得或填制的，所记载的经济业务不同，涉及的部门和人员不同，办理的业务手续也不同，为了既保证经济业务有序进行，又保证会计凭证及时处理，有必要为各种会计凭证规定一个合理的传递程序，使经济业务和会计工作环环相扣，相互监督，提高工作效率。

会计凭证的传递主要涉及传递程序和传递时间两方面内容，要制定合理的凭证传递程序和时间应遵循的总体原则为，满足内部控制制度的要求，同时尽量提高工作效率。各单位会计凭证传递的具体要求，要视其经济业务特点、内部机构的设置、人员分工以及管理上的要求而定，一般应考虑以下两个方面：

（1）合理设计会计凭证的传递环节。在日常经济活动中，各单位的经济业务往往环节众多且程序复杂，并不存在适合各单位使用的统一的凭证传递程序。但是，每一项业务都必须按照内部牵制要求进行环节控制。会计凭证的传递包括原始凭证传递和记账凭证传递，一般来说，原始凭证的传递程序相对较为复杂，涉及企业的业务部门、管理部门和会计部门，而记账凭证一般只会在会计部门内部传递，其传递程序较为简单。合理设计原始凭证的传递程序，能够有效实现对相关业务环节的职责牵制、分权牵制和物理牵制；正确设计记账凭证的传递程序，能够有效发挥会计的簿记牵制作用，从而使会计控制真正起到内部控制的作用。原始凭证的传递程序应恰当地体现在凭证各个联次的用途上，分别将其送交有关部门，这样既可以保证有关部门及时进行业务处理，避免因等待凭证而延误时间，又便于有关部门各自将所需的凭证归档保管，互不冲突。例如，对于外购原材料并验收入库的业务，一般应由单位的供应部门填制一式数联的收料单，然后交仓库使其据以验收材料；仓库保管人员验收后填列实收数，并先由指定人员复核，再由仓库记账人员登记入账；随后，仓库将收料单的验收联送供应部门核对和记录，将收料单的记账联送交会计部门，会计部门审核后据以编制记账凭证。在明确凭证传递环节的基础上，还要规定凭证传递的每一环节所涉及的部门和人员应办理的手续和相应的责任。如对于销售业务，应规定发货票上各联次应经过的销售、运输、仓库和会计等部门应完成哪些手续、负什么责任。

（2）合理确定会计凭证在各环节停留的时间。会计凭证传递除了符合内部牵制要求外，还要讲求经济业务和会计处理的工作效率。内部牵制是一种控制手段，其本身并不是目的。凭证若经过不必要的环节或在某些环节滞留时间过长，就会影响凭证的传递速度，进而影响经济业务的效率和经济活动目标的实现。因此，各单位要根据有关部门和人员办理经济业务各项手续的必要时间，同相关部门和人员协商确定会计凭证在各环节停留的时间，规定凭证在各环节停留的合理时间，防止拖延和积压会计凭证，以确保凭证的及时和准确传递。此外，为了保证会计核算的及时性和真实性，所有会计凭证的传递都必须在报告期内完成，不允许跨期传递。

## 2. 会计凭证的保管

会计凭证的保管是指会计凭证在登记入账后的整理、装订和归档备查工作。会计凭证是重要的会计档案和经济资料，各单位都必须加以妥善保管，不得丢失或随意销毁。根据财政部、国家档案局发布的《会计档案管理办法》的相关规定，会计凭证的保管方法和要求如下：

（1）装订会计凭证。在装订之前，原始凭证一般是用回形针或大头针固定在记账凭证后面，在这段时间内，要及时传递凭证，严防在传递过程中散失。应定期（每日、每旬或每月）将记账凭证按编号顺序整理，检查有无缺号和附件是否齐全，然后装订成册。装订时应加上封面和封底，在装订线上贴上封签，加盖会计人员印章，不得任意拆装。在会计凭证封面上应注明单位名称、所属年度和月份、起讫日期以及记账凭证种类、张数、起讫编号等。

（2）专人保管。会计凭证在装订后存档前，应由会计部门指定人员负责保管，但出纳不得兼管会计档案。年度终了，可暂由会计部门保管1年（最长不超过3年），期满后应由会计部门编造清册，将其移交给本单位档案部门，由档案部门保管。保管时，应防止受损、弄脏、霉烂以及鼠咬虫蛀等。

（3）特殊原始凭证的归档。对于某些重要原始凭证，如各种经济合同和涉外文件等凭证，为了便于日后查阅，应另编目录，单独装订保存，同时在记账凭证上注明"附件另订"；对于性质相同、数量过多或各种随时需要查阅的原始凭证，如收料单、发料单、发货票等，可以不附在记账凭证后面，单独装订保管，在封面上注明记账凭证种类、日期、编号，同时在记账凭证上注明"附件另订"和原始凭证的名称及编号。

（4）调阅规定。作为会计档案，原始凭证不得外借。如果其他单位因特殊原因需要使用原始凭证，经本单位负责人批准，可以查阅或者复制，并填写"会计档案调阅表"，详细填写调阅会计凭证的名称、调阅日期、调阅人姓名和工作单位、调阅理由、归还日期、调阅批准人等。调阅人员一般不准将会计凭证携带外出。须复制的，要说明所复制的会计凭证名称、张数，经本单位领导同意后在本单位财会人员监督下进行，并应登记与签字。

3. 保管期限

从会计年度终了的第一天算起，原始凭证、记账凭证、汇总凭证和会计档案移交清册的保管期限均为 30 年，银行对账单和银行存款余额调节表的保管期限均为 10 年。应严格遵守会计凭证的保管期限要求，期满前不得销毁。对于保存期满的会计凭证，也不得自行销毁，应履行必要的销毁程序。保管期满的会计凭证，应由本单位档案机构会同会计机构提出销毁意见，编制会计档案销毁清册，并由本单位负责人在销毁清册上签署批准意见，然后再履行规定的监理程序，方能销毁保管期满的会计凭证。

## 二、会计账簿

会计账簿，简称账簿，是以会计凭证为依据，连续、系统、全面、分类地记录和反映各项经济业务的内容，并由专门格式且相互联系的账页所组成的簿籍，是记录会计信息的载体。设置和登记账簿是会计核算的一种专门方法，也是会计核算中不可缺少的环节，任何会计主体都必须设置会计账簿。

### （一）会计账簿的作用表现

会计账簿作为记录会计信息的重要载体，其作用主要表现在以下几个方面：

第一，提供连续、系统、全面、分类的会计信息。前述的会计凭证也是用来记录经济业务的，通过填制会计凭证，会计主体的经济业务信息转化成了会计信息，但是这时的会计信息是零散的、片段化的，无法提供全面、连续、系统的会计信息，因此会计凭证只能作为最初的会计信息载体。通过设置和登记账簿，企业所有经济活动都序时、分类地记录在会计账簿中，既能对经济活动进行序时核算，又能进行分类核算，既可提供各项总括指标，又可提供明细指标，从而连续、系统、全面、分类地提供会计主体某一时期内的全部经济业务核算资料。

第二，为编制会计报表提供依据。通过设置和登记账簿，会计凭证提供的大量零散的会计信息被归类和整理，就能为会计报表编制提供各有关账户的明细、总括资料，经过进一步汇总和整理后，就能编制出会计报表，从而更综合地反映会计主体在一定时期内资产、负债、所有者权益的增减变动和结存等情况以及收入、费用、利润等经营成果情况。可见，会计账簿为编制会计报表提供了不可缺少的依据，起到了联结会计凭证和会计报表的桥梁和纽带作用。

第三，为财务分析和财务检查提供依据。账簿通过对零散的会计信息归类整理，所提供的核算资料比会计报表信息更为具体和详细，为财务分析和财务检查提供依据。利用账簿提供的会计信息，可以分析企业资金的运用情况，考核各种预算的执行和完成情况，有利于企业改善自身经营管理；可以检查企业会计活动及会计信息形成的合法性、准确性和完整性，并对会计信息质量做出评价。

第四，作为历史会计信息资料方便查证。会计账簿是重要的会计档案。作为会计主体储存的历史会计信息，会计账簿资料比会计凭证资料更便于查阅，比会计报表资料更系统和全面，因而更便于有关部门和人员查证。

## （二）会计账簿的类别划分

按照用途、格式和形式的不同，会计账簿可分为不同的种类。为了正确使用各种账簿，有必要介绍账簿的不同分类。

### 1. 按照用途分类

按照用途不同，会计账簿一般可分为序时账簿、分类账簿和备查账簿。

（1）序时账簿，也称日记账或流水账，是按照经济业务发生和完成的先后顺序，逐日逐笔进行连续登记的账簿。在会计核算中，先后顺序是指收到会计凭证的先后顺序，即记账凭证编号的先后顺序。序时账簿可以用来及时、详细地反映经济业务的发生和完成情况，提供连续、系统的会计资料，也可以用来和分类账的有关账户相互核对。序时账簿按其记录经济业务范围的不同，又分为普通日记账和特种日记账两种。

1）普通日记账，又称分录簿，是指直接以原始凭证为依据，按照发生的时间顺序以会计分录形式将经济业务登记入账的账簿，因此又称为分录簿，其起到了记账凭证的作用。因此，普通日记账具有日记账簿和分录簿的双重性质。普通日记账可以连续、全面地反映一个单位的经济业务动态，十分便于企业决策管理部门使用。但是，根据日记账逐笔登记分类账的工作量较大，不便于分工记账，比较适合电算化会计的账务处理。

2）特种日记账，就是专门用来序时登记某一特定经济业务的日记账。通常，若某种业务特别重要而又频繁发生，需要严加控制、经常复核，则需要对这种业务设置特种日记账，并由专人负责登记。如现金收支业务、银行存款收支业务、购货业务、销货业务，相应地就可设置现金日记账、银行存款日记账、购货日记账和销货日记账。

（2）分类账簿，简称分类账，是对各项经济业务按账户分类登记的账簿。分类账按其核算指标的详细程度，可分为总分类账和明细分类账两种。

1）总分类账，简称总账，是根据总分类科目设置的，用来总括反映全部经济业务的账簿。在实际工作中，每个会计主体应该设置一本总账，包括所需的所有会计账户。

2）明细分类账，简称明细账，是根据总账科目设置，按其二级或明细科目设置的，用来分类登记某一类经济业务，提供详细核算资料的账簿。在实际工作中，每个会计主体可以根据经营管理的需要，为不同的总账账户设置明细账。还有一种将序时账簿和分类账簿相结合的账簿，即联合账簿。对于经济业务比较简单、总分类账户不多的单位来说，为了简化记账工作，也可以把序时记录和总分类记录结合起来，在同一本账簿中进行登记。这种同时具备日记账和总分类账两种用途的账簿称为联合账簿。日记总账就是典型的联合账簿。

（3）备查账簿，又称辅助账，是指对某些在日记账和分类账中不能登记或记录不全，而在管理上需要掌握的经济业务，为便于备查而进行补充登记的账簿。它可以对某些经济业务提供必要的详细参考资料，如"经营性租入固定资产登记簿""应收票据备查簿""应付票据备查簿""受托加工材料登记簿""代管商品物资登记簿"等。备查账簿没有固定的格式，可根据实际需要灵活设置，而且并非每个单位都必须设置。备查账簿不受分类账控制，与其他账簿之间不存在严密的依存、钩稽关系。

### 2. 按照外表形式分类

所谓账簿的外表形式，就是指账簿的账页组成方式。按账簿外表形式的不同，会计账簿可分为订本式账簿、活页式账簿和卡片式账簿三种。

（1）订本式账簿，简称订本账，是指在账簿启用前就把编有顺序号的若干账页固定并装订成册的账簿。采用订本式账簿能够避免账页散失和账页抽换，从而保证账簿资料的安全与完整。但是由于账页固定，订本式账簿不能根据记账需要增减账页，因此必须预先估计每一个账户需要的页数，以此来保留空白账页，多则浪费，少则不够，从而会影响账户的连续登记。此外，同一本账在同一时间内只能由一人登记，不便于分工记账。订本账主要适用于现金日记账、银行存款日记账和总分类账。

（2）活页式账簿，简称活页账，它是将分散的账页装存于账夹内但不固定，可以随时增减账页的账簿。活页式账簿的特点正好与订本账相反，其优点主要是可以根据需要增减或重新排列账页，便于分工记账，提高会计工作效率；缺点主要是账页容易散失，容易被抽换。为保证账簿资料的安全与完整，在使用活页账之前，应按账页顺序编号，并由记账员或会计主管人员签章，在不再继续登记时，应加上目录并装订成册。活页账主要适用于各种明细分类账。

（3）卡片式账簿，简称卡片账，是指由分散的硬纸卡片作为账页、存放在卡片箱中的一种账簿。卡片账在使用之前不需装订，根据记录需要可以增添卡片数量，可以跨年度使用，不一定需要每年更换新账。在使用卡片账时，为防止散失和抽换，应按顺序编号，并由有关人员在卡片上签章，同时存入卡片箱内由专人保管。卡片账的优缺点与活页账相同。在使用完毕更换新账后，应将其封扎存档，妥善保管。在会计实务中，它主要适用于记载内容比较复杂的财产物资明细账，如固定资产明细账、低值易耗品明细账等。

## （三）会计账簿的设置与登记

设置账簿，简称建账，就是要建立会计主体的账簿体系。一般来说，会计账簿的组织要适应企业的规模和特点，符合单位内部经营管理的需要，并能满足直接提供编制会计报表资料的需要；同时还应该简洁明了，便于审核、查阅和保管。在此基础上，设置账簿要求具体确定应设置哪些总分类账簿和明细分类账簿，并为每一账户确定账页的格式、内容及登记方法。

在前述的会计核算方法介绍中，账簿的格式大多用T形账户代替。但是在会计实务中，并非所有的账簿记录都登记在相同格式的账页中。首先，不同账簿有不同的用途，不同用途的账簿有不同的要求，如分类账和日记账；其次，即使在分类账内部，不同账户的性质也不同，如总分类账户和明细分类账户，财产物资类明细账、费用类明细账和债权债务类明细账，等等；再次，不同单位经营管理的特点不同，需要账簿记录所提供的会计信息能满足其特有的要求，因此，在登记账簿时应根据不同情况选择不同格式的账页。下面分别介绍日记账、分类账的设置与登记以及备查账簿的设置。

### 1. 日记账

日记账有普通日记账和特种日记账两种，其特点是序时登记，即逐日逐笔地登记经济业务，以便及时、详细地反映经济业务的发生和完成情况，提供连续的会计资料。

#### (1) 普通日记账

普通日记账的设置分两种情况：一种是企业不设置特种日记账，只设置普通日记账；另一种是普通日记账与特种日记账同时设置。在第一种情况下，企业不设特种日记账，普通日记账要序时地逐笔登记企业的全部经济业务；在第二种情况下，除普通日记账外，企业还要设置现金日记账、银行存款日记账、赊销日记账和赊购日记账等特种日记账，普通日记账只序时登记除特种日记账以外的经济业务，即货币资金收付和赊购、赊销业务由相应的特种日记账登记，除赊购、赊销以外的转账业务则由普通日记账登记。

但是，无论对于哪一种情况下的普通日记账，企业一般都不必填制记账凭证，而是将会计分录登记到各种日记账中，即用日记账代替记账凭证，然后再根据日记账登记各种分类账。在这种情况下，记账程序变成"原始凭证—普通日记账—分类账"，我国一般不采用这种记账程序，而国外使用较广。填制记账凭证是我国会计法中规定的法定会计核算环节，因此我国会计的记账程序应该为"原始凭证—记账凭证—分类账"。

普通日记账的账页格式是两栏式，即只设"借方金额"和"贷方金额"两个金额栏，不设余额栏，不需要结出余额。

#### (2) 特种日记账

特种日记账是专门用来序时登记某一特定经济业务的日记账，如现金收款业务、银行存款收付款业务、赊购业务和赊销业务等，这些业务在企业大量重复发生，将它们从普通日记账中分割出来，专设现金日记账、银行存款日记账、赊销日记账和赊购日记账，这样既有利于会计分工记账，又可以对这些业务进行专门控制。

根据企业是否设置记账凭证，特种日记账可分成两种不同的情形，初学者必须注意加以区分。对于不设置记账凭证的企业，特种日记账和普通日记账一起共同作为记载会计分录的账簿，它们一方面根据原始凭证登记，另一方面又作为登记分类账的依据，这种特种日记账实际上起着记账凭证的功能，相应的账务处理程序称为普通日记账账务处理程序；对于设置记账凭证的企业，特种日记账不是根据原始凭证而是根据记账凭证登记的，它们也不能作为分类账登记的依据，而仅仅用来详细登记库存现金、银行存款收付等业务，以便加强对货币资金的控制，并能方便地与"库存现金"和"银行存款"等总分类账户核对，起到了明细账的作用。

我国会计制度要求设置记账凭证，我国企业采用的是特种日记账。因此接下来所讲的特种日记账主要是指现金日记账和银行存款日记账。

1）现金日记账

现金日记账专门用于记录库存现金每天的收入、支出和结存情况，由出纳人员根据审核以后的现金收款凭证、现金付款凭证等逐日逐笔按顺序进行登记，其所记载的内容必须与会计凭证相一致，不得随意增减。设置和登记现金日记账，可以了解和掌握单位库存现金每日收支和结存情况，并可及时核对，以保证现金的安全。

现金日记账一般按币种设置。如果一个单位的库存现金只有人民币一种，则可只设一本现金日记账；若还有外币库存现金，则有几种就设置几本现金日记账，以分别反映不同币种现金的收付和结存情况。登记现金日记账时应逐笔、序时登记，做到日清月结。为了及时掌握现金收付和结余情况，现金日记账必须当日账务当日记录，每日终了，出纳人员应计算全日的现金收入、支出和结余额，并与库存现金实际数核对。要注意，现金日记账不得出现贷方余额或红字余额。对于现金收支频繁的单位，还应随时结出余额，以方便掌握库存现金的实际动态。

现金日记账必须采用订本式账簿，其账页格式可分为三栏式和多栏式两种，在实际工作中普遍采用的是三栏式现金日记账：①三栏式现金日记账是指在同一张账页上分设"收入""支出"和"结余"（或者"借方""贷方"和"余额"）三个金额栏目的日记账。②多栏式现金日记账：为了便于反映每笔收支的来源和用途，以便分析和汇总对应科目的金额，也可以采用多栏式现金日记账，即分别按照对方科目对收入栏和支出栏设专栏进行登记。这种账簿可以通过有关专栏的定期汇总，将其合计数过入有关总分类账，无须逐笔过账；其他栏目的账户则仍须逐笔过账。在多栏式现金日记账中，由于经常重复出现的对应账户都已设置专栏，故可以大大减少总分类账的登账工作量。

2）银行存款日记账

银行存款日记账是专门用来记录银行存款增加、减少和结存情况的账簿。设置和登记银行存款日记账，可以加强对银行存款的日常监督和管理，保证银行存款的安全。

银行存款日记账应按企业在银行或信用社开立的不同账号和币种分别设置，以管理单位不同账户和币种的银行存款收付业务。银行存款日记账通常是由出纳人员根据审核无误的银行收款凭证和付款凭证逐日逐笔按顺序登记的，要做到日清月结，每日终了结出余额，以便检查和监督各种收支款项，并定期与银行送来的对账单逐笔核对。

与现金日记账一样，银行存款日记账也必须采用订本式账簿，其账页格式既可以采用三栏式，也可以采用多栏式。多栏式银行存款日记账可只设一本银行存款日记账或分别设置银行存款收入日记账和银行存款支出日记账。银行存款的收付需要根据银行结算凭证进行，为了便于与银行对账并加强对单位票证的管理，银行存款日记账要专设"结算凭证——种类、号数"栏。

**2.分类账**

设置与登记分类账，可以分类反映全部经济业务，提供资产、负债、所有者权益、收入、费用等方面每一个账户总括的详细的会计核算资料，为会计信息使用者提供系统的会计信息。按照账户所反映内容的详细程度不同，分类账分为总分类账和明细分类账两类。

（1）总分类账

总分类账，简称总账，是按总分类账户进行分类登记的账簿。为了全面、总括地反映经济活动的情况，并为编制会计报表提供必要的数据，任何单位都必须设置总分类账。

总分类账一般采用订本式账簿，并按照一级科目的编号顺序分设账户，为每个账户预留若干账页，以集中登记属于各账户的经济业务及其变动情况。总分类核算只运用货币计量，常用三栏式账页。三栏式总分类账设有"借方""贷方"和"余额"三个金额栏，有反映对方科目和不反映对方科目栏两种格式。

总分类账是会计人员根据审核无误的记账凭证直接或汇总登记的，其登记依据和方法与各单位所采用的账务处理程序有关。一般来说，总分类账的登记方法有以下几种：①逐笔登记法，即总账直接根据记账凭证逐笔登记；②汇总登记法，即定期将所有记账凭证汇总，按照一定方法编制汇总记账凭证（包括汇总收款凭证、汇总付款凭证和汇总转账凭证），月末根据其合计数登记总账；③汇总登记与逐笔登记相结合，即对经常重复发生的业务采用汇总登记法，对较少发生的业务采用逐笔登记法；④以表代账，即以科目汇总表代替总分类账。还有一种总账是日记账和总分类账相结合的联合账簿，即多栏式日记总账。

（2）明细分类账

明细分类账账簿是根据明细会计科目设置的簿籍。在总分类账的基础上，设置与登记明细分类账，可以提供明细的会计核算资料。

明细分类账一般采用活页式账簿，也有采用卡片账的，如固定资产卡片可作为固定资产明细账。明细分类账的格式，应根据它所反映的经济业务内容的特点、实物管理上的要求来设计。常用的明细分类账有三栏式、数量金额式、多栏式和平行式等多种格式，会计人员应根据记账凭证、原始凭证或原始凭证汇总表，或者定期登记，或者逐日逐笔登记。

1）三栏式明细分类账。三栏式明细分类账只设"借方""贷方"和"余额"三个金额栏，其格式与三栏式总分类账基本相同。它适合于那些只需要金额核算，不需要数量核算的债权、债务等明细分类账户，如应收账款明细账、应付账款明细账、其他应收款明细账、短期借款明细账、长期借款明细账、其他应付款明细账等。

2）数量金额式明细分类账。数量金额式明细分类账的账页，在"收入""支出"和"结余"栏内，分别设有"数量""单价"和"金额"专栏。这种格式适合于既要进行金额核算、又要进行数量核算，既有价值指标、又有实物指标的各种财产物资，如"原材料""库存商品"等明细分类账户，它们应按品种、规格分别设置，列明品名、规格、存放位置、储备定额和最高、最低储备量等。

3）多栏式明细分类账。多栏式明细分类账是根据管理需要，在一张账页内不仅按借、贷、余（或收、支、余）三部分设置金额栏，还要按明细科目在借方或贷方设置许多金额栏，以集中反映有关明细项目的核算资料。这种格式通常适合在管理上需要了解构成内容的成本费用、收入类账户的明细核算，并将其内容设置成专栏。其专栏的设置一般取决于明细分类账户的数目及其所包含的经济内容，以及管理上需要对这些经济内容了解和掌握的详细程度。多栏式明细分类账主要适合成本费用、收入类账户的明细核算，成本费用类多栏式明细分类账应按借方设置专栏，如"在途材料""生产成本""制造费用""在建工程""管理费用""财务费用""营业外支出"等；收入类明细分类账应按贷方设置专栏，如"主营业务收入""营业外收入"等；还有些账户可以同时按借方和贷方设置专栏，如"应交税费——应交增值税""本年利润"等。

与三栏式明细分类账相比，多栏式明细分类账能够在一张账页上反映某一级账户的所有下一级明细项目，登记和查阅均十分方便。但它不能随意增加或改变专栏名称，因此多栏式明细分类账比较适合明细科目能够预先确定并且相对固定的账户。如"生产成本"按成本计算对象设账页后，再按成本项目设专栏，其中成本项目中的"直接材料""直接人工""制造费用"能够预先设定且固定不变。

4) 平行式明细分类账。平行式明细分类账，也称横线登记式明细分类账，其账页的基本格式是设置"借方"和"贷方"两栏。当经济业务发生时在一方登记，与其相应的业务则不管何时发生，均在同一行次的另一方平行登记，以加强对这一类业务的监督。比如，职工预支和报销差旅费业务，在登记职工预支款业务后，无论职工何时报销或归还，都在同一行次中登记报销或款项收回情况。平行式明细分类账主要适合往来款项等账户的明细核算，如"其他应收款""其他应付款"等。

明细分类账除了上述常用的四种格式外，还可根据不同的经济业务和管理上的需要采用其他专门格式，如开展分期收款销售业务的企业，其应收账款明细账要采用累计金额式明细账；同时涉及人民币和外币两种货币记账的企业，其相关的明细账要采用复币式明细账。

3. 备查账簿

有些经济业务，在日记账和分类账中不予登记，但在管理上需要加以控制或掌握情况，这就需要设置备查账簿，以补充日记账和分类账记录的不足。

备查账簿的种类和格式比较灵活，可根据单位的实际需要设计。它一般有下列几种类型：

(1) 代管财物登记簿。有些财产物资，企业虽没有所有权，但企业对其负有保管和使用的责任，因而需要设置备查账簿并进行登记，此类备查账簿有包装物登记簿、代加工材料登记簿、代管商品物资登记簿等。

(2) 账外财物登记簿。某些工具、用具，其单位价值比较低，领用时在会计上做一次性费用处理。然而这些工具、用具使用期一般比较长，这就意味着这些财产物资尽管仍在企业内被使用，但是会计账面已不反映其实物形态和价值。为了加强管理，防止出现漏洞和浪费，可以设置账外财物登记簿，记录领用日期、领用人、领用数量、报废日期等情况，以加强控制。

(3) 其他备查账簿。对某些不纳入企业分类账核算范围，而业务上又需要掌握的事项，均可通过设置备查账簿来控制。例如，为了掌握应收票据收到、贴现、背书、承兑等情况，可设置应收票据登记簿；为了了解经济合同的执行情况，可设置经济合同执行情况登记簿。

### （四）账簿的启用、登记与错账更正

1. 账簿的启用

账簿是重要的会计档案。为了确保账簿记录的真实、完整和合法，明确记账责任，会计人员在启用账簿时，应在账簿封面上写明单位名称和账簿名称，并在账簿扉页的"账簿启用及交接表"或"账簿启用和经管人员一览表"上填写账簿启用及交接等相关内容。具体包括：启用日期、账簿页数以及记账人员、会计机构负责人和会计主管人员的姓名，并加盖人名章和单位公章。

会计人员在填写"账簿启用及交接表"时，应遵循以下规则：

（1）启用订本式账簿，应当从第一页到最后一页按顺序编写页数（预先印定页数的账簿除外），不得跳页、缺号；启用活页式账页，应当按账户顺序编号，并须定期装订成册，装订后再按实际使用的账页顺序编写页码，另加目录，并记明每个账户的名称和页次。扉页的起止页数可于装订时填写。银行存款日记账启用后还要将开户银行的全称、银行账号等内容填写完整。

（2）填写记账人员和会计机构负责人、会计主管人员的姓名，并加盖人名章和单位公章。

（3）记账人员或会计机构负责人、会计主管人员调动工作时，在办好账簿移交手续后，在启用表上应当注明交接日期、接办人员或监交人员姓名，并由交接双方人员签名或盖章，以明确相关人员的责任。

2. 账簿的登记

（1）账簿登记的基本要求

为了保证账簿记录的正确性，记账时必须根据审核无误的会计凭证，按规定方法进行登记。账簿登记的基本要求如下：

第一，账簿登记及时。一般来说，登记账簿的时间间隔越短越好。①总账登记，应视单位的账务处理程序而定。有的按照记账凭证逐日或定期登记，有的根据汇总凭证或汇总表定期登记。②明细账和日记账登记，应根据原始凭证或原始凭证汇总表、记账凭证每日登记或定期（每隔3日或5日）登记。但是为了及时核对各种财产余额，随时与债权债务单位结算，现金日记账和银行存款日记账必须每日逐笔登记，债权债务和财产明细账也必须每天登记。

第二，账簿登记完整。登记账簿时，应当将记账凭证的日期、编号、经济业务内容摘要、金额和其他有关资料逐项登记入账。每一笔业务登记完毕后，都要在记账凭证上签名或盖章，并在"过账"栏内注明相应账簿的页码或记账符号"√"，表示已登记入账，以免重复或漏记，且便于凭证与账簿之间互相比较。实物类明细账应填写编号、品名、规格、单位、数量、单价等，固定资产明细账除了按实物类明细账的要求填写外，还应填写使用年限、预计残值（率）、月折旧额（率）、存放地点等项。

第三，账簿登记连续。各种账簿应按页次顺序连续登记，不得跳行、隔页。如果发生跳行、隔页，应当将空行、空页画线注销，或者注明"此行空白""此页空白"字样，并由记账人员签名或者盖章。不得任意撕毁订本式账簿的账页，也不得任意抽换活页式或卡片式账簿的账页，以防舞弊。

第四，书写规范。字迹要清楚、工整，文字和数字上面要留有适当空格，不要写满格，一般占格高的 1/2 左右，以保证账簿的清晰、整洁和美观，并为更正错误留出余地。要用蓝黑墨水或者炭素墨水书写，不得使用圆珠笔(银行的复写账簿除外)或者铅笔书写。

用红色墨水登记账簿可以在下列情况中出现(指金额)：①按照红字冲账的记账凭证，用红字冲销错误记录；②在不设"借""贷"等栏的多栏式账页中，用红字登记减少数；③三栏式账户"余额"栏前若未印明余额方向，在"余额"栏内用红字登记负数余额。此外，根据国家会计制度的有关规定，用红色墨水登记账簿还用于其他会计记录，如期末结账时，用红色墨水画红线；更正错账时，画红线更正；在账簿登记发生跳行隔页时，红色墨水画对角线注销空行或空页。

(2) 账簿登记的若干技术

1) 日期栏。在填写日期时，每一页的第一笔业务的年、月应在"年""月"栏中填写齐全，只要不跨年度或月份，以后本页再登记时，只须填"日"，一律不填写月份。当同页跨月登记时，应在上月的月结线下的月份栏内填写新的月份。

2)余额栏。凡需要结出余额的账户，结出余额后，应当在"借"或"贷"等栏内写明"借"或"贷"等字样。没有余额的账户，应当在"借"或"贷"等栏内写"平"字，并在余额栏内用"0"表示，一般来说，在"余额"栏内标注的"0"应当放在"元"位。现金日记账和银行存款日记账必须逐日结出余额。

3) 转页处理。当一账页登记完毕结转下页时，应当在下页的第一行摘要栏内注明"承前页"字样，即进行转页处理。按"承前页"所承的时期不同，转页处理有两种方法：一种是"承前页"只承前页发生额合计数及余额；另一种是承本月（日记账为本日）连续累计发生额及余额。采用第一种方法，当某一账页登记完毕时，应将该页的合计数及余额填写在该页最后一行的有关栏内，并在这行的摘要栏内注明"过次页"字样，然后在下页第一行有关栏内转抄上页的合计数及余额，并在摘要栏内注明"承前页"字样。也可以不设"过次页"，直接将本页合计数及余额写在下页第一行有关栏内，并在摘要栏内注明"承前页"字样。采用第二种方法，"承前页"的金额是本月（日记账为本日）连续累计发生额及余额，其登记方法与第一种处理方法相同。一般来说，对于会计人员月末结账的工作效率而言，第二种处理方法更为有效。

4) 错账更正。账簿登记中如果发生错误，不准涂改、挖补、刮擦或者用药水消除字迹，不准重新抄写，必须按照规定方法予以更正。

5)便捷符号。为了提高工作效率，记账时允许使用一些便捷符号。单价可用"@"表示，如单价为 18 元，可写作"@18 元"；号码顺序可用表示，如第 35 号，可写成"#35"，但不能写作"35#"。

（3）总分类账和明细分类账的平行登记

总分类账户是根据总分类科目设置的，用来对会计要素的具体内容进行总括分类核算，它对明细分类账户起着统驭的作用。明细分类账户是根据明细分类科目设置的，用来对会计要素的具体内容进行明细分类核算，对总分类账起着说明和补充作用。总分类账户及其明细分类账户反映的内容是相同的，只是核算指标的详细程度不同，因而应保持总账与明细账记录的一致性，采取平行登记的方法。所谓总分类账和明细分类账的平行登记，是指对所发生的每项经济业务，都要根据会计凭证，既记入相关总分类账户，又记入其明细分类账户的一种登记方法。平行登记，一方面可以满足对总括资料和详细核算资料相互核对的要求，另一方面也可以及时检查会计记录的正确性。平行登记方法是企业内部牵制制度在会计核算方面的具体运用。

平行登记的要点通常可以归纳为四个"同"，即同时期、同依据、同方向和同金额，具体解释如下：

1）同时期登记。同时期登记又称双重登记，是指对同一笔经济业务，必须在同一会计时期内登记，即既要记入有关的总分类账户，也要记入其所属的明细分类账户，不能漏记或重记。这里所指的同时期是指同一会计期间（如同一个月）而非同时刻。

2）同依据登记。总分类账户及其明细分类账户是对同一笔业务不同程度的反映，登账时所依据的是同一原始凭证，分别以总括指标和详细指标的形式反映同一项内容。

3）同方向登记。同方向登记，是指对同一笔经济业务，在登记总分类账户和明细分类账户时，其各自的记账方向必须一致。如果总分类账户登记在借方，其明细分类账户也应记在借方；如果总分类账户登记在贷方，其明细分类账户也应登记在贷方。

4）同金额登记。同金额登记，是指将一笔经济业务记入所属几个明细分类账户时，记入总分类账户的金额，必须与记入所属几个明细分类账户的金额之和相等。

总分类账与其明细分类账的平行登记能保证总分类账和明细分类账之间期初余额、本期发生额及期末余额均相等。利用这一平行登记原理，可以检查总分类账及其明细分类账记录的正确性和完整性。

3. 错账更正

在记账过程中，由于种种原因会发生各种各样的差错。发现错账时，应按照规定的方法予以更正。由于错账发生的原因、性质及类型不同，更正错账的方法也不同。常用的错账更正方法有三种：画线更正法、红字更正法和补充登记法。

（1）画线更正法。

画线更正法又称红线更正法，是指用红墨水画线注销原有错误记录，然后在画线处的上方写上正确记录的一种方法。它主要适用于结账前发现账簿上所记录的文字或数字有错误，而记账凭证无错误，即纯属过账时文字、数字的笔误或方向错误及数字计算错误的情况。

画线更正法更正错账时，应先在错误的文字或者数字上划一条红色横线，表示注销，但必须使原有字迹仍清晰可辨，以备查考；然后，在画线处的上方用蓝字填写正确的文字或者数字，并由记账人员在更正处盖章，以明确责任。画线更正时应注意：对于文字差错，可只划去错误的部分，不必将与错字相关联的其他文字划去；但对于数字差错，必须将错误的数字全部划掉，不得仅划去其中的个别错误数字。例如在过账时把 5634 元误记为 5643 元，不能只划去"43"，改为"34"，而是要把"5643"全部用红线划去，并在其上方写上正确的"5634"。

（2）红字更正法

红字更正法又称红字冲销法、赤字冲账法或红笔订正法，是指用红字冲销或冲减原有的错误记录，以更正或调整记账错误的一种方法。这种方法适用于原记账凭证有错误，并已根据错误的记账凭证登记入账的情况。它具体又可以分成以下两种情况。

情况一：记账后，发现原记账凭证中会计科目用错，并已根据错误的记账凭证登记入账，则用红字更正法进行更正。更正时，先用红字金额填制一张内容与原错误凭证完全相同的记账凭证，在"摘要"栏注明"冲销某月某日第 × 号凭证错误"字样，并据以用红字金额登记入账，以冲销原错误记录；然后用蓝字填制一张正确的记账凭证，在"摘要"栏注明"更正某月某日第 × 号凭证错误"字样，并据以用蓝字金额登记入账。

情况二：记账后发现记账凭证中会计科目没有错误，只是金额多记了，也应采用红字更正法予以更正。更正时只需一步就能完成，即将多记的金额用红字填制一张与原错误凭证会计科目相同的记账凭证，在摘要栏注明"冲销某月某日第 × 号记账凭证多记金额"字样，并据以用红字金额登记入账，冲销多记的金额。

（3）补充登记法

记账以后，若发现原记账凭证会计科目无错误，只是所记金额小于应记金额，可用补充登记法更正。补充登记法是通过补记差额更正账簿记录错误的一种方法。更正时，只要将少记的金额用蓝字填制一张记账凭证，然后据以登记入账，并在摘要栏内注明"补记某月某日第 × 号记账凭证少记金额"，就补记了少记的金额，更正了错账。

采用红字更正法和补充登记法更正错账，能够正确反映账户的对应关系，保证账户发生额的正确性，避免虚增虚减情况的产生。对于电算化会计所发生的错账，只能采用红字更正法和补充登记法更正，画线更正法不适用。

**（五）账簿的对账与结账**

为了考察某一会计期间（如月份、季度、年度）经济活动的情况，考核经营成果，方便编制会计报表，必须使用真实、正确、完整的账簿资料，必须定期进行对账与结账工作。

1. 对账

账簿记录要正确无误，但是在记账、过账、计算等会计核算过程中难免会出现差错、疏漏等情况，造成各种账簿之间、账簿记录与会计凭证之间以及账簿记录与实物、款项之间不符合，以至于后续的会计核算工作无法进行。为了确保账簿记录的真实性、完整性、正确性，在有关经济业务入账之后，亦即在后续的结账和编报之前，还要进行经常的或定期的对账工作，以保证账证相符、账账相符和账实相符。

对账就是对账簿记录所进行的核对工作，包括账证核对、账账核对和账实核对三方面内容。

（1）账证核对。账证核对是指各种账簿的记录与有关原始凭证和记账凭证相核对。这是保证账簿记录真实、正确、完整的基础。这种核对主要是在日常编制凭证和记账过程中进行的，体现在复核账簿记录与会计凭证的内容、金额、会计科目、记账方向等是否相符。月末对账时可以重点抽查，如果发现账证不符，就应重新进行账证核对，以保证账证相符。

（2）账账核对。账账核对是指各种账簿之间的有关数字的相核对，主要包括以下内容：

总分类账有关账户核对，主要核对总分类账全部账户的本期借方发生额合计数与贷方发生额合计数是否相等，期末借方期末余额合计数与贷方期末余额合计数是否相等。这种核对可以通过总分类账户的试算平衡进行。

总分类账与明细分类账核对，主要核对总分类账全部账户的本期发生额与其各明细分类账户的本期发生额之和是否相等，总分类账全部账户的期末余额与其各明细分类账户的期末余额之和是否相等。这种核对可以通过编制明细账本期发生额及余额表等进行。

总分类账与日记账核对，主要核对总分类账中"现金"和"银行存款"账户的本期发生额及期末余额与现金日记账、银行存款日记账相对应数字是否相等。

会计部门的财产物资明细账的期末余额与财产物资保管、使用部门的有关保管明细账（卡）的期末结余额核对。

（3）账实核对。账实核对是指各种货币资金、财产物资和结算款项的账面余额与实存数额相核对，主要包括以下内容：

现金日记账的账面余额，应每日与现金实际库存数额相核对，并填写库存现金核对情况报告单作为记录。

银行存款日记账的账面余额与开户银行对账单核对。每收到一张银行对账单，经管人员就应在三日内核对完毕，每月编制一次银行存款余额调节表。

各种财产物资明细账的账面余额与财产物资的清查盘点实存数额核对。有价证券明细账的账面余额应与单位实有证券相核对，至少每半年核对一次；商品、产品、原材料等财产物资明细账的账面余额应定期与实存数额相核对，年终要进行一次全面的核对清查。

各种应收、应付款、银行借款等往来款项明细账的账面余额应与有关债权债务单位（或个人）相核对，清理结果要及时以书面形式报告。

要进行这一系列账实核对工作，须掌握各项财产物资的实有数。在实际工作中，一般要通过财产清查来掌握各项财产物资的实有数。有关财产清查的内容、方法等。

2. 结账

结账，就是在将一定时期（月度、季度、年度）内所发生的经济业务全部登记入账的基础上，结算出各账户的本期发生额和期末余额。结账工作可以将持续不断的经济活动按照会计期间进行分期总结和报告，反映一定会计期间的财务状况和经营成果，为编制会计报表提供依据。结账工作通常按月进行，年度终了还要进行年终结账。此外，当企业因撤销、合并、分立等原因办理账务交接时，也需要办理结账。

结账工作通常包括两方面内容：一是结清或结计各种收入、费用类账户的本期发生额，并据以计算本期损益；二是计算各种资产、负债和所有者权益类账户，结出其本期发生额和期末余额，并将余额转为下期的期初余额。

（1）结账前的准备工作。

为了做好结账工作，结账前应做好以下准备工作：

第一，结账前，首先必须将本期内发生的经济业务全部登记入账，如果发现漏账、错账，应及时补记、更正。做好对账工作，在核对无误的前提下才能进行结账。

第二，检查是否按照权责发生制的要求对本期内所有的转账业务编制记账凭证，进行账项调整，并据以记入有关账簿，不得提前结账或推迟结账。

第三，进行必要的成本计算和结转，如制造费用的计算和结转、完工产品成本的计算和结转、已售产品成本的计算和结转等。

第四，在本期全部经济业务都已入账的基础上，分别计算出日记账、明细分类账和总分类账的本期发生额和期末余额。

第五，根据各明细分类账的记录分别编制明细分类账户本期发生额及余额表，根据总分类账的记录编制总分类账户本期发生额及余额表，进行试算平衡。

（2）结账的主要内容。

1）收入、费用类账户的结账。

第一，各收入、费用类账户属于"虚账户"，期末需要结清。结账的任务是将其余额结为零，具体应按下列程序进行。

第二，结计出各收入、费用类账户的本期发生额合计数。

第三，编制结账分录。按照损益类账户结转方法，编制结账分录，即将各收入、费用类账户的余额分别转入"本年利润"账户。

第四，过账与结账。将结账分录所涉及的各损益类账户和"本年利润"账户发生额分别过入分类账，使各损益类账户余额变成零，"本年利润"账户的贷方合计与借方合计的差额即为本期利润（负数表示亏损），反映从年初起本年累计实现的利润（或亏损）额。年终结账时，还应该结转"本年利润"账户和"利润分配"账户，以计算全年实现的利润和分配的利润。

2）资产、负债和所有者权益类账户的结账。资产、负债和所有者权益类账户属于"实账户"，这些账户在某一时刻的余额反映其实际拥有的数额，结账工作的任务是结算出各账户的本期发生额和期末余额，并将余额转为下期的期初余额。

（3）结账的方法。在会计实务中，通常采用画线结账法结账。画线是结账的标志，一方面突出了特定时期的有关数字（如本期发生额和期末余额）；另一方面标志着会计分期，即将本期与下期的记录明显分开，表示本期的会计记录已经截止或结束。画线结账按时间可分为月结账和年结账。

1）月结账是以一个月为结账周期，每个月月末对本月发生的经济业务情况进行总结。月结账的具体做法是在每个月月末各账户最后一笔记录的下面划一条通栏单红线，并在单红线下的"摘要"栏内注明"本月合计"字样，随后结出本期发生额和期末余额，然后在这些记录下面再划一条通栏单红线，以表示本月的账簿记录结束。紧接着下一行，在"摘要"栏内注明"期初余额"字样，并在"余额"栏内将上期的期末余额数转入。应注意，画线时应划通栏线，不应只在金额部分画线。

除了上述的一般情况外，某些账户的结账和画线有特殊要求：第一，某些明细账户的每一笔业务都需要随时结出余额，如各项应收款明细账和各项财产物资明细账等，每月最后一笔余额即为月末余额，这种情况就不需要按月结计本期发生额，月末结账只需在最后一笔经济业务记录之下划一条单红线，表示本月的账簿记录已经终止，不需要再结计一次余额。第二，对于需要逐月结算本年累计发生额的账户，如各种损益账户，应逐月计算自年初至本月末的累计发生额，登记在月结线的下一行，在"摘要"栏内注明"本年累计"字样，并在下面划通栏单红线。第三，如果本月只发生一笔经济业务，则只要在这笔记录下划一条单红线，表示与下月的发生额分开即可，不需另结出本月合计数。当然，本月没有发生额的账户，不必进行月结（不划结账线）。

2）年结账是以一个月为结账周期，年末对本年度发生的经济业务情况及结果进行总结。每年的 12 月 31 日，应当将全年 12 个月的月结数的合计数填列在 12 月的月结数字下，并在"摘要"栏内注明"本年合计"或"年度发生额及余额"，并在下面划双红线，表示年底封账。对于有余额的账户，应将余额结转下一年，在年结数（双红线）的下一行"摘要"栏内注明"结转下年"字样，同时在下年度新账的"余额"栏中直接抄列上年结转的余额，并在"摘要"栏内注明"上年结转"或"年初余额"字样。

对于需要结出本年累计发生额的账户，由于 12 月末的"本年累计"就是全年累计发生额，因此应当在全年累计发生额下直接划通栏双红线。而对于总账账户，平时只需结计月末余额，年终结账时，要根据所有总账账户结计全年发生额和年末余额，在"摘要"栏内注明"本年合计"字样，并在合计数下划双红线。用科目汇总表代替总账的单位，年终结账时，应当汇编一张全年合计的科目汇总表。

# 第四节　会计报告：会计报表

## 一、会计报表概述

会计报表是指企业对外提供的、以日常会计核算资料为主要依据，反映企业某一特定日期财务状况和某一会计期间经营成果、现金流量的文件。

### （一）会计报表的意义体现

虽然日常的会计核算已经反映了企业某一特定日期财务状况和某一会计期间经营成果，但是会计凭证和会计账簿这些会计资料反映的经济活动是具体、分散的，并不能总括地反映企业的财务状况和经营结果，且会计部门的账簿资料也不便于企业的投资者、债权人、税务机关等部门及其他有关个人和部门使用。为了概括地反映企业的经济活动，企业就有必要根据会计资料定期编制会计报表。

会计报表所提供的会计信息，是国家管理部门（财政、税务、审计等）进行宏观调控和管理税务的信息来源，是企业加强经营管理的重要依据，是与企业有经济利害关系的单位和个人了解企业财务状况和经营结果，并据以做出决策的重要依据。

### （二）会计报表的类别划分

会计报表可以按以下不同的标准进行分类：

（1）按反映财务活动方式的不同，会计报表可以分为静态会计报表（如资产负债表等）和动态会计报表（如利润表、现金流量表、所有者权益变动表等）。其中，静态会计报表反映某一时点的财务状况；而动态会计报表反映一定期间内经营成果、现金流量、成本费用的增减变动情况。

（2）按照编报期间的不同，会计报表可以分为中期会计报表和年度会计报表。其中，中期会计报表是指以短于一个完整会计年度的报告期间为基础编制的会计报表，包括月报、季报和半年报等；年度会计报表是指以一个完整的会计年度（自公历 1 月 1 日起至12 月 31 日止）为基础编制的会计报表。

（3）按照会计报表编报主体的不同，可以分为个别会计报表和合并会计报表。其中，个别会计报表是指由企业在自身会计核算基础上对账簿记录进行加工而编制的会计报表，它主要用来反映企业自身的财务状况、经营成果和现金流量情况；合并会计报表是指以母公司和子公司组成的企业集团为会计主体，根据母公司和所属子公司的个别会计报表，由母公司编制的综合反映企业集团财务状况、经营成果及现金流量的会计报表。

### （三）编制会计报表的要求

会计报表是会计部门提供会计信息的重要手段。为了充分发挥会计报表的作用，编制会计报表必须满足如下编制要求：

（1）数据真实。会计报表应当遵循国家统一的会计准则的规定，如实地反映企业的财务状况、经营成果和现金流量。

（2）内容完整。会计报表应当反映企业生产经营活动的全貌，全面反映企业的财务状况、经营成果和现金流量。

（3）前后一致。编制会计报表所依据的会计方法前后期应当遵循可比性的会计信息质量要求，不能随意变更。如果确须改变某些会计方法，应在报表附注中说明改变的原因及改变后对报表指标的影响。

（4）编报及时。会计报表应当在会计期间结束后及时编制，并按规定的日期内及时报送有关部门。

（5）指标可比。企业在不同时期的会计报表指标和同类型企业之间的会计报表指标，应当尽可能口径一致。

## 二、资产负债表

资产负债表亦称财务状况表，是反映企业在某一特定日期（如月末、季末或年末）的财务状况（即资产、负债和所有者权益的状况）的主要会计报表。根据资产负债表，信息使用者可以了解企业在某一特定日期所拥有或控制的资产总额及其构成情况、企业负债和所有者权益总额及分布状况，从而评估企业的偿债能力，评价企业的财务状况。

### （一）资产负债表的内容与结构

#### 1. 资产负债表的主要内容

资产负债表反映企业在某一特定日期所拥有或控制的经济资源、所承担的现有义务和所有者对净资产的要求权。它是企业经营活动的静态体现，根据"资产＝负债＋所有者权益"这一平衡公式，依照一定的分类标准和一定的次序，将某一特定日期的资产、负债、所有者权益的具体项目予以适当排列编制而成。

#### 2. 资产负债表的基本结构

资产负债表有两种基本格式，即账户式和报告式。

（1）账户式。账户式资产负债表又称水平式资产负债表，它为左右结构，是指将企业的资产类项目按一定顺序排列在表左边，即 T 形账户左方；负债类和所有者权益类项目排列在表右边，即 T 形账户右方；根据"资产＝负债＋所有者权益"这一平衡公式，左边的资产总计金额应与右边的负债和所有者权益总计金额相等。其优点是资产、负债和所有者权益的恒等关系一目了然。

（2）报告式。报告式资产负债表又称垂直式资产负债表，它为上下结构，是指将企业资产类、负债类、所有者权益类项目在表中自上而下垂直排列，报表上部先将资产类项目按一定顺序排列，然后再排列负债类项目，最后排列所有者权益类项目。其优点是便于编制比较式资产负债表。

### （二）资产负债表的填列方法

**1. 按照总账科目余额填列**

（1）按照相关总账科目余额直接填列：如"交易性金融资产""其他权益工具投资""递延所得税资产""短期借款""应付职工薪酬""应交税费""应付债券""预计负债""递延所得税负债""实收资本（或股本）""资本公积""库存股""盈余公积"等项目。

（2）按照相关总账科目余额计算填列：如"货币资金"项目，应根据"库存现金""银行存款""其他货币资金"三个总账科目余额的合计数填列；"其他应收款"项目，应根据"应收股利""应收利息""其他应收款"等，总账科目余额的合计数填列"其他应付款"项目，应根据"应付利息""应付股利""其他应付款"等总账科目的期末余额合计数填列。

**2. 按照明细账科目余额计算填列**

（1）"开发支出"项目，应根据"研发支出"总账科目中所属的"资本化支出"明细科目期末余额填列。

（2）"应付票据及应付账款"项目，应根据"应付票据""应付账款""预付账款"等总账科目所属的相关明细科目的期末贷方余额合计数填列。

（3）"预收款项"项目，应根据"预收账款""应收账款"总账科目所属各明细科目的期末贷方余额合计数填列。

（4）"一年内到期的非流动资产""一年内到期的非流动负债"项目，应根据有关非流动资产或负债总账科目的明细科目余额分析填列。

（5）"未分配利润"项目，应根据"利润分配"总账科目中所属的"未分配利润"明细科目期末余额填列。

**3. 按照总账科目和明细账科目余额分析计算填列**

（1）"长期借款"项目，应根据"长期借款"总账科目余额扣除"长期借款"总账科目所属的明细科目中将在资产负债表日起 1 年内到期且企业不能自主地将清偿义务展期的长期借款后的金额计算填列。

（2）"长期待摊费用"项目，应根据"长期待摊费用"科目的期末余额减去将于 1 年内（含 1 年）摊销的数额后的金额填列。

（3）"其他非流动资产"项目，应根据有关科目的期末余额减去将于 1 年内（含 1 年）到期偿还数后的金额填列。

**4. 按照有关科目余额减去其备抵科目余额后的净额填列**

（1）"债权投资""长期股权投资""在建工程""商誉"等项目，应根据相关科目的期末余额填列，已计提减值准备的，还应扣减相应的减值准备。

（2）"固定资产""无形资产""投资性房地产""生产性生物资产""油气资产"等项目，应根据相关科目的期末余额扣减相应的累计折旧（摊销、折耗）填列，已计提减值准备的，还应扣减相应的减值准备，采用公允价值计量的上述资产，应根据相关科目的期末余额填列。

（3）"长期应收款"项目，应根据"长期应收款"科目的期末余额，减去相应的"未实现融资收益""坏账准备"总账科目所属相关明细科目期末余额后的金额填列。

（4）"长期应付款"项目，应根据"长期应付款"科目的期末余额，减去相应的"未确认融资费用"科目期末余额后的金额填列。

**5. 综合运用上述方法分析填列**

（1）"应收票据及应收账款"项目，应根据相关科目的期末余额，减去"坏账准备"科目中有关坏账准备期末余额后的金额填列。

（2）"预付款项"项目，应根据"预付账款""应付账款"总账科目所属各明细科目的期末借方余额合计数，减去"坏账准备"科目中有关预付款项计提的坏账准备期末余额后的金额填列。

（3）"存货"项目，应根据"材料采购""原材料""发出商品""库存商品""周转材料""委托加工物资""生产成本""受托代销商品""合同履约成本"等科目期末余额合计，减去"受托代销商品款""存货跌价准备"科目期末余额后的金额填列，材料采用计划成本核算，以及库存商品采用计划成本核算或售价核算的企业，还应按加或减材料成本差异、商品进销差价后的金额填列。

### 三、利润表

利润表是用来总括地反映企业在一个会计期间的经营结果的一种会计报表。它反映了企业一定会计期间实现的收入情况或费用耗费情况，从而有助于信息使用者评价企业经营业绩的好坏和获利能力的强弱。

### （一）利润表的主要内容

利润表不同于资产负债表，它是一种动态的时期报表，根据"利润＝收入－费用"的基本关系而编制的。

常见的利润表格式有单步式和多步式两种。单步式利润表用当期收入总额减去当期成本费用总额来一次性计算出当期收益的利润表格式，其优点是所提供的信息都是原始数据，便于理解；多步式利润表分为营业利润、利润总额、净利润和综合收益总额四个步骤，分步反映净利润和综合收益形成过程的利润表格式，其优点是便于信息使用者对企业经营情况和盈利能力进行比较和分析。我国当前采用多步式的利润表格式。

多步式利润表的计算过程如下：

第一步，计算营业利润。

营业利润＝营业收入－营业成本－税金及附加－销售费用－管理费用－研发费用－财务费用－资产减值损失－信用减值损失＋其他收益＋投资收益＋净敞口套期收益＋公允价值变动收益＋资产处置收益

第二步，计算利润总额。

利润总额＝营业利润＋营业外收入－营业外支出

第三步，计算净利润。

净利润＝利润总额－所得税费用

第四步，计算综合收益总额。

综合收益总额＝净利润＋其他综合收益的税后净额

此外，为了信息使用者通过比较不同期间的利润情况，判断企业经营成果的未来发展趋势，企业需要提供比较利润表，既要反映"本期金额"，还要反映"上期金额"。

## （二）利润表的填列

### 1."本期金额"栏的填列

利润表"本期金额"栏一般应根据损益类科目和所有者权益有关科目的发生额填列。

（1）"营业收入""营业成本""税金及附加""销售费用""管理费用""财务费用""资产减值损失""其他收益""投资收益""公允价值变动收益""资产处置收益""营业外收入""营业外支出""所得税费用"等项目，应根据有关损益类科目的发生额分析填列。

（2）"其中：利息费用""利息收入""其中，对联营企业和合营企业的投资收益"项目，应根据"财务费用""投资收益"科目所属的相关明细科目的发生额分析填列。

（3）"其他综合收益的税后净额"项目及其各组成部分，应根据"其他综合收益"科目及所属明细科目的本期发生额分析填列。

### 2."上期金额"栏的填列

利润表"上期金额"栏内各项数字，应根据上年该期利润表"本期金额"栏内所列数字填列。如果上年该期利润表规定的各个项目的名称和内容同本期不相一致，应对上年该期利润表项目的名称和数字按本期的规定进行调整，填入利润表"上期金额"栏内。

## 四、现金流量表

现金是企业的血液。企业拥有一定数量的现金，是维持正常偿债能力、避免财务风险、保证生产经营顺利进行的必要条件。利润表是以权责发生制为基础编制的，其经营成果不一定有现金支撑。现金流量表按照收付实现制的原则编制，将权责发生制下的盈利信息调整为收付实现制下的现金流量信息，可以概括地反映经营活动、投资活动和筹资活动对企业现金流入、流出的影响，对于评价企业当前及未来的偿债能力和支付能力，可以发挥重要作用。

### （一）现金流量的编制基础

现金流量表是反映企业在一定期间现金和现金等价物流入、流出的会计报表。它详细描述了由企业的经营活动、投资活动与筹资活动所产生的现金流量。

（1）现金。现金是指企业的库存现金、可以随时用于支付的银行存款和现金等价物。现金流量表中的现金不仅包括会计上所说的库存现金，还包括企业在银行或其他金融机构随时可以用于支付的存款。存在银行或其他金融机构的款项中不能随时用于支付的存款，不应作为现金流量表中的现金，如不能随时支取的定期存款，应作为投资。但提前通知银行或其他金融机构便可支取的定期存款，则包含在现金流量表中的现金范畴内。现金还包括其他货币资金，即企业存在银行的有特定用途的资金或在途中尚未收到的资金，如外埠存款、银行汇票存款、银行本票存款、信用证保证资金、信用卡存款、在途货币资金等。

（2）现金等价物。现金等价物是指企业持有的期限短、流动性强、易于转换为已知金额现金、价值变动风险很小的投资。其中，期限短通常是指从购买日起 3 个月内到期或即可转换为现金的投资。权益性投资变现的金额通常不确定，因而不属于现金等价物。企业购买的还有 1 个月到期的国债则属于现金等价物。

### （二）现金流量表的填列方法

根据企业业务的性质和现金流量的来源，现金流量表在结构上将企业一定期间产生的现金流量分为三类：经营活动产生的现金流量、投资活动产生的现金流量和筹资活动产生的现金流量。每类活动又分为各具体项目，这些项目从不同角度来反映企业业务活动的现金流入与流出。

1. 经营活动产生的现金流量

经营活动是指企业投资活动和筹资活动以外的所有交易或事项。就工商企业来说，经营活动主要包括：销售商品或提供劳务、购买商品或接受劳务、广告宣传、交纳税款等。《企业会计准则第 13 号——现金流量表》规定，企业应当采用直接法列示经营活动产生的现金流量。其中，直接法是指通过现金收入和现金支出的主要类别列示经营活动现金流量的方法。

（1）经营活动现金流入

1）"销售商品、提供劳务收到的现金"项目，反映企业本期销售商品、提供劳务实际收到的现金，以及前期销售商品、提供劳务本期收到的现金和本期预收款项，其中扣除本期销售本期退回商品和前期销售本期退回商品支付的现金。应向购买者收取的增值税销项税额、企业销售材料和代购代销的现金也应在该项目中进行反映。该项目的计算可以参考如下计算公式：

销售商品、提供劳务收到的现金＝本期营业收入＋与本期营业收入业务有关的增值税销项税额＋应收票据及应收账款（期初数－期末数）＋预收账款（期末数－期初数）＋本期收回前期核销坏账－本期计提的坏账准备－本期核销坏账－实际发生的现金折扣、不附追索权的应收票据贴现利息支出 ± 债务重组、非货币性资产交换等特殊事项调整数

2）"收到的税费返还"项目，反映企业收到返还的各种税费，如收到的增值税、所得税、消费税、关税和教育费附加等。

3）"收到其他与经营活动有关的现金"项目，反映企业除上述各项目外，与经营活动有关的其他现金流入，如接受捐赠收到的现金、经营租赁固定资产收到的现金、罚款、流动资产损失中由个人赔偿的现金收入等。

（2）经营活动现金流出

1）"购买商品、接受劳务支付的现金"项目，反映企业本期购买商品和材料、接受劳务实际支付的现金，包括支付的货款和与货款一并支付的增值税进项税额。企业代购代销业务支付的现金也在该项目中进行反映。该项目具体包括：本期购买商品和材料、接受劳务实际支付的现金，以及本期支付前期购买商品、接受劳务的未付款项和本期预付的款项，其中扣除本期发生购货退回收到的现金。该项目的计算可以参考如下计算公式：

购买商品、接受劳务支付的现金＝本期营业成本＋与本期购买商品、接受劳务有关的增值税进项税额＋存货（期末数－期初数）＋应付票据及应付账款（期初数－期末数）＋预付账款（期末数－期初数）－当期列入营业成本、存货项目中非物料消耗（人工、水电、折旧等）＋非购买业务的存货增加数等特殊调整数（工程领用、投资、赞助的存货等）±债务重组、非货币性资产交换等特殊事项调整数

2）"支付给职工以及为职工支付的现金"项目，反映企业实际支付给职工，以及为职工支付的现金。该项目具体包括：本期实际支付给职工的工资、奖金、各种津贴和补贴等职工薪酬（包括代扣代缴的职工个人所得税）。该项目不包括支付给离退休人员的各项费用和支付给在建工程人员的工资等。企业支付给离退休人员的各项费用，包括支付的统筹退休金和未参加统筹的退休人员的费用，在"支付其他与经营活动有关的现金"项目中反映；企业支付给在建工程人员的工资及其他费用，在"购建固定资产、无形资产和其他长期资产支付的现金"项目中反映。该项目的计算可以参考如下计算公式：

支付给职工以及为职工支付的现金＝计入生产成本、制造费用、管理费用和销售费用的应付职工薪酬＋应付工资减少（期初数－期末数）－应付福利减少（期初数－期末数）－在建工程等明细科目（期初数－期末数）

3）"支付的各项税费"项目，反映企业按规定交纳的各种税费，包括本期发生并支付

的税费，以及本期支付以前各期发生的税费和预付的税金，如支付的增值税、所得税、消费税、教育费附加、房产税等。该项目不包括计入固定资产价值的实际支付的耕地占用税和本期退回的增值税、所得税等。本期退回的增值税、所得税在"收到的税费返还"项目中反映。该项目的计算可以参考如下计算公式：

支付的各项税费＝当期所得税费用＋税金及附加＋计入管理费用等税费＋交纳的增值税＋除增值税以外的与经营活动有关的应交税费（期初数－期末数）

4）"支付其他与经营活动有关的现金"项目，反映企业除上述项目外，支付的其他与经营活动有关的现金流出，如罚款支出、捐赠支出、差旅费、业务招待费、经营租赁支付的现金、保险费等。

## 2. 投资活动产生的现金流量

投资活动是指企业长期资产的购建和处置，以及不包括在现金等价物范围内的投资资产的取得和处置活动。其中，长期资产是指固定资产、无形资产、在建工程、其他资产等持有期限在1年或超过1年的一个营业周期以上的资产。

（1）投资活动现金流入

1）"收回投资收到的现金"项目，反映企业出售、转让或到期收回除现金等价物以外的长期股权投资和金融资产而收到的现金，而债权性投资收回的利息、收回的非现金资产，以及处置子公司及其他营业单位收到的现金净额则不包括在内。对于债权性投资，其收回的本金在该项目中反映，而收回的利息则应在"取得投资收益收到的现金"项目中反映。

2）"取得投资收益收到的现金"项目，反映企业因股权性投资而分得的现金股利，因债权性投资而取得的利息收入，不包括股票股利。

3）"处置固定资产、无形资产和其他长期资产收回的现金净额"项目，反映企业处置固定资产、无形资产和其他长期资产所取得的现金，减去为处置这些资产而支付的有关费用后的净额。由于自然灾害等原因所造成的固定资产等长期资产报废、损毁而收到的保险赔偿收入，也在该项目中反映。

4）"处置子公司及其他营业单位收到的现金净额"项目，反映企业处置子公司及其他营业单位所取得的现金，减去子公司及其他营业单位持有的现金和现金等价物以及相关处置费用后的净额。

5）"收到其他与投资活动有关的现金"项目，反映除上述项目外的其他与投资活动有关的现金流入。

（2）投资活动现金流出

1）"购建固定资产、无形资产和其他长期资产支付的现金"项目，反映企业购买、建造固定资产，取得无形资产和其他长期资产（如投资性房地产）所支付的现金（含增值税额），包括用现金支付的在建工程、无形资产的职工薪酬、购买机器设备的现金支出等。该项目不包括为购建固定资产、无形资产和其他长期资产而发生的借款利息资本化部分，以及融资租入固定资产所支付的租赁费。

2）"投资支付的现金"项目，反映企业进行权益性投资和债权性投资所支付的现金，包括企业取得的除现金等价物以外的交易性金融资产、债权投资、其他债权投资、其他权益工具投资而支付的现金，以及佣金、手续费等交易费用。

3）"取得子公司及其他营业单位支付的现金净额"项目，反映企业取得子公司及其他营业单位购买出价中以现金支付的部分，减去子公司及其他营业单位持有的现金和现金等价物后的净额。

4）"支付其他与投资活动有关的现金"项目，反映除上述项目外的其他与投资活动有关的现金流出。

### 3.筹资活动产生的现金流量

筹资活动是指导致企业资本及债务规模和构成发生变化的活动。

（1）筹资活动现金流入

1）"吸收投资收到的现金"项目，反映企业以发行股票、债券等方式筹集资金实际收到的款项，减去直接支付给金融机构的佣金、手续费、宣传费、印刷费等费用后的净额。

2）"取得借款收到的现金"项目，反映企业举借各种短期、长期借款实际收到的现金以及发行债券实际收到的款项净额。

3）"收到其他与筹资活动有关的现金"项目，反映除上述项目外的其他与筹资活动有关的现金流入。

（2）筹资活动现金流出

1）"偿还债务支付的现金"项目，反映企业以现金偿还债务的本金，包括归还金融企业的借款本金、偿付企业到期的债权本金等。企业偿还的借款利息、债券利息，在"分配股利、利润或偿付利息支付的现金"项目中反映。

2）"分配股利、利润或偿付利息支付的现金"项目，反映企业实际支付的现金股利、支付给其他投资单位的利润或用现金支付的借款利息、债券利息。

3）"支付其他与筹资活动有关的现金"项目，反映除上述项目外的其他与筹资活动有关的现金流出。

## 五、所有者权益变动表

所有者权益变动表是用于反映所有者权益各组成部分当期增减变动情况构成的会计报表。通过所有者权益变动表，报表使用者不仅可以了解所有者权益总量增减变动的信息，还可以了解所有者权益增减变动的结构性信息，从而分析所有者权益增减变动的原因。

## （一）所有者权益变动表的内容与结构

所有者权益变动表反映了企业本期(年度或中期)内至截至期末所有者权益变动情况。在所有者权益变动表中，综合收益和与所有者（或股东）的资本交易导致的所有者权益的变动，应当分别列示。企业至少应当单独列示反映下列信息的项目：①综合收益总额；②会计政策变更和前期差错更正的累积影响金额；③所有者投入资本和向所有者分配利润等；④提取的盈余公积。⑤所有者权益各组成部分的期初余额、期末余额及其调节情况。

## （二）所有者权益变动表的填列方法

所有者权益变动表各项目均须填列"本年金额"和"上年金额"两栏。其中，"上年金额"栏内各项数字，应根据上年度所有者权益变动表"本年金额"内所列数字填列。上年度所有者权益变动表规定的各个项目的名称和内容同本年度不一致的，应对上年度所有者权益变动表各项目的名称和数字按照本年度的规定进行调整，填入所有者权益变动表的"上年金额"栏内。而"本年金额"栏内各项数字一般应根据"实收资本(或股本其他权益工具)""资本公积""盈余公积""其他综合收益""利润分配""库存股""以前年度损益调整"等科目及其明细科目的发生额分析填列。

# 六、会计报表分析

## （一）会计报表分析的重要意义

就会计报表本身而言，绝对数字难以具有比较明确的意义。但是，这些数据反映的与其他数据之间的关系以及数据变动趋势和金额却有更重要的意义。会计报表分析其实就是利用会计报表分析方法建立数据间的联系并分析数据变化及趋势的活动。

会计报表分析是指以企业的会计报表等会计资料为主要依据，对企业的财务状况、经营成果和现金流量情况进行综合比较、评价和预测其发展趋势，为会计报表使用者提供管理决策和控制依据的一项管理工作。会计报表信息使用者包括投资者、债权人、管理人员和员工、政府和监管部门以及专业机构人员（如会计师、审计师、证券分析师）等，他们对会计报表信息往往不能一眼看透，且单纯从会计报表上的数据还不能直接或全面说明企业的财务状况，特别是不能说明企业经营状况的好坏和经营成果的高低，只有将企业的财务指标与有关的数据进行比较才能说明企业财务状况所处的地位，因此要进行会计报表分析。

首先，会计报表分析可以为企业投资者、债权人和其他部门以及人员提供更加系统、完善的财务信息，让他们对企业财务状况、经营成果和现金流量方面有更深入的了解，为其投资、信贷和其他决策提供有用的信息。企业目前和潜在的投资者、债权人是企业外部重要的会计报表使用者，他们为了选择投资和信贷对象，衡量投资和信贷风险，做出投资和信贷决策，不仅需要了解毛利率、核心利润率、扣除非经常性损益净利润率、净资产收益率等指标包含的有关企业盈利能力和发展趋势方面的信息；还要了解流动比率、速动比率、资产负债率等指标包含的有关企业偿债能力方面的信息；更要了解企业所处行业、竞争地位和经营战略等方面的非财务信息；在此基础上，再通过进一步分析投资后的收益水平和风险程度，预测企业价值或评价企业信用等级，从而做出更为科学的投资、信贷及其他决策。

其次，会计报表分析可以考查企业内部各职能部门和单位经营计划的完成情况，考核各部门和单位的经营业绩，有利于企业建立和完善业绩评价体系，协调各种财务关系，保证财务目标的有效实现。会计报表分析可以了解企业的资产结构、营运能力、偿债能力、盈利能力和发展能力，这样可以大体判断企业的财务健康状况、业绩改善程度、未来发展趋势，能够及时发现企业经营管理中存在的问题与不足，并采取相应的解决措施，使企业持续健康地发展。

最后，会计报表分析可以发现企业会计报表舞弊及其他风险，强化企业外部监督。会计报表舞弊是指公司或企业，不遵循会计报表标准，有意地利用各种手段，歪曲反映企业某一特定日期财务状况、某一特定时期经营成果和现金流量，对企业的经营活动情况做出虚假陈述的会计报表，从而误导信息使用者的决策。会计报表分析是发现企业舞弊及其他风险的重要手段，例如，利用会计报表相互之间数据的钩稽关系，根据经济业务的内在联系及会计要素的增减变动规律，从总体上看其是否合理来鉴别会计报表的真实性；还可以通过对报表中相应的项目或比率的异常等进行分析，判断企业是否存在舞弊行为。

## （二）会计报表分析的方法

会计报表的分析方法主要有比较分析法、比率分析法、因素分析法和综合分析法。

### 1. 比较分析法

比较分析法是指将相关经济指标与选定的比较标准进行对比分析，以确定分析指标与标准指标之间的差异，明确差异方向、差异性质与差异大小，并进行差异分析与趋势分析的方法。比较分析法是会计报表分析中最基本、最主要的方法，可分为纵向比较分析法和横向比较分析法两种。

（1）纵向比较分析法。纵向比较分析法又称垂直分析法或趋势分析法，是指将同一企业两期或连续若干期的会计报表中相同指标进行对比，确定其增减变动的方向、数额和幅度，以此来揭示企业财务状况和经营成果以及现金流量的变动趋势的一种方法。

（2）横向比较分析法。横向比较分析法又称水平分析法，是指将不同企业同一时期的会计报表中相同指标进行对比，确定其存在的差异及程度，以此来揭示企业财务状况中存在的问题的一种方法。

### 2. 比率分析法

比率分析法是把某些彼此存在关联的项目加以对比，计算出比率，据以确定经济活动变动程度的分析方法。根据分析的目的和所起的作用不同，比率分析法主要分为三类：相关比率、效率比率、构成比率。

（1）相关比率。相关比率反映两个或两个以上具有因果关系或相关关系的财务指标比值的财务比。例如，流动比率是流动资产对流动负债的比率，用来衡量企业流动资产在短期债务到期以前可以变为现金用于偿还负债的能力。利用相关联的不同项目、指标之间的关系计算出的比率，可以说明项目之间的关系，从而揭示企业某方面的财务状况。

（2）效率比率。效率比率是反映某项经济活动投入与产出关系的所费与所得之间的比率。一般而言，涉及利润的有关比率指标基本上均为效率比率，如营业利润率、成本费用利润率等。

（3）构成比率。构成比率又称结构比率，是某项财务指标的各组成部分数值占总体数值的百分比。它反映部分与总体的关系。其计算公式如下：

$$构成比率=\frac{指标某部分的数值（部分）}{指标总数值（总值）}\times100\%$$

在企业会计报表分析中，常用的构成比率有流动资产与资产总额的比率、流动负债与负债总额的比率等。将这些比率分别与上期数、目标数或同行业平均数以及同行业的其他企业进行对比，可以进一步揭示企业财务状况和增减变动状况。

### 3. 因素分析法

因素分析法是指利用统计指数体系分析现象变动中各个因素影响程度的一种统计分析方法。它是一种定性分析方法。对于一个综合性的指标，其变动往往是由多方面的因素导致的，而这些影响因素的变动方向与变动幅度往往也各不相同，因此要想分析某一因素对综合性指标的影响，就需要采用因素分析法帮助剔除其他因素对其产生的影响来测定这一因素的影响程度。因素分析法最常用的方法有两种：连环替代法和差额计算分析法。

（1）连环替代法

连环替代法是将分析指标分解为各个可以计量的因素，并根据各个因素之间的依存关系，顺次用各因素的比较值（通常即实际值）替代基准值（通常为标准值或计划值），据以测定各因素对分析指标的影响。

其计算步骤如下：

第一步，确定分析指标与其影响因素之间的关系。根据综合财务指标形成的过程，找出影响该指标的因素，并根据它们的内在关系建立分析计算公式。

第二步，分别列出分析对象的算式。按构成综合财务指标之间的因素关系，列出基准值的算式和比较值的算式。

第三步，连环顺序替代，计算替代结果。按构成综合财务指标的各因素的排列顺序，逐一用构成比较值的各因素代替基准值的各因素，并计算出每次替代的结果。

第四步，比较各因素的替代结果，确定各因素对分析指标的影响程度。比较替代结果是连环进行的，即将每次替代所计算的结果与这一因素被替代前的结果进行对比，计算出各因素变动对综合财务指标的影响程度。

第五步，检验结果。把各因素变动影响程度之和相加，检验是否等于总差异。各个因素的影响数额的代数和应等于财务指标的实际数与基数（计划数）之间的总差异值。

（2）差额计算分析法

差额计算分析法是上述连环替代法的一种简化形式。它是利用各个因素的比较期与基期数之间的差异，依次按顺序替换，直接计算出各个因素变动对综合指标变动的影响程度。

### 4.综合分析法

综合分析法又称杜邦财务分析体系，它是站在财务的角度分析企业的绩效、盈利水平与股权回报水平的一种分析方法。它的主要逻辑线路是以净资产收益率为出发点，把它分解为包含资产负债表与利润表等多项关键财务数据的乘积，进而对企业的债务偿还能力、盈利水平和资产营运水平进行评估。

（1）杜邦财务分析体系的财务指标关系。净资产收益率又称权益净利率，是杜邦财务分析体系中分析考察企业财务状况和经营成果的最全面和有代表意义的财务指标。杜邦财务分析体系从权益净利率出发，层层展开剖析到企业各项成本和费用的组成、使用的生产要素，以及企业所面临的风险。

（2）主要财务指标提供的信息。

1）净资产收益率是杜邦财务分析体系的核心，最具综合性，其他财务指标都是由它分解计算得到的。从这个指标我们可以知道股东权益回报水平，还可以了解到企业筹资活动、投资活动和资产运营的效率。

2）权益乘数与资产权益率（即平均所有者权益与资产总额的比率）为相反数关系，与负债情况成正相关关系。

3）总资产周转率能分析企业销售收入的情况。对总资产周转率进行分析时，我们需考虑流动资产与非流动资产间的比率是否恰当，并对相关的资产周转效率指标（应收账款周转率、流动资产周转率、存货周转率等）进行分析，才能获取对总资产周转率造成影响的重要因素。

4）销售净利率是一定时期企业的净利润与销售收入的比率。因此，企业要想增强盈利能力，关键是增大销售净利率这一指标。

## （三）会计报表分析的主要内容

会计报表分析的内容主要是从会计报表间的关系入手，到会计报表内项目关系分析、会计报表间项目关系分析，并结合会计报表附注对企业盈利能力、偿债能力、营运能力和发展能力四大能力进行评价，从各个方面揭示企业的财务状况和经营情况，并预测企业的未来发展趋势。

### 1. 盈利能力评价

盈利能力也称企业的资金或资本增值能力，是指企业获取利润的能力。它通常表现为一定时期内企业收益数额的多少及其水平的高低。对于企业会计报表的使用者来说，通常最关心的就是盈利能力，因为如果盈利能力越强，说明企业就能赚取足够多的利润，就能偿还债务、保证企业的正常运营、支付股利等。企业的各项经营活动都会影响企业的盈利水平，如营业活动、对外投资活动、营业外收支活动等都会引起企业利润的变化。但是，我们在对企业盈利能力进行分析时，一般只分析企业正常经营活动的盈利水平，不涉及非常的经营活动。一些非常的、特殊的经营活动虽然也会给企业带来收益，但是它不是持续经常发生的，因此，不能将其作为企业的持续性盈利能力加以评价。

盈利能力指标主要包括净资产收益率、销售利润率、核心利润率、扣除非经常性损益净利润率等。在实务中，上市公司经常采用每股收益等指标评价其盈利能力。

（1）净资产收益率

净资产收益率又称权益净利率或股东权益报酬率，是净利润与平均净资产（平均股东权益）的百分比，是企业税后利润除以净资产得到的百分比。该指标反映企业净资产的收益水平，体现自有资本获得净收益的能力，用来衡量企业运用自有资本的效率。净资产收益率是反映盈利能力的核心指标，因为企业的根本目标是股东权益或股东价值最大化，指标值越高，说明投资带来的收益越高。该指标有两种计算方法：一种是全面摊薄净资产收益率；另一种是加权平均净资产收益率。其计算公式如下：

$$全面摊薄净资产收益率 = \frac{净利润}{期末净资产} \times 100\%$$

$$加权平均净资产收益率 = \frac{净利润}{平均净资产} \times 100\%$$

式中，净利润是指企业当期税后利润；净资产是指企业资产总额减去负债总额后的余额，也就是资产负债表中的股东权益部分。

在全面摊薄净资产收益率的计算公式中，分子是时期数列，分母是时点数列。分子、分母是两个性质不同但有一定联系的总量指标，比较得出的净资产收益率指标是一个强度指标，用来反映现象的强度；同时，该指标又是一个静态指标，强调年末状况，说明期末单位净资产对经营净利润的分享，能够很好地说明未来股票价值的状况，所以当企业发行股票或进行股票交易时，对股票价格的确定至关重要。

在加权平均净资产收益率的计算公式中，该指标是一个平均指标，说明企业利用单位净资产创造利润能力的大小，反映企业过去1年的综合管理水平；同时，该指标又是一个动态指标，强调经营期间净资产赚取利润的结果，有助于企业相关利益人对企业未来的盈利能力做出正确判断。

（2）销售净利率

销售净利率是企业净利润与销售收入之间的百分比。它是以销售收入为基础分析企业获利能力，反映销售收入收益水平的指标，即每1元销售收入所获得的利润。其计算公式如下：

$$销售净利率 = \frac{净利润}{期末净资产} \times 100\%$$

销售毛利率是指营业收入与营业成本的差额与销售收入之间的百分比。它反映了企业在直接生产过程中的获利能力，即产品每销售1元所获得的毛利率是多少。其计算公式如下

$$销售毛利率 = \frac{销售毛利}{销售收入} \times 100\% = \frac{营业收入-营业成本}{销售收入} \times 100\%$$

（3）核心利润率

核心利润率是指核心利润与营业收入之间的百分比。其中，核心利润是指企业利用经营资产从事经营活动产生的利润。核心利润率是衡量企业竞争力的重要指标之一，通过它可以知道产生核心利润的经营性资产和核心利润对应的现金流之间的关系，反映企业经营资产的综合盈利能力。核心利润率越高，企业盈利能力越强，盈利质量越高。其计算公式如下：

$$核心利润率 = \frac{核心利润}{营业收入} \times 100\%$$

核心利润 = 营业收入 - 营业成本 - 税金及附加 - 销售费用 - 管理费用 - 财务费用

（4）扣除非经常性损益净利润率

扣除非经常性损益净利润率是指净利润减去非经常性损益的差与营业收入的比率。这一指标不包括企业的非经常性损益，是企业可持续经营业务的净利润率。其计算公式如下：

$$扣除非经常性损益净利润率 = \frac{净利润-非经常性性损益}{营业收入}$$

非经常性损益是指公司发生的与经营业务无直接关系，以及虽与经营业务相关，但由于其性质、金额或发生频率，影响了真实、公允地反映公司正常盈利能力的各项收入、支出。例如，处置长期股权投资、固定资产、在建工程、无形资产等非流动资产产生的损益、营业外收支、政府补助等，都属于非经常性损益。

（5）每股收益

每股收益又称每股税后利润或每股盈余，是企业本年净利润与当年流通在外的普通股股数的比率。该指标反映普通股股东每股所能享有的企业净利润或须承担的企业净亏损。每股收益是衡量上市公司盈利能力最重要的财务指标，它反映普通股的获利水平。每股收益越高，说明企业的盈利能力越强。在分析时，可以进行企业间的比较，以评价该企业相对的盈利能力；可以进行不同时期的比较，了解该企业盈利能力的变化趋势；可以进行经

营实绩和盈利预测的比较，掌握该企业的管理能力。其计算公式如下：

$$每股收益 = \frac{净利润-优先股股利}{发行在外普通股平均股数}$$

式中，分子部分的净利润是指归属于普通股股东的当期净利润，要减去优先股股利，因为国际会计准则认为归属于母公司普通股股东的收益应是扣除了优先股股利的收益金额，但我国目前不存在优先股，因此，在计算每股收益指标时不优先考虑优先股股利。

2. 偿债能力评价

偿债能力是指企业用资产偿还各种到期债务的能力。能否及时偿还到期债务，是反映企业财务状况好坏的重要标志。通过对偿债能力的分析，信息需求者可以考察企业持续经营的能力和风险，有助于对企业未来收益进行预测。企业管理者、债权人和股权投资者都十分重视对企业偿债能力的分析。对偿债能力的分析包括对长期偿债能力的分析和对短期偿债能力的分析。

（1）短期偿债能力

短期偿债能力是指企业以流动资产对流动负债及时足额偿还的保证程度，即企业以流动资产偿还流动负债的能力。短期偿债能力反映企业偿付日常到期债务的能力。一个企业短期偿债能力的大小，一方面取决于企业资产流动性与质量，另一方面取决于流动负债的数量与期限结构。短期偿债能力的高低通常用一系列的指标予以反映，分别是流动比率、速动比率和现金比率等。

1）流动比率

流动比率是流动资产对流动负债的比率。它表示 1 元的流动负债有多少元的流动资产作为偿还保障。其计算公式如下：

$$流动比率 = \frac{流动资产}{流动负债}$$

一般说来，流动比率越高，说明企业资产的变现能力越强，短期偿债能力亦越强；反之，则弱。一般认为，流动比率应在 2：1 以上。流动比率若为 2：1，表示流动资产是流动负债的两倍，即使流动资产有一半在短期内不能变现，也能保证全部的流动负债得到偿还。不过，由于各行业的经营性质不同，对资产流动性的要求也不同。例如，商业零售企业所需的流动资产往往要高于制造企业，因为前者需要在存货方面投入较大的资金。另外，企业的经营和理财方式也影响流动比率。

2）速动比率

速动比率是指企业速动资产与流动负债的比率。它是衡量企业流动资产中可以立即变现用于偿还流动负债的能力。一般来说，速动资产是企业的流动资产减去存货后的资产，主要包括货币资金、交易性金融资产、应收票据、应收账款等项目。从前面的分析可知，流动比率在评价企业短期偿债能力时，存在一定的局限性。如果流动比率较高，但流动资产的流动性较差，则企业的短期偿债能力仍然不强，因此还需要对企业的速动比率进行分析。其计算公式如下：

$$流动比率 = \frac{速动资产}{流动负债} = \frac{流动资产-存货}{流动负债}$$

一般来说，该指标值越高，表示企业偿还流动负债的能力越强。一般认为，速动比率维持在 1 ： 1 较为正常，它表明企业的每 1 元流动负债就有 1 元易于变现的流动资产来抵偿，短期偿债能力有可靠的保证。速动比率过低，企业的短期偿债风险较大；速动比率过高，企业在速动资产上占用资金过多，会增加企业投资的机会成本。但以上评判标准并不是绝对的，在实际工作中，我们应结合企业的行业性质来考虑。例如商品零售行业，由于采用大量现金销售，几乎没有应收账款，速动比率大大低于 1，也是合理的。

应当说明的是，流动比率和速动比率并非越高越好。流动比率过高，即流动资产相对于流动负债太多，可能是存货积压，也可能是持有现金太多，或者两者兼而有之；速动比率过高，即速动资产相对于流动负债太多，说明现金持有太多。企业的存货积压，说明企业经营不善，存货可能存在问题；现金持有太多，说明企业不善于理财，资金利用效率低下。

3）现金比率

现金比率是指企业现金类资产与流动负债的比值，表明每 1 元的流动负债有多少元现金类资产可作为偿还保障。现金类资产是指库存现金、随时可以用于支付的存款和现金等价物，其特点是随时可以提现或转让变现。该比率代表了企业立即偿还到期债务的能力。其计算公式如下：

$$现金比率 = \frac{现金+现金等价物}{流动负债}$$

现金比率可以反映企业直接的偿付能力，因为现金是企业偿还债务的最终手段，如果企业现金缺乏，就可能发生支付困难，面临财务危机。因而，现金比率高，说明企业即刻变现能力强，对偿付债款有良好的保障。但是如果这个指标过高，说明企业资产没有得到充分的运用，没有把现金投入经营以获得更大的利润。

（2）长期偿债能力。

长期偿债能力是指企业偿还长期负债的能力。企业的长期负债主要有长期借款、应付债券、长期应付款、预计负债等。企业利用举借长期负债开展生产经营活动，一方面可以促进企业生产的快速发展，扩大生产经营规模；另一方面也会加大企业的资金成本和财务风险。长期偿债能力的强弱是反映企业财务安全和稳定程度的重要标志。所以通过对长期偿债能力的分析，企业可以预测其潜在财务风险、优化其资本结构、评估其可持续经营能力，进而实现企业价值最大化。反映企业长期偿债能力的指标主要有资产负债率、股东权益比率、权益乘数、利息保障倍数等。

1）资产负债率

资产负债率又称举债经营比率或负债比率，是企业负债总额与资产总额的百分比。它反映在企业总资产中有多少比例是通过借债来筹得的。其计算公式如下：

$$资产负债率 = \frac{负债总额}{资产总额} \times 100\%$$

资产负债率反映企业偿还债务的综合能力，这个指标值越高，表示企业扩展经营的能力越大，股东权益越能得到充分利用，越有机会获得更大的利润，但负债经营要承担较大的风险。

不同的信息使用者对资产负债率的看法有所不同：第一，从债权人的立场看，他们最关心的是贷给企业款项的安全程度，他们希望债务比例越低越好，这样企业偿债就会有保证。第二，从股东的角度看，由于企业通过举债筹措的资金与股东提供的资金在经营中发挥同样的作用，所以股东会认为在全部资本利润率高于借款利息率的情况下，负债比例越大越好。第三，从经营者的立场看，如果举债很大，超出债权人心理承受程度，企业就借不到钱；但如果企业资产负债率很小，说明企业利用债权人资本进行经营活动的能力很差。因此，经营者需要在两个极端之间权衡利害得失，做出正确决策。

2）股东权益比率

股东权益比率又称净资产比率，是股东权益总额与资产总额的百分比。该比率反映企业总资产中有多少是所有者投入形成的。其计算公式如下：

$$股东权益比率 = \frac{股东权益总额}{资产总额} \times 100\%$$

股东权益比率越高，表示企业总资产中由投资者投入所形成的部分越多，企业偿还债务的保证程度就越高。但股东权益比率应当适中，如果权益比率过小，表明企业过度负债，容易削弱公司抵御外部冲击的能力；而权益比率过大，意味着企业没有积极地利用财务杠杆作用来扩大经营规模。

3）权益乘数

股东权益比率的倒数称为权益乘数，即企业资产总额是股东权益的多少倍。该指标值越大，说明投资者投入的资本在资产中所占比重越小，债权人的权益保护程度越低。权益乘数用来衡量企业的财务风险。其计算公式如下：

$$权益乘数 = \frac{资产总额}{股东权益总额} = \frac{1}{1-资产负债率}$$

4）利息保障倍数

利息保障倍数又称已获利息倍数，是指企业生产经营所获得的息税前利润与利息费用的比率（企业息税前利润与利息费用之比）。该指标表明1元的债务利息有多少倍的息税前利润做保障，反映企业经营所得支付债务利息的能力。其计算公式如下：

$$利息保障倍数 = \frac{息税前利润}{利息费用}$$

式中，息税前利润等于净利润、所得税费用与利息费用之和；利息费用是指本期发生的全部应付利息，不仅包括计入财务费用的利息费用，还应包括资本化利息。一般来说，利息保障倍数应该大于 1；否则，就表明企业难以偿还债务及利息。只要利息保障倍数足够大，企业就有充足的能力支付利息；反之，则相反。

3. 营运能力评价

营运能力是指企业的经营运行能力，即企业运用各项资产以赚取利润的能力。通过分析企业的营运能力，我们可以判断企业资产的价值贡献和运用效率，从而判断企业的整体风险水平与经营管理水平。评价企业营运能力的指标有总资产周转率、流动资产周转率、存货周转率和应收账款周转率等。

（1）总资产周转率

总资产周转率又称总资产利用率，是企业一定时期的销售收入净额与平均资产总额之比。其计算公式如下：

$$总资产周转率 = \frac{销售收入净额}{平均资产总额}$$

$$平均资产总额 = \frac{期初资产总额 + 期末资产总额}{2}$$

$$总资产周转天数 = \frac{360}{总资产周转率}$$

式中，销售收入净额是指销售收入扣除销售退回和销售折让的金额。总资产周转率反映总资产的周转速度，是综合评价企业全部资产的经营质量和利用效率的重要指标。总资产周转率越大，说明总资产周转越快，企业全部资产经营利用的效果越好，经营效率越高；反之，说明企业经营效率较差，会影响企业的盈利能力，企业可以通过提高销售收入或处置资产的措施来提高总资产周转率。

（2）流动资产周转率

流动资产周转率是指销售收入净额与平均流动资产总额的比率，即企业流动资产在一定时期内（通常为 1 年）的流转次数。其计算公式如下：

$$流动资产周转率 = \frac{销售收入净额}{平均流动资产总额}$$

$$平均流动资产总额 = \frac{期初流动资产总额 + 期末流动资产总额}{2}$$

$$流动资产周转天数 = \frac{360}{流动资产周转率}$$

流动资产周转率是评价企业资产利用率的一个重要指标。该指标值越高，说明企业流动资产周转得快，流动资产的利用效率越好，企业的经营效率越高。

（3）存货周转率

存货周转率也称存货利用率，是企业一定时期销售成本与平均存货余额的比率，即企业存货在一定时期内（通常为 1 年）的流转次数。其计算公式如下：

$$存货周转率 = \frac{销售成本}{平均存货余额}$$

$$平均存货余额 = \frac{期初存货余额 + 期末存货余额}{2}$$

存货周转率用于反映存货的周转速度，即存货的流动性及存货资金占用量是否合理，是衡量企业生产经营各环节中存货运用效率、评价企业经营业绩和反映企业绩效的综合性指标。一般来讲，存货周转率越高，表明存货周转速度越快，存货的占用水平越低，流动性越强，存货转换为现金或应收账款的速度越快。

（4）应收账款周转率

应收账款周转率是企业在一定时期内赊销收入净额与平均应收账款余额之比，用来反映企业应收账款的周转速度和管理效率。一般来说，企业销售方式分为赊销和现销两种方式，而应收账款是在赊销方式中产生的，所以计算应收账款周转率应该使用赊销收入净额。但是赊销收入净额通常只有企业内部人员才能取得，外部报表使用者难以得到此数据，且实践中我们可以把现销方式理解为赊销的同时收回货款，所以可以用销售收入净额代替赊销收入净额。其计算公式如下：

$$应收账款周转率 = \frac{销售收入净额}{平均应收账款余额}$$

$$平均应收账款余额 = \frac{期初应收账款 + 期末应收账款}{2}$$

一般来说，应收账款周转率越高，平均收账期越短，说明应收账款的收回越快，企业应收账款的运用效率越高，在其他条件不变的情况下，流动资产的质量越高，短期偿债能力也越强。

4.发展能力评价

企业的发展能力也称企业的成长能力，它是企业通过自身的生产经营活动，使自身不断扩大积累而形成的发展潜在能力。评价企业发展能力主要考察销售收入增长率、净利润增长率、资本保值增值率、总资产增长率等指标。

（1）销售收入增长率

销售收入增长率是企业本年销售收入增长额同上年销售收入总额的百分比。其计算公式如下：

$$销售收入增长率 = \frac{本年销售收入增长额}{上年销售收入总额} \times 100\%$$

式中，本年销售收入增长额是本年销售收入总额扣除上年销售收入总额的差额。销售收入增长率是评价企业成长状况和发展能力的重要指标，该指标为正数，表示企业本年销售收入增长，销售收入增长率越高，表示企业销售收入增长得越快，市场越有利，企业销售收入的成长性越好，企业的发展性越好；反之，若销售收入增长率为负数，说明企业营业收入减少，销售增长率越低，市场越不利，企业销售收入的成长性和发展性较差。

（2）净利润增长率

净利润增长率是指企业本期净利润增长额与上期净利润额的百分比。其计算公式如下：

$$净利润增长率 = \frac{本期净利润增长额}{上期净利润额} \times 100\%$$

式中，净利润是指企业当期税后利润。净利润增长率代表企业当期净利润比上期净利润的增长幅度。该指标值为正数，说明企业本期净利润增加，指标值越大，代表企业净利润增长得越快，盈利能力越强；反之，若指标值为负数，说明企业本期净利润减少。

（3）资本保值增值率

资本保值增值率是指企业扣除客观因素后的年末所有者权益与年初所有者权益的百分比。其计算公式如下：

$$资本保值增值率 = \frac{扣除客观因素后的年末所有者权益}{年初所有者权益} \times 100\%$$

真正意义的资本保值增值与本期筹资和其他事项无关，与本期利润分配也无关，而是取决于当期实现的经济效益，即净利润。因此，资本保值增值指标应从利润表出发，以净利润为核心。其计算公式如下：

$$资本保值增值率 = \frac{期初所有者权益 + 本期净利润}{期初所有者权益} \times 100\%$$

资本保值增值率是财政部制定的评价企业经济效益的十大指标之一，反映了企业资本的运营效益与安全状况。资本保值增值率若为100%，说明企业不盈不亏，保本经营，资本保值；若大于100%，说明企业有经济效益，资本在原有基础上实现了增值。

（4）总资产增长率

总资产增长率是企业年末总资产增长额同年初资产总额的百分比。其计算公式如下：

$$总资产增长率 = \frac{年末总资产增长额}{年初资产总额} \times 100\%$$

式中，年末总资产增长额是年末资产总额扣除年初资产总额后的差额。总资产增长率是分析企业当年资本积累能力和发展能力的主要指标。该指标值为正数，表示企业当年总资产规模有所增长，指标值越大，表明资产经营规模扩张的速度越快，企业的竞争力也会增强。

5. 投资价值评价

在证券市场上，人们还往往会利用市盈率、市净率等指标评价上市公司股票的投资风险和投资价值。

（1）市盈率

市盈率是指普通股每股市价与当期每股收益之间的比率。市盈率是最常用来评估股价水平是否合理的指标之一，也可用来判断该企业股票与其他企业股票相比潜在的价值。

其计算公式如下：

$$市盈率 = \frac{每股市价}{每股收益}$$

一般认为，如果一家企业股票的市盈率过高，那么该股票的价格具有泡沫，价值被高估；反之，则该股票被认为更具投资价值，风险也更低。

（2）市净率

市净率是普通股股票每股市价与每股净资产的比率。其计算公式如下：

$$市净率 = \frac{每股市价}{每股净资产}$$

$$每股净资产 = \frac{期末股东权益 - 优先股权益}{期末发行在外的普通股股数}$$

市净率可用于股票投资分析，一般来说，市净率较低的股票，投资风险较小，投资价值较高；相反，则该股票投资风险较大，投资价值较低。但在判断投资价值时，我们还要考虑当时的市场环境以及企业经营情况、盈利能力等因素进行综合分析。

# 第三章　会计资产分析与核算

## 第一节　存货的会计核算

　　存货是企业在日常或种种持有的以备出售的产成品或商品、处在生产过程中的在产品、在生产过程或提供劳务过程中耗用的材料和物料等。存货一般在一年或一个经营周期内能够转换成现金资产，它是企业流动资产重要的组成部分。

　　对存货的会计核算，主要从三个方面进行介绍：存货的初始计量、发出存货的计量、存货的期末计量。

### 一、存货概述

#### （一）存货的特征表现

　　（1）存货是有形资产，不同于商标权、专利权这些无形资产。

　　（2）存货是流动资产，但其流动性低于现金、应收账款等流动资产。存货一般都会在一年或一个经营周期内被销售或耗用并变现，具有较强的变现能力。

　　（3）企业持有存货的目的是为正常生产经营中出售或为经过加工后再出售或为生产过程耗用，从而实现存货的价值增值。如，企业持有材料的目的是生产产品，属于存货，但如果为建造固定资产而购入的工程物资，就不属于存货这项流动资产，而属于非流动资产[①]。

　　（4）存货具有实效性和发生潜在损失的可能性。在正常的长期生产经营活动中，存货能够有规律地转换为货币资产或其他资产，但长期不能耗用或销售的存货就有可能变为积压物资乃至变质报废，从而造成企业的损失。

#### （二）确认存货的条件

　　企业在确认某项资产是否作为存货，首先需要判断该项资产是否符合存货的概念，然

---

① 　黄慧、杨扬：《财务会计》，上海社会科学院出版社2018年版，第79页。

后再判断是否同时满足以下两项条件：

第一，与该存货有关的经济利益很可能流入企业。资产最重要的特征是预期会给企业带来经济利益。如果某一项目预期不能给企业带来经济利益，就不能确认为企业的资产。存货是企业的一项重要的流动资产，因此，对存货的确认，关键是要判断是否很可能给企业带来经济利益或所包含的经济利益是否很可能流入企业。通常情况下，存货的所有权是存货包含的经济利益很可能流入企业的一个重要标志。凡是所有权已属于企业，无论企业是否收到或持有该存货项目，均应作为企业的存货；反之，如果没有取得所有权，即使存放在企业，也不能作为本企业的存货。一般情况下，根据销售合同已经售出（取得现金或收取现金的权利），所有权已经转移的存货，因其所含经济利益已不能流入企业，因而不能再作为企业的存货核算，即使该存货尚未运离企业；而委托代销商品，由于其所有权并未转移至受托方，因而委托代销的商品属于委托企业存货的一部分；在售后回购交易方式下，销货方在销售商品时，商品的所有权已经转移给了购货方，但由于销货方承诺将回购商品，因而仍然保留了商品所有权上的主要风险，交易的实质是销货方以商品为质押向购货方融通资金，销货方通常并不确认销售收入，所销售的商品仍应包括在销货方的存货之中。总之，企业在判断存货所含经济利益能否流入企业时，通常应考虑该项存货所有权的归属。

第二，该存货的成本能够可靠地计量。成本能够可靠地计量是资产确认的一项基本条件。存货作为企业资产的组成部分，要予以确认也必须能够对其成本进行可靠的计量。存货的成本能够可靠地计量必须以取得确凿、可靠的证据为依据，并且具有可验证性。如果存货成本不能可靠地计量则不能确认为存货。

## （三）存货的分类

存货按照不同分类角度有多种分类，为了加强对存货的管理，可按照存货的经济用途进行分类和存货的存放地点进行分类。

### 1. 按经济内容划分

（1）原材料：指供生产制造产品而购入的各种物品，如原料及主要材料、辅助材料、外购半成品、修理用备件、包装材料、燃料等。

（2）在产品：指企业各个生产工序上正在加工的产品，及已加工完毕但尚未验收或已验收但尚未办理入库手续的产品。

（3）半成品：指已完成一个或几个生产步骤但未完成全部生产工艺过程，已验收合格入半成品库，但需要进一步加工方可销售的中间产品。但不包括从一个车间直接转给另一个车间继续加工的自制半成品以及不能单独计算成本的自制半成品。

（4）产成品：指已完成本企业的全部生产工艺过程，并已验收合格入库，可以按照合同规定的条件送交订货单位，或可以作为商品对外销售的产品。

（5）商品：指商品流通企业的商品，包括外购或委托加工完成验收入库用于销售的各种商品。

（6）周转材料：指企业能够多次使用但不符合固定资产定义、不能确认为固定资产的各种材料，主要包括包装物、低值易耗品。包装物，是指为包装本企业产品而储备的各种包装容器，如桶、箱、坛等。低值易耗品，是指价值较低或使用期较短不能列为固定资产核算的各种劳动资料，如工具、管理用具、玻璃器皿、劳动保护用品，以及在经营过程中周转使用的容器等。

（7）委托代销商品：指企业委托其他单位代销的商品。

### 2. 按其存放地点划分

（1）库存存货：指已经运到企业并已验收入库的各种材料和商品，以及已经验收入库的自制半成品和产成品等。

（2）在途存货：指企业从外地购入、货款已付但尚在运输途中，或虽已运抵但尚未验收入库的各种材料物资以及商品。

（3）加工中存货：指本企业正在加工中的存货和委托其他单位加工但尚未完成加工过程的各种存货。

（4）在售存货：指企业已经发运给购货方但尚不能完全满足收入确认的条件，因而作为销货方的发出商品、委托代销商品的存货。

### 3. 按存货来源划分

存货按其来源可分为外购存货、自制存货、委托外单位加工完成的存货、投资者投入的存货、接受捐赠的存货、以非货币性交易取得的存货、通过债务重组取得的存货和盘盈存货、通过企业合并取得的存货等。本节存货的初始计量主要按来源分类进行介绍。

## 二、存货的初始计量

存货的初始计量是指企业在取得存货时，对其入账价值的确定。存货的初始计量以取得存货的实际成本为基础。

存货成本包括采购成本、加工成本和其他成本。我国《企业会计准则第1号——存货》规定，存货应按照成本进行初始计量。存货成本包括采购成本、加工成本和其他成本。存货的采购成本，包括购买价款、相关税费、运输费、装卸费、保险费以及其他可归属于存货采购成本的费用。存货的加工成本，包括直接人工以及按照一定方法分配的制造费用。存货的其他成本，是指除采购成本、加工成本以外的，使存货达到目前场所和状态所发生的其他支出。

存货的来源不同，其成本（即入账价值）也就不同，现按照取得渠道确定其初始计量的金额分别介绍。

## （一）外购存货的初始计量

### 1. 外购存货的成本构成

外购存货的成本包括购买价款和采购费用两部分：

（1）购买价款。购买价款是指所购货物发票账单上列明的价款，但不包括按规定可予以抵扣的增值税进项税额。

（2）采购费用。采购费用包括运杂费、运输途中的合理损耗、入库前的挑选整理费和购入存货应负担的税金及其他费用等。

相关税费包括进口关税、小规模纳税人的增值税、购买存货的消费税以及不能从增值税销项税额中抵扣的进项税额。经确认为小规模纳税企业，其采购货物支付的增值税，无论是否在发票账单上单独列明，一律计入所购货物的采购成本；经确认为一般纳税企业，其采购货物支付的增值税，凡专用发票或完税证明中注明的，不计入所购货物的采购成本，而作为进项税额单独核算！用于非应交增值税项目或免交增值税项目的，以及未能取得增值税专用发票或完税证明的，其支付的增值税则计入所购存货的成本。

存货采购过程的运杂费是指存货自来源地运至工地仓库或指定堆放地点所发生的全部费用，主要包括运输费、包装费、装卸费、保险费、仓储费等。需要注意的是，采购成本中不包括采购人员的差旅费，差旅费一般计入期间费用。

运输途中的合理损耗是指存货在运输装卸过程中不可避免的定额范围内的损耗。合理损耗都记入存货采购成本，不合理损耗应向责任人或责任单位索赔，意外损耗造成的净损失记入营业外支出，无法查明原因的其他损耗记入管理费用。

入库前的挑选整理费 包括 挑选整理中发生的工资支出和必要的损耗（扣除回收的下脚废料价值）应计入存货成本。但是，入库以后发生的仓储费、保管费等则不再计入采购商品的成本，而应计入期间费用。

其他费用，如大宗物资的市内运杂费等。大宗物资的市内运杂费属于存货采购成本。

应当注意的是，市内零星货物运杂费、采购人员的差旅费、采购机构的经费以及供应部门经费等，一般不包括在存货的采购成本中。

### 2. 外购存货的会计处理情况

在实际成本法下，外购存货一般通过"原材料"进行反映。根据结算方式和采购地点的不同，可能使验收入库和货款结算不能同步进行。因此，分为以下几种情况：

（1）存货与发票同时到达企业。企业根据结算凭证、购货发票、运费收据、收料单等结算凭证，对买价及采购费用等直接确认存货成本，可直接记入存货账户。

（2）存货已验收入库，发票尚未到达企业。购买的货物已运达企业，并已验收入库，但尚未收到供应商的发票和相关凭证，这种情况在月内一般暂时不入账，待结算凭证到达之后再按前面的方法入账。如果到了月末，有关凭证仍然未到达，为了使账实相符，应按暂估价或合同价格借记"原材料"账户，贷记"应付账款——暂估应付账款"账户，下个月初用红字冲回。待有关凭证到达后，再按当月收料付款处理。

（3）购货发票已到，但存货尚在运输途中或尚未验收入库结算凭证等单据已到，材料未到或未验收入库，形成在途材料。企业应根据结算凭证、购货发票等记入"在途物资"账户，待材料到达并验收入库，再根据收料单借记"原材料"，贷记"在途物资"。

企业在购买存货时，可以支付现金，也可以通过赊账的方式取得存货。企业按照购货合同的约定预先付款，也可以通过预付账款购买存货。采用预付货款方式购入存货的情况，企业在预付货款时，应按照实际预付的金额确认预付账款；所购存货验收入库时，再按照发票账单等结算凭证确定存货成本，确认存货，同时转销预付账款。

## （二）自制存货的初始计量

自制存货是由企业的生产车间加工制造而取得的。自制存货应按照制造过程中的各项实际支出，作为实际成本。通过设置"生产成本"账户来核算制造过程中所耗费的原料、人工费用和其他费用。自制存货的成本主要由采购成本和加工成本构成，也可能还包括其他成本。

存货的加工成本，是指在存货加工过程中发生的直接人工以及按照一定方法分配的制造费用。其中，直接人工是企业在生产产品过程中，向直接从事生产的工人支付的职工薪酬；制造费用是指企业为生产产品而发生的各项间接费用，包括企业生产部门管理人员的职工薪酬、折旧费、办公费、水电费、机物料消耗、劳动保护费、季节性和修理期间的停工损失等。存货的其他成本是指除采购成本、加工成本以外的，使存货达到目前场所和状态所发生的其他支出，如为特定客户设计产品所发生的设计费用，可直接归属于符合资本化条件的存货、应当计入资本化的借款费用等。其中，符合资本化条件的存货，是指需要经过相当长时间的生产活动才能达到预定可销售状态的存货。企业发生的一般产品设计费用以及不符合资本化条件的借款费用，应当计入当期损益。

## 三、发出存货的计量

### （一）存货的实物流转与存货成本流转的假设

存货的流转是企业在生产经营过程中存货的购入、领用、销售所形成的流转过程，它包括实物流转和成本流转两个方面。

企业的存货因生产经营活动的持续进行而不断地处于流入和流出的过程中。从理论上讲，存货的实物流转与成本流转应保持一致，即实物收入和发出时，其账面成本也相应地增加和转出。但在实际工作中，存货的实物流转与成本流转很难保持一致。

由于企业的各种存货是分次购入或多次生产完成的，同一品种、同一规格存货各次采购成本或生产成本也往往不同，因此，发出存货的成本需要采用一定的方法加以确定。在确定存货发出的方法中，实物的流转与成本的流转可能保持一致，也可能不一致，即存在着实物流转与成本流转相分离的情况，出现了存货成本流转假设。

## （二）发出存货的计价方法

### 1. 个别计价法

个别计价法也称为分批认定法，是指用每一批存货购入时的实际单位成本作为该批存货发出时的单位成本，期末结存的存货成本按购入时的单位成本确定。在这种方法下，实物流转与成本流转保持一致。

采用个别计价法进行存货的明细核算，要求保管部门对每批购进的商品分别存放，并为各批存货分别标明进货批次和进价，在存货发出时，应在发货单中填明其进货的批次和单价，以便据以计算该批存货发出的成本，登记库存存货明细账。在发出存货时，按发出数量乘以实际单价计算。如果发出的存货包括两批或两批以上的进货时，也应按两个或两个以上的进价分别计算。个别计价法一般适用于单位价值比较高或容易辨认的存货，如，房产、飞机以及珠宝、首饰等贵重物品。

### 2. 加权平均法

加权平均法也称月末一次加权平均法，是指以期初结存存货数量和本期收入存货数量之和为权数来确定本月发出存货的加权平均单价，并据以计算存货的发出成本和期末结存成本的方法。

$$发出存货全月一次加权平均单价 = \frac{月初结存存货成本 + 本月购入存货成本}{月初结存存货数量 + 本月购入存货数量}$$

$$本月发出存货成本 = 加权平均单价 \times 发出存货数量$$

在这种方法下，对于购入存货，不仅在明细账上要登记数量，而且还要记入单价、金额，但对于发出材料只登记数量，并随时结出账面结存数量，至于发出存货的成本和月末结余成本，在月末计算出加权平均单价后再行填列。

加权平均法的优点在于月末计算一次加权单价，简化成本核算工作；缺点是对月中发出存货的成本平时无法在账簿中反映出来，不利于存货的及时管理，影响成本计算的及时性，不利于了解存货资金的日常占用情况。这种方法适用于单价变动幅度不大而存货收发比较频繁的企业。

### 3. 移动加权平均法

移动加权平均法，指本次收入存货的成本加原有库存存货的成本，除以本次收货数量加原有存货数量，据以计算加权单价，并对发出存货进行计价的一种方法。采用这种方法时，每购入一次存货，就计算一个加权平均单价，作为日常发出存货的单价。

$$移动加权平均单价=\frac{本次购入前结存成本+本次购入存货成本}{本次购入前结存数量+本次购入存货数量}$$

发出存货成本＝移动加权平均单价 × 发出存货数量

采用这种方法，存货明细账上能够随时登记存货收、发、存的数量、单价和金额。

移动加权平均法的优点是可以随时反映存货账面结存数量及金额，可以随时计算结转存货发出成本，从而有利于加强存货的资金管理，计算的存货发出和结存成本较准确；缺点是核算工作量过大。此法适用于存货种类较少、存货采购频率不高的企业。

### 4.先进先出法

先进先出法是以先收到的存货先发出这样一种存货实物流转假设为前提，对发出存货进行计价的一种方法。

采用这种方法计算发出存货成本时，依据存货明细账中结存存货的数量和单价，依次进行计算，求出发出存货的成本。

采用先进先出法，可以在存货发出时就计算结转发出存货成本，并且结存存货的成本与市价比较接近。同时可以看出，在物价持续上涨时，采用这种方法计算的发出成本较低，企业当期利润计算偏高，期末存货成本就接近于最后收进或购进存货的成本。也就是说，从该方法对财务报告的影响看，物价上涨期间，会高估当期利润和存货价值；反之，会低估当期利润和存货价值。

先进先出法的优点是账面结存存货的成本与市价基本一致；缺点是发出存货数量较大时，发出的存货成本需要使用多个单价计算，会计核算工作比较复杂，特别是对于存货进出量频繁的企业更是如此。

## （三）发出存货的计划成本法

计划成本法是指原材料的日常收入、发出和结存均按照预先制定的计划成本计价，并设置"材料成本差异"账户登记实际成本与计划成本之间的差异，月末再通过对材料成本差异的分摊，将发出材料的计划成本和结存材料的计划成本调整为实际成本进行反映的一种核算方法。

### 1.适用范围与核算程序

计划成本法适用于大中型企业中，原材料品种较多、收发次数比较频繁的企业中。

采用计划成本法核算可以简化原材料收发的日常核算手续，同一原材料采用同一个单位计划成本，其明细账平时可以只登记收、发、存的数量，而不必登记金额，因此在日常核算中就避免了烦琐的发出存货计价，简化了存货的日常核算手续。采用计划成本法进行日常核算的基本程序如下：

（1）制定科学合理的原材料的计划单位成本。企业应结合各种原材料的特点、实际采购成本等确定原材料的计量单位和计划单位成本。计划成本是指在正常的市场条件下，企业取得原材料应当支付的合理成本。计划成本一般由会计部门会同采购等部门共同制定，制定的计划成本应尽可能接近实际，以利于发挥计划成本的考核和控制功能。计划成本一经确定，在年度内一般不做调整。

（2）确定材料成本差异。原材料的计划成本与实际成本的差异就是材料成本差异。如果一批原材料的实际成本大于计划成本，此差异为超支差；反之，则为节约差。材料成本差异的计算公式如下：

材料成本差异 = 该批存货的实际成本 - 该批存货的计划成本

（3）收入材料和发出材料的日常核算中均按计划成本计价。平时取得原材料，按其计划成本和计划成本与实际成本间的差异额分别在相关账户进行分类登记；平时发出原材料按计划成本核算。

（4）月末结转材料成本差异。月末按本月发出材料应负担的差异额进行分摊，并随同发出材料的计划成本记入有关账户，从而将消耗原材料调整为实际成本。

因此，计划成本法下的核算思路为原材料的日常收入与发出均按计划成本计价，月末通过计划成本与实际成本差异的分摊，将本月发出材料的计划成本和月末结存的原材料的计划成本调整为实际成本进行反映。

2. 计价组织收发核算应设置的科目

（1）"材料采购"科目。"材料采购"科目属于资产类账户，该账户是用来核算采用计划成本进行材料日常核算的企业所购入的各种材料的实际采购成本、结转入库材料的计划成本，并据以确定购入材料成本差异。

"材料采购"科目借方登记应记入材料采购成本的实际成本（包括买价、采购费用等），以及结转验收入库材料的实际成本与计划成本的节约差；贷方登记验收入库的原材料的计划成本，以及结转验收入库材料的实际成本与计划成本的超支差。期末有借方余额，表示尚未到达或尚未验收入库的材料的实际成本。该账户应按材料的类别或品种设置明细账户，进行明细分类核算。

（2）"材料成本差异"科目。"材料成本差异"科目属于资产类账户，该账户是用来核算企业各种材料的实际成本与计划成本的差异及其节余情况。

"材料成本差异"科目的借方登记结转验收入库材料的超支差以及发出材料应负担的节约差；贷方登记结转验收入库材料的节约差以及发出材料应负担的超支差。期末余额可能在借方，也可能在贷方。如果期末余额在借方，表示库存材料的实际成本大于计划成本的超支差异额；如果期末余额在贷方，表示库存材料实际成本小于计划成本的节约差异额。

（3）"原材料"科目。"原材料"科目属于资产类账户，该账户在计划成本法下是核算企业原材料的计划成本的增减变动的。在计划成本法下，"原材料"科目借方登记已验收入库材料的计划成本，账户贷方登记发出或其他原因减少材料的计划成本，期末余额在借方，表示期末库存材料的计划成本。该科目应按购入材料的品种、规格分别设置明细分类账户，进行明细分类核算。

### 3.原材料的发出与成本差异率的计算

为了便于材料成本差异的分摊，企业应计算材料成本差异率，作为分摊材料成本差异的依据。在计划成本法下，每月末通过计算材料成本差异率，将本月发出材料和月末材料调整为实际成本。材料成本差异率是反映每1元原材料的计划成本应该负担的材料成本差异。

材料成本差异率包括本月材料成本差异率和月初材料成本差异率两种，计算公式如下：

$$本月材料成本差异率 = \frac{月初结存材料的成本差异 + 本月验收入库材料的成本差异}{月初结存材料的计划成本 + 本月验收入库材料的计划成本} \times 100\%$$

$$月初材料成本差异率 = \frac{月初结存材料的成本差异}{月初结存材料的计划成本} \times 100\%$$

发出原材料应负担的成本差异必须按月分摊，不得在季末或年末一次分摊。企业在分摊发出材料应负担的成本差异时，实际成本大于计划成本的超支差，用蓝字登记；实际成本小于计划成本的节约差，用红字登记。

## 四、存货的期末计量

《企业会计准则第1号——存货》规定："会计期末，存货应当按照成本与可变现净值孰低计量，对可变现净值低于存货成本的差额，计提存货跌价准备，计入当期损益。"这里的"会计期末"是指资产负债表日。也就是说，按照企业会计准则的规定，在资产负债表日，存货应当按照成本与可变现净值孰低法进行计量。

### （一）成本与可变现净值孰低法的内涵阐释

成本与可变现净值孰低法是指存货在期末按照存货成本与存货的可变现净值两者之中较低者计价的方法。也就是说，当成本低于可变现净值时，期末存货按成本计价；当可变现净值低于成本时，期末存货按可变现净值计价。成本与可变现净值孰低法是会计谨慎性原则的体现，在会计方法的选择上不高估资产、高估利润的会计方法。

成本是指期末存货的实际成本，即以历史成本为基础的存货计价方法（如先进先出法等）进行计量所确定的期末存货的账面成本。如果企业在存货成本的日常核算中采用计划成本法等简化核算方法，那么存货成本是指经差异调整后的实际成本。

可变现净值是指在日常活动中，存货的估计售价减去至完工时估计将要发生的成本、估计的销售费用以及相关税费后的金额。

## （二）可变现净值及其确定

企业应定期对存货进行检查，当存货存在减值迹象时，应当计算其可变现净值，计提存货跌价准备。存货如果存在下列情形之一的，则表明存货的可变现净值为零，应全额计提存货跌价准备：已霉烂变质的存货；已过期且无转让价值的存货；生产中已不再需要，并且已无使用价值和转让价值的存货；其他足以证明已无使用价值和转让价值的存货。

1. 可变现净值的特征

（1）确定存货的可变现净值是指企业在进行日常活动过程。企业处于正常的生产经营而非破产清算等非正常活动过程。

（2）可变现净值是存货的预计未来净现金流量，而非存货的售价或合同价。

（3）不同存货的可变现净值构成不同。

产成品、商品和用于出售的材料等直接用于出售的存货，应当以该存货的估计售价减去估计的销售费用和相关税费，确定其可变现净值；需要加工的材料存货，应以所生产的产成品的估计售价减去至完工时估计将要发生的成本、估计的销售费用和相关税费后的金额，确定可变现净值；资产负债表日，同一项存货中，一部分有合同价格约定，其余部分不存在合同价，应分别确定其可变现净值，并与其相对应的成本进行比较，分别确定存货跌价准备的计提或转回金额。

2. 存货可变现净值的确定

（1）产成品、商品和用于出售的原材料等直接用于出售的存货，其可变现净值是指在正常生产经营过程中，以存货的估计售价减去估计的销售费用和相关税费后的金额。

（2）用于生产的材料、在产品或自制半成品等需要经过加工的存货，其可变现净值是指在正常生产经营过程中，以存货的估计售价减去至完工估计将要发生的成本、估计的销售费用以及相关税金后的金额。

预计可变现净值应当以当期取得的最可靠的证据为基础预计，并且考虑持有存货的目的、资产负债表日后事项的影响等因素。如果在期末时预计与价格和成本相关的期后事件可能会发生，则在预计时必须考虑与期后事件相关的价格与成本的波动。在预计可变现净值时，还应当考虑持有存货的其他因素，例如，有合同约定的存货，应当按合同价作为计算基础，如果企业持有存货的数量多于销售合同订购数量，存货超出部分的可变现净值应以一般销售价格为计算基础。

需要注意的是企业持有的材料存货（包括原材料、在产品、委托加工物资等）这些主要用于继续生产产品的存货，在会计期期末，运用成本与可变现净值孰低法时，需要区分两种情况确定其期末价值：一是用该材料生产的产成品的可变现净值＞成本，则该材料应当按照成本计量；二是用该材料生产的产成品的可变现净值＜成本，则该材料应当按可变现净值计量，材料的可变现净值＝该材料所生产的产成品的估计售价 – 至完工时估计将要发生的成本 – 估计的销售费用以及相关税费。

（3）为执行销售合同或劳务合同而持有的存货其可变现净值应当以合同价格为基础计算。

第一，企业与购买方签订了销售合同，合同的订购数量大于或等于企业持有的存货数量，应分别确定其可变现净值，并与其相对应的成本比较，分别确定存货跌价准备的计提或转回的金额，不得相互抵销；如果企业销售合同的标的物尚未生产出来，但持有专门用于生产该标的物的材料，则其可变现净值应以合同价格作为计量基础。

第二，如果企业持有的同一项存货的数量多于销售合同订购的数量，应分别确定其可变现净值。有合同部分，可变现净值以合同价款为基础确定；超出部分，可变现净值以一般销售价格为基础计算。

## （三）成本与可变现净值孰低法的应用

《企业会计准则第 1 号——存货》规定："存货跌价准备应当按照单个存货项目计提。"通常情况下企业在资产负债表日应按照单个存货项目计提存货跌价准备；对于数量繁多、单价较低的存货，也可以按存货类别计提存货跌价准备。如果应计提的存货跌价准备大于已提的存货跌价准备，则应补提。企业计提的存货跌价准备，应计入当期损益，确认在"资产减值损失"科目下。

（1）成本低于可变现净值。如果期末结存存货的成本低于可变现净值，则不须作账务处理，资产负债表中的存货仍按期末账面价值列示。

（2）可变现净值低于成本。如果期末存货的可变现净值低于成本，则必须在当期确认资产减值损失，并进行有关账务处理。首先，比较存货的成本与可变现净值以计算出应计提的跌价准备，然后，与"存货跌价准备"科目中的已提数余额进行比较，若应提数大于已提数，应予补提；反之，应冲销部分已提数。提取和补提存货跌价准备时，借记"资产减值损失"科目，贷记"存货跌价准备"科目；如果已计提跌价准备的存货的价值以后又得以恢复，应按恢复增加的数额，借记"存货跌价准备"科目，贷记"资产减值损失"科目。但是，当已计提跌价准备的存货的价值以后又得以恢复，其冲减的跌价准备金额，应以"存货跌价准备"科目的余额冲减至零为限。需要注意的是，导致存货跌价准备转回的是以前减计存货价值的影响因素的消失，而并非在当期造成存货可变现净值高于其成本的其他因素，如果本期导致存货可变现净值高于其成本的影响因素不是以前减计该存货价值的影响因素，则该存货跌价准备不得转回。

企业计提了存货跌价准备，如果其中有部分存货已经销售，那么企业结转销售成本的同时，应结转对其已计提的存货跌价准备。对于因债务重组、非货币性交易转出的存货，应同时结转已计提的存货跌价准备，但不冲减当期损益，按债务重组和非货币性交易的原则进行会计处理。

# 第二节 资产的会计核算

## 一、资产概述

### （一）资产的特征

资产是指过去的交易或事项形成的、由企业拥有或控制的、预期会给企业带来经济利益的资源，主要包括各种财产、债权和其他权利。根据资产的定义，资产具有以下特征：

第一，资产是由企业过去的交易或事项形成的。企业过去的交易或事项包括购买、生产、建造行为或其他交易或事项，只有过去的交易或事项才能产生资产，预期在未来发生的交易或事项可能产生的结果不属于现在的资产。

第二，资产应是企业拥有或控制的资源。拥有是指企业享有某项资源的所有权，如企业购置的设备；控制是指虽然不享有某项资源的所有权，但该资源能被企业所控制，如融资租入的设备。

第三，资产预期会给企业带来经济利益。预期会给企业带来经济利益是指资产直接或间接导致现金和现金等价物流入企业的潜力。这种潜力可以来自企业日常的生产经营活动，也可以是非日常活动。

资产预期能否为企业带来经济利益是资产的重要特征。如果某一项目预期不能给企业带来经济利益，那么就不能将其确认为资产；前期已经确认为资产的项目，如果不能再为企业带来经济利益，也不能再确认为资产。

### （二）资产的类别

在资产负债表上，资产一般分为流动资产和非流动资产。

#### 1.流动资产

流动资产是指企业可以在 1 年内或者超过 1 年的一个营业周期内变现或耗用的、以交易为目的而持有的资产。也就是说，在短期内可变现的资产，可以作为短期偿债的保证，包括货币资金、交易性金融资产、应收及预付款项、存货、合同资产等。

（1）货币资金是指库存现金、银行存款和其他货币资金等。其他货币资金包括企业的银行汇票存款、银行本票存款、信用卡存款、信用证保证金存款、存出投资款、外埠存款等。

（2）交易性金融资产是指企业持有的以公允价值计量且其变动计入当期损益的金融资产。

（3）应收及预付款项是指企业在日常生产经营过程中发生的各项债权，包括应收款项和预付款项。应收款项包括应收账款、应收票据、应收股利、应收利息、其他应收款等；预付款项是指企业按照合同规定预付的款项，如预付账款。

（4）存货是指企业在日常活动中持有以备出售的产成品或商品、处于生产过程中的在产品以及在生产过程或提供劳务过程中耗用的材料、物料等。企业的存货通常包括原材料、在产品、半成品、产成品、商品和周转材料（包装物和低值易耗品）。

（5）合同资产是指已向客户转让，商品而有权收取对价的权利（不包括仅取决于时间流逝因素的权利）。

需要说明的是，合同资产和应收款项都是企业拥有的有权收取对价的合同权利，两者的区别在于，应收款项代表的是无条件收取合同对价的权利，即企业仅仅随着时间的流逝即可收款，而合同资产并不是一项无条件收款权，该权利除了时间流逝之外，还取决于其他条件（如履行合同中的其他履约义务）才能收取相应的合同对价。

## 2. 非流动资产

非流动资产是指流动资产以外的资产，主要包括债权投资、其他债权投资、长期股权投资、其他权益工具投资、长期应收款、投资性房地产、固定资产、在建工程、无形资产、长期待摊费用和商誉等。

（1）债权投资是指同时符合下列条件的长期债权投资：①企业管理该金融资产的业务模式是以收取合同现金流量为目标；②该金融资产的合同条款规定，在特定日期产生的现金流量，仅为对本金和以未偿付本金金额为基础的利息的支付。

（2）其他债权投资是指同时符合下列条件的长期债权投资：①企业管理该金融资产的业务模式既以收取合同现金流量为目标，又以出售该金融资产为目标；②该金融资产的合同条款规定，在特定日期产生的现金流量，仅为对本金和以未偿付本金金额为基础的利息的支付。

（3）长期股权投资是指对被投资单位实施控制、重大影响的权益性投资，以及对其合营企业的权益性投资。

投资方能够对被投资单位实施控制的权益性投资，即对子公司投资。控制是指投资方拥有对被投资单位的权力，通过参与被投资单位的相关活动而享有可变回报，并且有能力运用对被投资单位的权力影响其回报金额。控制一般存在于以下情况：第一，投资方直接拥有被投资单位 50% 以上的表决权资本；第二，投资方直接拥有被投资单位 50% 或者以下的表决权资本，但具有实质控制权的情况。

投资方与其他合营方一同对被投资单位实施共同控制且对被投资单位净资产享有权利

的权益性投资，即对合营企业投资。共同控制是指按照相关约定对某项安排所共有的控制，并且该安排的相关活动必须经过分享控制权的参与方一致同意后才能决策。

投资方对被投资单位具有重大影响的权益性投资，即对联营企业投资。重大影响是指对一个企业的财务政策和经营政策有参与决策的权力，但并不能够控制或与其他方一起共同控制这些政策的制定。实务中，较为常见的重大影响体现为在被投资单位的董事会或类似权力机构中派有代表，通过在被投资单位财务政策和经营决策制定过程中的发言权实施重大影响。投资方直接或通过子公司间接持有被投资单位 20% 以上但低于 50% 的表决权时，一般认为对被投资单位具有重大影响，除非有明确的证据表明不能参与被投资单位的生产经营决策，不形成重大影响。

（4）其他权益工具投资是指企业指定为以公允价值计量且其变动计入其他综合收益的非交易性权益工具投资。

（5）长期应收款是指企业融资租赁产生的应收款项和采用递延方式分期收款、实质上具有融资性质的销售商品和提供劳务等经营活动产生的应收款项。

（6）投资性房地产是指为赚取租金或资本增值，或两者兼有而持有的房地产，并且应当能够单独计量和出售。它主要包括：已出租的土地使用权、持有并准备增值后转让的土地使用权和已出租的建筑物。

（7）固定资产是指企业使用期限超过一个会计年度，为生产商品、提供劳务、出租或经营管理而持有的房屋、建筑物、机器、运输工具以及其他与生产经营有关的设备工具等。

（8）在建工程是指企业资产的新建、改建、扩建，或技术改造、设备更新和大修理工程等尚未完工的工程支出。

（9）无形资产是指企业拥有或控制的没有实物形态的可辨认非货币性资产。它通常包括专利权、非专利技术、商标权、著作权、特许权、土地使用权等。

（10）长期待摊费用是指企业已经支出，但摊销期限在 1 年以上的各项费用，如以经营租赁方式租入的固定资产发生的改良支出以及摊销期在 1 年以上的固定资产大修理支出等。

（11）商誉是指能在未来期间为企业经营带来超额利润的潜在经济价值，或一家企业预期的获利能力超过可辨认资产正常获利能力（如社会平均投资回报率）的资本化价值。在企业合并时，它是购买企业投资成本超过享有被合并企业净资产公允价值份额的差额。

## （三）确认资产的条件

将一项资源确认为资产，需要符合相关资产的定义，还应同时满足以下两个条件：

条件一：与该资源有关的经济利益很可能流入企业。从资产的定义可以看到，能否带来经济利益是资产的一个本质特征，但在现实生活中，由于经济环境瞬息万变，与资源有关的经济利益能否流入企业或者能够流入多少，实际上带有不确定性。因此，资产的确认还应与经济利益流入的不确定性程度的判断结合起来，如果根据编制财务会计报告时所取得的证据，与资源有关的经济利益很可能流入企业，那么就应当将其作为资产予以确认；反之，则不能确认为资产。例如，某企业赊销一批商品给某一客户，从而形成了对该客户的应收账款。由于企业最终收到款项与销售实现之间有一个时间差，而且收款又在未来期间，因此带有一定的不确定性。如果企业在销售时判断未来很可能收到款项或能够确定收到款项，企业就应当将该应收账款确认为一项资产；如果企业判断在通常情况下很可能部分或者全部无法收回，表明该部分或全部应收账款已经不符合资产的确认条件。

条件二：该资源的成本或价值能够可靠地计量，即应当能以货币来计量。财务会计系统是一个确认、计量和报告的系统，其中计量起着枢纽作用，可计量性是所有会计要素确认的重要前提，资产的确认也是如此。只有当有关资源的成本或价值能够可靠地计量时，资产才能予以确认。

## 二、资产的初始计量

初始计量是指资产在开始进入财务会计报告系统时的确认，是对已经确认的交易或事项的价值数量首次加以衡量和确定。资产的初始计量通常采用历史成本计量属性，也有少数资产采用公允价值、现值等其他计量属性。

### （一）外部取得资产的初始计量

企业从外部取得的资产一般有如下四种初始计量模式：

1. 以成本进行

（1）采购成本的计算

采购成本是指企业物资从采购到入库前或达到预定可使用状态前所发生的购买价款、可以抵扣的增值税以外的相关税费、运输费、装卸费、保险费、安装费和专业人员服务费等。例如，企业外购的存货、固定资产、无形资产等，均按照成本进行初始计量。

购买价款是指企业购入资产的发票账单上列明的价款，但不包括按规定可以抵扣的增值税进项税额。

相关税费是指企业购买、自制或委托加工存货发生的进口关税、消费税、资源税和不能抵扣的增值税进项税额等。

对于存货的成本，还包括成本中除上述各项以外的可归属于存货采购成本的费用，如在存货采购过程中发生的仓储费、包装费、运输途中的合理损耗、入库前的挑选整理费用等。

对于采购过程中发生的物资毁损、短缺等，除合理的运输损耗应当作为存货的其他可归属于存货采购成本的费用计入采购成本外，应区别不同情况进行会计处理：第一，应从供货单位、外部运输机构等收回的物资短缺或其他赔款，冲减所购物资的采购成本；第二，因遭受意外灾害发生的损失和尚待查明原因的途中损耗，不得增加物资的采购成本，暂作为"待处理财产损溢"进行核算，查明原因后再做处理。

（2）增值税的处理。

增值税是以商品和劳务在流转过程中产生的增值额作为计税依据而征收的一种流转税。按照我国税法的规定，增值税是对在我国境内销售货物、提供劳务、销售无形资产和不动产（发生应税行为），以及进口货物的企业单位和个人，就其销售货物、提供应税劳务、发生应税行为的增值额和货物进口金额为计税依据征收的一种流转税。增值税实行价外税模式，也就是由消费者负担，有增值才征税，没有增值不征税。

企业在进行增值税应税活动时，会在增值税专用发票上注明货物的金额和相应的税额，交易的总价款就是增值税专用发票上标明的价税合计数额。发票上注明的税额对于卖方来说是销项税额，对于买方来说就是进项税额。增值税根据纳税人不同可分为一般纳税人和小规模纳税人。

1）一般纳税人。一般纳税人是指年应征增值税销售额超过财政部、国家税务总局规定的小规模纳税人标准的企业和企业型单位。

增值税一般纳税人销售或进口货物、提供应税劳务、提供应税服务，除低税率适用范围外，基本税率为16%和10%，企业通过设置"应交税费——应交增值税"账户来记录增值税的进项税额和销项税额，并定期计算其纳税义务。

一般纳税人销售货物或提供应税劳务或发生应税行为适用一般计税方法计税。其计算公式如下：

当期应纳增值税额 = 当期销项税额 – 当期进项税额

2）小规模纳税人。小规模纳税人是指年销售额在规定标准以下，并且会计核算不健全，不能按照规定报送有关税务资料的增值税纳税人。

小规模纳税人销售货物或提供应税劳务或发生应税行为，实行按照销售额和征收率计算应纳税额的简易办法，但不得抵扣进项税额。取得的增值税专用发票上注明的增值税额应计入成本，征收率一般为5%和3%。其计算公式如下：

当期应纳增值税额 = 当期销售额（不含增值税）× 征收率

（3）会计处理。

企业购买原材料，如果直接入库，借记"原材料""应交税费——应交增值税（进项税额）"账户，贷记"银行存款"等账户；如果需要经过一定的时间才能收货入库，则须在"在途物资"账户进行过渡性账务处理，待收到原材料时，再从"在途物资"账户转入"原材料"账户。

企业购入不需要安装的固定资产时，应按购入成本，通过"固定资产"账户核算；购入的需要安装的固定资产，要先通过"在建工程"账户核算，待固定资产达到预定可使用状态时，再将"在建工程"账户转入"固定资产"账户。同时，借记"应交税费——应交增值税（进项税额）"账户，贷记"银行存款"等账户。

企业购入的无形资产，按应计入无形资产成本的金额，通过"无形资产"账户核算；需要通过研发而形成的无形资产，应通过"研发支出"账户核算，研发成功后，再将"研发支出"账户转入"无形资产"账户。同时，借记"应交税费应交增值税（进项税额）"账户，贷记"银行存款"等账户。

## 2. 以现值进行

现值量是指资产按照预计从其持续使用和最终处置中所产生的未来净现金流量的折现金额计量，主要包括融资租入和分期付款购入固定资产。

融资租赁是指实质上转移与资产所有权有关的全部或绝大部分风险和报酬的租赁；分期付款购入固定资产，其时间超过 1 年，在这种情况下，该项购买合同实质上具有融资性质，购入固定资产应以购买价款的现值计量，即按照各期支付的价款选择恰当的折现率进行折现后的金额加以确定。实际入账价值与未来付款额的差额作为未确认融资费用，在每期期末按实际利率法摊销计入财务费用。其计算公式如下：

未确认融资费用本期摊销金额 =（长期应付款期初余额 – 未确认融资费用期初余额）
× 折现率

## 3. 以公允价值进行

金融资产一般采用公允价值进行初始计量，包括交易性金融资产、债权投资、其他债权投资和其他权益工具投资。企业取得交易性金融资产时，应按其公允价值计量，相关的交易费用应当直接计入当期损益；与交易性金融资产不同的是，企业取得的其他金融资产，相关的交易费用计入资产的初始计量金额。

交易费用是指可直接归属于购买、发行或处置金融工具新增的外部费用，如支付给代理机构、咨询公司、券商等的手续费和佣金及其他必要支出，不包括债券溢价、折价、融资费用、内部管理成本及其他与交易不直接相关的费用。购买的资产中包含的已到付息期但尚未领取的债券利息或者已宣告发放但尚未领取的现金股利，通过"应收利息"或"应收股利"核算。

## 4. 以其他特殊方式进行

（1）长期股权投资的初始计量

企业取得长期股权投资，其初始投资成本一般为支付的全部价款，或者付出的非现金资产、发生或承担的负债以及发行的权益性证券的公允价值。不包括为取得长期股权投资所发生的评估、审计、咨询等费用，也不包括实际支付的价款中包含的已宣告但尚未领取的现金股利等。但是，通过同一控制下的企业合并形成的长期股权投资（即参与合并的企业在合并前后均受同一方或相同的多方最终控制且该控制并非暂时性的），应当在合并日按照所取得的被合并方在最终控制方合并财务会计报告中净资产账面价值的份额作为长期股权投资的初始投资成本。

长期股权投资的初始投资成本与支付的现金、转让的非现金资产及所承担债务账面价值、发行股票的面值之间的差额，应当调整资本公积（资本溢价或股本溢价），资本公积的余额不足冲减的，依次冲减盈余公积和未分配利润。

例如，A公司是上市公司，E公司系A公司的控股股东，同时E公司对B公司具有重大影响。2018年10月，A公司与B公司进行重大资产重组：B公司以其持有的C公司和D公司100%股权注入A公司，A公司向B公司定向增发股份2亿股。2018年10月，A公司完成C公司和D公司股权过户手续，变更为股权持有人。2018年12月，A公司完成变更注册资本的工商变更登记手续，重组完成后B公司持有A公司60%的股份，成为A公司的控股股东。交易前，E公司为A公司的控股股东，而B公司则是C公司和D公司的控股股东。参与合并的A公司在合并前受E公司控制，C公司和D公司受B公司控制，而E公司对B公司只能施加重大影响，所以A公司与C公司和D公司在合并前不受同一方控制，故该项交易属于非同一控制下的企业合并。

（2）其他形式取得资产的初始计量

1）接受捐赠的非现金资产，通常应以有关发票或参照市场同类资产的价格加上应由企业负担的费用作为初始计量金额。接受捐赠时，借记相关资产类账户，贷记"营业外收入"账户。

2）接受投资的非现金资产，应以接受的非现金资产的公允价值加上相关税费及其他归属于资产成本的费用作为入账价值。

3）作为债权人在债务重组中取得的非现金资产，应按受让的非现金资产的公允价值入账。非现金资产的公允价值与重组债权账面价值的差额作为债务重组损失计入"营业外支出"。

4）在非货币性资产交换中取得的资产，如果交换具有商业实质，同时换入资产和换出资产的公允价值能够可靠计量，应当以换出资产的公允价值、应支付的相关税费和支付的补价作为换入资产的成本，公允价值与换出资产账面价值的差额计入当期损益。非货币性资产交换不具有商业实质，或虽然具有商业实质，但换入资产和换出资产的公允价值均不能可靠地计量的，应当以换出资产的账面价值、应支付的相关税费和支付的补价作为换入资产的成本。

## （二）企业自制资产的初始计量

企业自制的资产主要包括工业企业生产的产品、房地产企业开发的产品等。这类资产一般以自制资产所耗用的生产成本作为初始计量。

## 1. 工业企业产品

工业企业的产品成本一般包括以下三个成本项目：

（1）直接材料。直接材料是指企业生产经营过程中实际消耗的原材料、辅助材料、备品配件、外购半成品、燃料、动力、包装物和其他直接材料。

（2）直接人工。直接人工是指产品在制造过程中发生的直接从事产品生产和劳务提供人员的职工薪酬。

（3）制造费用。制造费用是指企业各个生产单位（如分厂、车间）为组织和管理生产所发生的各种费用。它一般包括：生产单位管理人员工资、职工福利费、生产单位的固定资产折旧费、租入固定资产租赁费、机物料消耗、低值易耗品、取暖费、水电费、办公费、差旅费、运输费、保险费、劳动保护费、季节费、修理期间的停工损失费和其他制造费用、废品损失等。

企业发生直接材料和直接人工耗费时，直接借记"生产成本"账户，贷记"原材料""应付职工薪酬"等账户。企业发生的制造费用，则借记"制造费用"账户，贷记"原材料""累计折旧""银行存款""应付职工薪酬"等账户。月末分配结转应由各产品负担的制造费用时，借记"生产成本"账户，贷记"制造费用"账户。本期已经完成、验收入库的产成品实际成本，应从"生产成本"账户结转至"库存商品"账户。

## 2. 房地产企业开发成本

房地产开发成本是指房地产企业为开发一定数量的商品房所支出的全部费用。构成房地产开发企业产品的开发成本，相当于工业产品的制造成本和建筑安装工程的施工成本。房地产企业开发成本包括以下方面：

（1）土地征用及拆迁补偿费：包括土地征用费，耕地占用税，劳动力安置费及有关地上、地下附着物拆迁补偿的净支出，安置动迁用房支出等。

（2）前期工程费：包括规划、设计、项目可行性研究和水文、地质、勘察、测绘、"三通一平"等费用。

（3）建筑安装工程费：是指以出包方式、自营方式支付给承包单位的建筑安装工程费等。

（4）基础设施费：包括开发小区内的道路、供水、供电、供气、排污、排洪、通信、照明、环卫、绿化等费用。

（5）公共配套设施费：是指不能有偿转让的开发小区内公共配套设施发生的支出。

（6）开发间接费用：是指组织管理开发项目所发生的费用，包括工资、职工福利、折旧费、修理费、办公费、水电费、劳动保护费、周转房摊销等。

## 三、资产的后续计量

后续计量是指当有充分恰当的证据表明一项已被记录的项目其价值在初始计量后出现

增加或减少的变动时进行的再计量，它确定该项目在资产负债表上的列示价值。资产的后续计量一般包括成本计量模式、公允价值计量模式及其他计量模式等。

## （一）成本计量模式

资产采用成本模式进行后续计量，即采用账面历史成本进行计量，包括应收款项、存货、采用成本法核算的长期股权投资、固定资产、无形资产、以成本模式计量的投资性房地产、债权投资等。其中，固定资产、无形资产和投资性房地产在后续计量中要考虑资产的折旧或摊销；债权投资还须考虑因实际利率导致的摊余成本的计算和处理。

### 1. 不需要折旧或摊销的资产

大部分资产取得以后，如果不发生减值，一般都是以初始成本进行后续计量，如货币资金、存货、应收款项、采用成本法核算的长期股权投资等。因此，在后续计量中，除非相应资产发生增加或减少，一般均不调整资产的账面价值。下面以长期股权投资的成本法为例进行说明。

当投资企业能够对被投资企业具有控制时（即对子公司的投资），长期股权投资应当采用成本法核算。

成本法是指长期股权投资按成本计价的方法。在成本法下，长期股权投资的核算应当按照初始投资成本计价，除了投资企业追加投资、将应分得的现金股利或利润转为投资或收回投资外，长期股权投资的账面价值一般应当保持不变。即长期股权投资的价值一经入账后，除实际增减投资外，一般不再进行调整。也就是说，无论接受投资企业的生产经营情况如何，实现的利润多少，净资产是否增加或减少，投资企业均不改变其长期股权投资的账面价值。

### 2. 需要折旧或摊销的资产

资产的折旧或摊销是指资产在使用过程中逐渐损耗而转移到商品或费用中去的那部分价值。需要折旧或摊销的资产，采用摊余成本进行后续计量，即应按初始成本减去折旧或摊销金额后反映其账面价值。

（1）资产的折旧

固定资产和以成本模式计量的建筑物类投资性房地产等要进行折旧。折旧是指在资产的使用寿命内，按照确定的方法对应计折旧额进行的系统分摊。其中，应计折旧额是指应当计提折旧的资产的原价扣除其预计净残值后的金额。当月增加的资产当月不提折旧，从下个月开始计提；当月减少的资产当月照提折旧。折旧方法包括年限平均法、工作量法、双倍余额递减法和年数总和法等。

企业应当设置"累计折旧""投资性房地产累计折旧"等科目核算固定资产、投资性房地产计提的折旧额。对固定资产计提折旧时，借记"销售费用""管理费用""制造费用"等科目，贷记"累计折旧"科目。对投资性房地产计提折旧时，借记"其他业务成本"等科目，贷记"投资性房地产累计折旧"科目。

1）年限平均法。年限平均法是指将固定资产的应计提折旧总额平均分摊到其预计使用寿命期限内的一种方法。采用这种方法计算的每期折旧额均是等额的。由于采用年限平均法，资产累计折旧额呈直线状上升，因此，这种方法又称直线法。

采用年限平均法计提资产折旧简便易行。但是，在各期资产负荷程度不相同的情况下，采用该方法计提折旧，会造成各期折旧费用负担和资产与实际损耗程度不相符，不能真实地反映资产的实际使用情况。因此，为了弥补年限平均法的缺陷，企业对某些资产也可以采用工作量法计提折旧。

2）工作量法。工作量法是指根据资产在经营过程中实际完成的工作量计算每期应计提折旧额的一种方法。

工作量法的主要优点是将固定资产的效能与固定资产的使用程度联系起来，计算的折旧额与固定资产所完成的工作量成正比，而且计算比较简便，易于理解和掌握。但这种方法的不足之处在于对固定资产预计能够完成的总工作量难以估计准确。因此，工作量法一般适用于损耗程度与完成的工作量密切相关的固定资产，如季节性使用的固定资产等。

年限平均法和工作量法是固定资产折旧计算的两种传统的方法，以下进一步介绍双倍余额递减法和年数总和法这两种加速折旧的方法。所谓加速折旧法，是指在固定资产使用的早期多提折旧、在其使用的后期少提折旧的一种折旧的计提方法。在实际工作中，加速折旧法能够更好地满足固定资产提前更新的需要。

3）双倍余额递减法。双倍余额递减法是指在不考虑固定资产预计净残值的情况下，根据每期期初固定资产原价减去累计折旧后的余额和双倍的直线法折旧率计算固定资产折旧的一种方法。

由于每年年初固定资产净值没有扣除预计净残值，而对固定资产计算折旧额时又不能使固定资产的账面折余价值降低到其预计净残值以下，因此，在我国现行会计实务中，采用双倍余额递减法计提固定资产折旧时，应在其折旧年限到期前 2 年内，将固定资产净值扣除预计净残值后的余额平均摊销（改按年限平均法计提折旧），即：年折旧额 =（原始价值 – 累计折旧 – 预计净残值）÷2。

4）年数总和法。年数总和法又称年限合计法，是指将固定资产的原价减去预计净残值后的余额再乘以一个逐年递减的分数（即折旧率）来计算各年折旧额的一种方法。这个分数的分子代表固定资产尚可使用的年数，分母则代表预计使用寿命的逐年数字之和。

资产计提的折旧费用一般计入费用或成本，如制造费用、管理费用和销售费用，因此不同的折旧方法对企业利润的影响也就不同。利用直线法折旧，企业每期期末分摊的价值相同，而使用加速折旧方法计提折旧，企业每期分摊的费用不同，前期多，后期少。同样一项资产，假设不考虑其他因素，直线法和加速折旧法每期期末计提的折旧数额不同，产生的相关费用也就不同，因此就会对期末的利润产生不同的影响。企业可以在合法范围内，通过折旧方法的选择和折旧年限的确定进行纳税筹划和盈余管理。

（2）资产的摊销

对于使用寿命有限的无形资产以及房地产企业用于投资性房地产开发的土地使用权，企业应自取得的当月起对其进行摊销。摊销方法包括直线法、生产总量法等。无形资产的应摊销额为其取得成本扣除预计残值后的金额。使用寿命有限的无形资产，其残值通常为零。

企业应当设置"累计摊销""投资性房地产累计摊销"账户，核算无形资产和投资性房地产（土地使用权）计提的摊销额。企业摊销无形资产时，应根据不同的使用部门进行账务处理，在贷记"累计摊销"账户的同时，借记"管理费用""生产成本""其他业务成本"等账户；摊销投资性房地产（土地使用权）时，借记"其他业务成本"等账户，贷记"投资性房地产累计摊销"账户。

（3）溢价或折旧的摊销

企业在进行债券投资时，可能会发生实际支付的价格高于债券面值（溢价）或低于债券面值（折价）的情况。此时，企业实际取得的利息收入就不等于按债券票面面值和票面利率计算的应收利息（或应计利息）。此时，企业便需要采用实际利率法对债券的溢价或折价进行摊销。

在实际利率法下，每期实际利息收入按期初摊余成本乘以实际利率计算，按照面值乘以票面利率（或合同利率）计算应收利息，两者之间的差额就是当期应摊销的溢价或折旧金额。其中，实际利率是指使某项资产或负债的未来现金流量现值等于当前公允价值的折现率。

## （二）公允价值计量模式

以公允价值进行后续计量的资产包括交易性金融资产、其他债权投资、其他权益工具投资，以及以公允价值模式进行后续计量的投资性房地产等。

（1）交易性金融资产。资产负债表日，按交易性金融资产公允价值与其账面价值之间的差额，借记或贷记"交易性金融资产——公允价值变动"账户，同时贷记或借记"公允价值变动损益"账户。

（2）其他债权投资和其他权益工具投资。资产负债表日，按其他债权投资和其他权益工具投资公允价值与其账面价值之间的差额，借记或贷记"其他债权投资——公允价值变动""其他权益工具投资——公允价值变动"等账户，贷记或借记"其他综合收益"账户。此外，其他债权投资需要按照与债权投资相同的方法对其溢价或折旧金额进行摊销。

（3）以公允价值进行后续计量的投资性房地产。企业只有存在确凿证据表明投资性房地产的公允价值能够持续可靠取得时，才可以采用公允价值模式对投资性房地产进行后续计量。企业一旦选择采用公允价值计量模式，就应当对其所有的投资性房地产均采用公允价值模式进行后续计量。

企业采用公允价值模式进行后续计量的，不对投资性房地产计提折旧或进行摊销，不提减值，应当以资产负债表日投资性房地产的公允价值为基础调整其账面价值，公允价值与原账面价值之间的差额计入当期损益（公允价值变动损益）。

### （三）其他计量模式

其他计量模式的资产主要是指以权益法核算的长期股权投资。

以权益法核算的长期股权投资，主要包括以下两类投资：①投资企业对被投资单位具有共同控制的长期股权投资，即对合营企业的投资；②投资企业对被投资单位具有重大影响的长期股权投资，即对联营企业的投资。

在权益法下，长期股权投资的账面价值随着被投资单位所有者权益的变动而变动。具体会计处理如下：

#### 1. 初始投资成本的调整

投资方取得对联营企业或合营企业的投资以后，对于取得投资时初始投资成本与应享有被投资单位可辨认净资产公允价值份额之间的差额，应按以下情况区别处理：

（1）如果初始投资成本大于取得投资时应享有被投资单位可辨认净资产公允价值份额的，该部分差额是投资方在取得投资过程中通过作价体现出的与所取得股权份额相对应的商誉价值，这种情况下不对长期股权投资的成本进行调整。

（2）如果初始投资成本小于取得投资时应享有被投资单位可认净资产公允价值份额的，两者之间的差额体现为双方在交易作价过程中转让方的让步，该部分经济利益流入应计入取得投资当期的营业外收入，同时调整增加长期股权投资的账面价值。借记"长期股权投资"账户，贷记"营业外收入"账户。

#### 2. 被投资单位实现净利润或亏损的处理

被投资单位实现净利润时，投资方应当按照投资份额确认投资收益，同时增加长期股权投资的账面价值，借记"长期股权投资"账户，贷记"投资收益"账户；被投资单位发生净亏损时，投资单位应按照投资份额相应地减少投资收益，同时减少长期股权投资的账面价值，借记"投资收益"账户，贷记"长期股权投资"账户。

#### 3. 投资单位取得现金股利或利润的处理

投资方自被投资单位取得的现金股利或利润，应抵减长期股权投资的账面价值。在被投资单位宣告分派现金股利或利润时，借记"应收股利"账户，贷记"长期股权投资"账户。

#### 4.被投资单位其他综合收益或其他权益变动的处理

被投资单位其他综合收益或其他权益变动的，投资方应当按照归属于本企业的部分，相应调整长期股权投资的账面价值，借记或贷记"长期股权投资"账户，贷记或借记"其他综合收益"账户或"资本公积"账户。

### 四、资产的期末计量

资产的期末计量是指在会计期末对资产的价值进行重新计量。资产负债表日，企业应对以公允价值进行后续计量以外的资产价值进行检查。如果资产存在减值迹象，应当进行减值测试。如果发生减值，则需要计提资产减值准备，确认资产减值损失。

### （一）金融资产的期末计量

#### 1.预期信用损失的计量

对于以摊余成本计量的金融资产（如应收账款、债权投资等）、分类为以公允价值计量且其变动计入其他综合收益的金融资产（如其他债权投资、其他权益工具投资等），企业应以预期信用损失为基础进行减值会计处理。合同资产、租赁应收款比照处理。

预期信用损失是指以发生违约的风险为权重的金融工具信用损失的加权平均值。在这里发生违约的风险可以理解为发生违约的概率；信用损失是指企业根据合同应收的现金流量与预期能收到的现金流量之间的差额（简称"现金流缺口"）的现值。由于预期信用损失考虑付款的金额和时间分布，因此即使企业预计可以全额收款但收款时间晚于合同规定的到期期限，也会产生信用损失。

对于企业购买或源生时未发生信用减值但在后续资产负债表日已发生信用减值的金融资产，企业在计量其预期信用损失时，应当基于该金融资产的账面余额与按该金融资产原实际利率折现的预计未来现金流量的现值之间的差额。

在反映相关要素的前提下，企业可在计量预期信用损失时运用简便方法。例如，对于应收账款的预期信用损失，企业可参照历史信用损失经验，编制应收账款逾期天数与固定准备率对照表（例如，若未逾期，固定准备率为1%；若逾期不到30日，固定准备率为2%；若逾期天数为30～90日，固定准备率为3%等），以此为基础计算预期信用损失。

企业应当采用相关金融工具初始确认时确定的实际利率或其近似值，将现金流缺口折现为资产负债表日的现值，而不是预计违约日或其他日期的现值。对于购买或源生已发生信用减值的金融资产，应按照该金融资产在初始确认时确定的经信用调整的实际利率折现。

对于企业购买或源生的已发生信用减值的金融资产，应按照该金融资产经信用调整的实际利率折现。

在估计现金流量时，企业应当考虑金融工具在整个预计存续期的所有合同条款（如提前还款、展期、看涨期权或其他类似期权等）。企业所考虑的现金流量应当包括出售所持担保品获得的现金流量，以及属于合同条款组成部分的其他信用增级所产生的现金流量。

企业通常能够可靠估计金融工具的预计存续期。在极少数情况下，金融工具预计存续期无法可靠估计的，企业在计算确定预期信用损失时，应当基于该金融工具的剩余合同期间。如果该金融资产信用风险自初始确认后未显著增加，企业应当按照未来 12 个月的预期信用损失计量损失准备。

### 2. 金融资产减值会计处理

（1）减值准备的计提和转回。企业应当在资产负债表日计算金融资产预期信用损失。如果该预期信用损失大于该资产当前减值准备的账面金额，企业应当将其差额确认为减值损失，借记"信用减值损失"账户，根据金融工具的种类，贷记"坏账准备""债权投资减值准备""贷款损失准备"等账户或"其他综合收益"账户（用于以公允价值计量且其变动计入其他综合收益的债权类金融资产）。

如果资产负债表日计算的预期信用损失小于该金融资产当前减值准备的账面金额（例如，从按照整个存续期预期信用损失计量损失准备转为按照未来 12 个月预期信用损失计量损失准备时，可能出现这一情况），则应当将差额确认为减值利得，做相反的会计处理。

对于购买或源生的已发生信用减值的金融资产，企业应当在资产负债表日仅将自初始确认后整个存续期内预期信用损失的累计变动确认为损失准备。在每个资产负债表日，企业应当将整个存续期内预期信用损失的变动金额作为减值损失或利得计入当期损益。即使该资产负债表日确定的整个存续期内预期信用损失小于初始确认时估计现金流量所反映的预期信用损失的金额，企业也应当将预期信用损失的有利变动确认为减值利得。

（2）已发生信用损失金融资产的核销。企业实际发生信用损失，认定相关金融资产无法收回，经批准予以核销的，应当根据批准的核销金额，借记"坏账准备""债权投资减值准备""贷款损失准备"等账户，贷记"应收账款""债权投资""贷款"等相应的资产类账户。若核销金额大于已计提的损失准备，还应按其差额借记"信用减值损失"账户。

## （二）非流动资产的期末计量

资产负债表日，非流动资产（不含金融资产）应当按照账面价值与可收回金额孰低计量。可收回金额是指资产的公允价值减去处置费用后的净额与资产未来现金流量的现值两者之间较高者。当非流动资产账面价值低于可收回金额时，按资产账面价值计量；当资产账面价值高于可收回金额时，按可收回金额计量，同时按账面价值与可收回金额的差额计提资产减值准备。

非流动资产减值主要涉及固定资产减值、无形资产减值、长期股权投资减值和以成本模式计量的投资性房地产减值等。非流动资产的减值损失一经确认，在以后会计期间不得转回。也就是说，即使其可收回金额有所回升，也不予以转回。在处置资产时，应当注销原计提的非流动资产的减值准备。

对于固定资产和使用寿命有限的无形资产等，如果涉及折旧或摊销，则在计提资产减值损失后的会计期间，应当在减值后的账面价值基础上重新计算资产的折旧或摊销额。

## 五、资产的处置

资产的处置是指企业转移、变更和核销其部分或全部资产，以及改变资产性质或用途的行为，主要涉及资产的出售、转让、报废、毁损等业务。当企业处置资产时，应对该项资产进行终止确认。

### （一）资产终止确认的条件

本部分所述的资产终止确认的条件包括金融资产终止确认的条件和非金融资产终止确认的条件。

#### 1.金融资产终止确认

企业转移了金融资产所有权上几乎所有风险和报酬的，应当终止确认该金融资产。金融资产满足下列情况之一的，应当予以终止确认：①收取该金融资产现金流量的合同权利终止；②该金融资产已转移，且该转移满足会计准则关于终止确认的规定。

#### 2.非金融资产终止确认

非金融资产满足下列条件之一的，应当予以终止确认：

第一，该资产处于处置状态。从资产用途的角度看，处于处置状态的资产已不能再用于生产产品、提供劳务、出租或经营管理等，因此不再符合资产的定义，应予以终止确认。

第二，该资产预期通过使用或处置不能产生经济利益。从资产的定义角度看，不能产生经济利益便不再符合资产的定义和确认条件，也应予以终止确认。

### （二）资产处置的会计处理

#### 1.固定资产清理

企业出售、转让、报废固定资产或发生固定资产毁损时，应当将处置收入扣除账面价值和相关税费后的金额计入当期损益。其中，固定资产的账面价值是指固定资产成本扣减累计折旧和减值准备后的金额。

固定资产处置应通过"固定资产清理"账户核算。企业处置固定资产时，先将固定资产账面价值转入"固定资产清理"账户。对于发生的清理费用和相关税费，也通过"固定资产清理"账户核算。

固定资产清理过程中取得的收入，以及对于按保险合同或相关规定计算的应由保险公司或过失人赔偿的损失，借记"银行存款""其他应收款"等账户，贷记"固定资产清理"账户。

经过上述处理后，对于固定资产清理净损益，区分情况分别转入"资产处置损益""营业外收入""营业外支出"等账户。结转以后，"固定资产清理"账户无余额。

**2. 无形资产的处置**

企业出售无形资产，应当将取得的价款与该无形资产账面价值及应交税费的差额计入当期损益（资产处置损益）。如果无形资产报废，报废损失计入营业外支出。

**3. 投资性房地产的处置**

当投资性房地产被处置或永久退出使用且预计不能从其处置中取得经济利益时，企业应当终止确认该项投资性房地产。企业出售、转让、报废投资性房地产或投资性房地产发生毁损时，应当将处置收入扣除其账面价值和相关税费后的金额计入当期损益。

（1）成本模式计量的投资性房地产的处置。企业处置采用成本模式计量的投资性房地产时，应当按实际收到的金额，借记"银行存款"等账户，贷记"其他业务收入"账户；按该项投资性房地产的账面价值，借记"其他业务成本"账户，按其账面余额，贷记"投资性房地产"账户，按照已计提的折旧或摊销，借记"投资性房地产累计折旧（摊销）"账户，原已计提减值准备的，借记"投资性房地产减值准备"账户。

（2）公允价值模式计量的投资性房地产的处置。企业处置采用公允价值模式计量的投资性房地产时，应当按实际收到的金额，借记"银行存款"等账户，贷记"其他业务收入"账户。按该项投资性房地产的账面余额，借记"其他业务成本"账户，按其成本，贷记"投资性房地产"账户，按其累计公允价值变动，贷记或借记"投资性房地产——公允价值变动"账户；同时，将原计入其他综合收益和公允价值变动损益的金额转出，调整其他业务成本。

**4. 金融资产的处置**

企业出售金融资产时，应结转相应金融资产的账面价值。金融资产处置利得，一般计入当期损益（投资收益）。

对于指定为以公允价值计量且其变动计入其他综合收益的金融资产，在金融资产终止确认时，如果该金融资产为非交易性债权投资，之前计入其他综合收益的累计利得或损失应当从其他综合收益中转入投资收益；若为非交易性权益工具投资，当其终止确认时，应当计入留存收益。

### 5. 长期股权投资的处置

企业处置长期股权投资时，应相应结转与所售股权相对应的长期股权投资的账面价值，出售所得价款与处置长期股权投资账面价值之间的差额，应确认为投资损益。

采用权益法核算的长期股权投资，原计入其他综合收益中的金额，在处置时应进行结转，将与所出售股权相对应的部分在处置时自其他综合收益转入当期损益。除上述处理外，还应结转原计入其他综合收益的相关金额，借记或贷记"其他综合收益"账户，贷记或借记"投资收益"账户。

## 六、资产的清查

为了加强企业财产物资管理，避免资产因管理不善导致损失，企业应当定期或不定期对资产进行清查。

### （一）资产的盘存制度

资产的盘存制度是指在日常会计核算中采用什么方法确定各项财产物资的盘存数。企业财产物资的盘存制度通常有以下两种：

#### 1. 永续盘存制

永续盘存制又称账面盘存制，是指企业通过设置资产明细账，平时登记资产的增减变化并随时结出余额的一种管理制度。永续盘存制的计算公式如下：

$$资产期末结存数 = 期初结存数 + 本期增加数 - 本期减少数$$

永续盘存制的优点是能够随时反映资产在一定期间内收入、发出及结存的详细情况，有利于加强对财产物资的管理与控制。相对而言，其工作量较大，尤其对那些品种规格繁多的存货资产；同时，由于自然灾害和人为等原因，可能发生账实不符的现象，所以在永续盘存制下，仍须对财产物资进行实地盘点，以便查明是否发生盘盈或盘亏。在一般情况下，各企业都应采用永续盘存制。

#### 2. 实地盘存制

实地盘存制又称定期盘存制，是指会计期末通过对资产进行实地盘点确定期末结存数量的一种管理制度，即以期末具体盘点实物的结果为依据来确定财产物资的结存数量的方法。实地盘存制在期末通过盘点实物来确定财产物资结存数量，并据以倒算出发出数量。

其具体做法是：平时只登记财产物资收入数，不登记财产物资发出数，期末通过实地盘点，确定结存数量，并倒挤发出数量及金额，完成账簿记录，使账实相符。在实地盘存制下，本期减少数的计算公式如下：

$$本期减少数 = 期初结存数 + 本期增加数 - 期末结存数$$

实地盘存制的优点是核算工作比较简单，工作量较小。其缺点是手续不够严密，不能通过账簿随时反映和监督各项财产物资的收、发、结存情况；同时，仓库管理中存在的多发少发、物资毁损、盗窃、丢失等情况，在账面上均无反映，而全部隐藏在本期的发出数内，不利于存货的管理，也不利于监督检查。因此，实地盘存制只适应数量大、价值低、收发频繁的存货。

## （二）资产盘亏或盘盈的会计处理

### 1.库存现金盘盈或盘亏的会计处理

库存现金清查中发现盘盈或盘亏的，应根据现金盘点报告进行处理，以确保账实相符，并对盘盈或盘亏的现金进行处理。现金的盘盈或盘亏一般通过"待处理财产损溢"账户来核算，待查明原因后，再根据不同的原因进行会计处理。

（1）对于库存现金短缺的会计处理

1）属于有关责任人或保险公司赔偿的部分，借记"其他应收款"或"库存现金"等账户，贷记"待处理财产损溢——待处理流动资产损溢"账户。

2）无法查明原因的，经过批准后，借记"管理费用——现金短缺"账户，贷记"待处理财产损溢——待处理流动资产损溢"账户。

（2）对于库存现金盈余的会计处理

1）属于应支付给其他方的，应借记"待处理财产损溢——待处理流动资产损溢"账户，贷记"其他应付款——应付现金溢余"账户。

2）属于无法查明原因的现金盈余，经过批准后，借记"待处理财产损溢——待处理流动资产损溢"账户，贷记"营业外收入"账户。

### 2.银行存款的核对

企业每月至少应将银行存款日记账与银行对账单核对一次，以检查银行存款收付及结存情况。银行存款日记账与银行对账单余额不符的，须查明原因，可能的原因主要有两种情况：一是由于计算错误；二是由于未达账项。

未达账项是指银行和企业对于同一笔款项收付业务因记账时间不同而发生的一方已经入账，另一方尚未入账的款项。未达账项有以下四种情况：

（1）企业已经收款入账、银行尚未收款入账的款项。

（2）企业已经付款入账、银行尚未付款入账的款项。

（3）银行已经收款入账、企业尚未收款入账的款项。

（4）银行已经付款入账、企业尚未付款入账的款项。

银行存款的核对，一般通过编制银行存款余额调节表进行。银行存款余额调节表主要目的是在于核对企业账目与银行账目的差异，也用于检查企业与银行账目的差错。其编制方法一般采用"补记式"的余额调节法，即在双方现有余额基础上，各自加上对方已收、本方未收账项，减去对方已付、本方未付的款项，计算调节双方应有余额。

如果银行存款余额调节表的调节后余额一致，一般表明账户内结存额计算没有问题。如果经调节后余额不一致的，应查明错误所在。属于银行原因的，应通知银行进行更正；属于本单位原因的，应按错账进行更正。

### 3. 存货盘盈或盘亏的会计处理

为了确保存货的账实相符，企业应定期或不定期地对企业的存货进行清查。发现盘盈或盘亏的，应查明原因后进行会计处理。

（1）存货盘盈的会计处理。盘盈存货应当按照重置成本作为入账价值，通过"待处理财产损溢"账户进行会计处理，经过批准后，冲减当期管理费用。

（2）存货盘亏的会计处理。存货发生盘亏的，应通过"待处理财产损溢"账户进行核算。经过批准后，根据存货盘亏的原因，分别按照以下情况进行会计处理：第一，属于存货收发计量差错和管理不善等原因造成的存货短缺，应先扣除残料价值、可以收回的保险赔偿款和过失人赔偿，将净损失计入管理费用；第二，属于自然灾害等原因造成的存货毁损，应先扣除处置收入、可以收回的保险赔偿和过失人损失赔偿，将净损失计入营业外支出。

# 第四章　负债与所有者权益

## 第一节　负债概述

### 一、负债的主要特征

负债是指企业过去的交易或事项形成的、预期会导致经济利益流出企业的现时义务。根据负债的定义，负债具有以下特征：

第一，负债是由过去的交易或事项形成的。负债是基于企业过去的交易或事项而产生的，即导致负债的交易或事项必须已经发生。企业将在未来发生的承诺、签订的合同等交易或事项，不形成负债。

第二，负债是企业承担的现时义务。现时义务是指企业在现行条件下已承担的义务。现实义务通常分为法定义务和推定义务。其中，法定义务是指具有约束力的合同或法律、法规规定的义务，通常必须依法执行。例如，企业向银行借入款项会产生还款义务、形成借款；购买货物存在购销合同、形成应付款项（已付款或在交货时支付款项的情形除外）；按照税法规定存在应交纳的税款等，均属于企业应当承担的法定义务，需要依法予以偿还。推定义务是指根据企业多年来的习惯或做法、公开的承诺或公开宣布的政策而导致企业将承担的责任。

第三，负债的清偿预期会导致经济利益流出企业。企业在履行清偿义务时会导致经济利益流出企业，这是负债的本质特征。例如，若企业赊购产品，则当企业将来用库存现金或银行存款等清偿其应付而未付的款项时，就会导致经济利益流出企业；同时，导致经济利益流出企业的具体形式不仅限于货币资金流出企业，企业还可能以实物资产或提供劳务等形式偿还负债或将负债转为资本等，但无论企业采用哪种偿还方式，都会导致企业未来经济利益的流出。

### 二、负债的类型

负债按其偿还期长短，可分为流动负债和非流动负债。

### （一）流动负债

流动负债是指将在 1 年（含 1 年）或者超过 1 年的一个正常营业周期内偿还的债务。流动负债主要包括短期借款、应付票据、应付账款、预收账款、合同负债、应付职工薪酬、应付股利、应交税费、其他应付款、预计负债等。

（1）短期借款：是指企业向银行或其他金融机构等借入的、还款期限在 1 年以下（含 1 年）的各种借款。短期借款一般是企业为了满足正常生产经营所需的资金或为了抵偿某项债务而借入的款项。

（2）应付票据：是指企业购买材料、商品和接受劳务供应等开出、承兑的商业汇票，包括商业承兑汇票和银行承兑汇票。我国商业汇票的付款期限不超过 6 个月，因此，由于应付票据的偿付时间较短，在会计实务中，一般按照开出、承兑的应付票据的面值入账。

（3）应付账款：是指企业因购买材料、商品或接受劳务供应等经营活动而应付给供应单位的款项。这是买卖双方由于取得物资或服务与支付货款在时间上不一致而产生的负债。

（4）预收账款：是指企业在合同负债以外，向购买单位或接受劳务的单位在未发出商品或提供劳务时预收的款项。它通常包括预收的货款、预收购货定金等。

（5）合同负债：是指企业已收或应收客户对价而应向客户转让商品的义务。企业在向客户转让商品之前，客户已经支付了合同对价或企业已经取得了无条件收取对价权利的，企业应将已收或应收的金额计入合同负债。在合同开始日之前预收的款项不能称为合同负债，一般作为预收账款处理。

（6）应付职工薪酬：是指企业为获得职工提供的服务或终止劳动合同关系而给予的各种形式的报酬。企业提供给职工配偶、子女、受赡养人、已故员工遗属及其他受益人等的福利，也属于职工薪酬。职工薪酬主要包括短期薪酬、离职后福利、辞退福利和其他长期职工福利。

（7）应付股利：是指企业根据股东大会或类似机构审议批准的利润分配方案确定分配给投资者的现金股利或利润。

（8）应交税费：企业必须按照国家规定履行纳税义务，对其经营所得依法交纳各种税费。应交税费包括企业依法交纳的增值税、消费税、所得税、资源税、土地增值税、城市维护建设税、房产税、土地使用税、车船税、教育费附加、矿产资源补偿费等税费，以及在上缴国家之前，由企业代收代缴的个人所得税等。

（9）其他应付款：是指与企业的主营业务没有直接关系的应付、暂收其他单位或个人的款项，如应付经营租赁固定资产租金、租人包装物租金、存入保证金等。

（10）预计负债：是指根据或有事项等相关准则确认的负债，包括对外提供担保、未决诉讼、产品质量保证、重组义务以及固定资产和矿区权益弃置义务等产生的负债。

### （二）非流动负债

非流动负债是指偿还期在 1 年或超过 1 年的一个营业周期以上的债务。它通常包括长期借款、应付债券、长期应付款等。

（1）长期借款：是指企业向银行或其他金融机构借入的期限在 1 年以上（不含 1 年）的各种款项。长期借款一般是企业为满足固定资产构建、改扩建工程、大修理工程、对外投资以及为了保持长期经营能力等方面的需要而借入的。

（2）应付债券：是指企业为筹集长期资金而实际发行的债券及应付的利息。债券是企业为筹集长期使用资金而发行的一种书面凭证，企业通过发行债券取得资金是以将来履行归还购买债券者的本金和利息的义务作为保证的。

（3）长期应付款：是指除了长期借款和应付债券以外的其他多种长期应付款。它包括应付补偿贸易引进设备款和应付融资租入固定资产租赁费、分期付款方式购入固定资产发生的应付款项等。

## 三、负债确认与或有负债

### （一）负债的确认

将一项现时义务确认为负债，不仅需要符合负债的定义，而且还需要同时满足以下两个条件：

第一，履行该项义务很可能导致经济利益流出企业。负债的清偿预期会导致经济利益流出企业，但履行义务所需流出的经济利益通常带有不确定性，尤其是与推定义务相关的经济利益通常需要依赖于合理的估计。因此，负债的确认应与经济利益流出的不确定性程度的判断结合起来。如果有确凿证据表明，与现时义务有关的经济利益很可能（概率在50% 以上）流出企业，应当将其作为负债予以确认；反之，即使企业承担了现时义务，但该现时义务导致经济利益流出企业的可能性很小，则不符合负债的确认条件，因而不应将其作为负债予以确认。

第二，该项义务未来流出的经济利益的金额能够可靠计量。除考虑是否导致经济利益很可能流出企业外，负债的确认还须满足未来流出的经济利益的金额能够可靠计量的条件。通常，法定义务形成的预期经济利益流出金额，可以根据合同或者法律规定的金额予以确定；与推定义务有关的经济利益流出金额，企业应当根据履行相关义务所需支出的最佳估计数进行确定，并综合考虑有关货币时间价值、风险等因素的影响。

### （二）或有负债

或有负债在将来可能成为企业的负债，但当前并不是负债。或有负债是指由过去的交易或事项形成的潜在义务，其存在须通过未来不确定事项的发生或不发生而予以证实；或是指过去的交易或事项形成的现时义务，履行该义务不是很可能导致经济利益流出企业或该义务的金额不能可靠地计量。例如，一桩未决的诉讼案件，由于可能败诉、造成赔偿而产生或有负债。同时，由于或有负债无论作为潜在义务还是现时义务，均不符合负债的条件，因而会计上只在会计报表附注中做相应披露，不予确认。

# 第二节　流动负债的核算

## 一、短期借款

短期借款是指企业向银行或其他金融机构等借入的期限在1年以下（含1年）的各种借款。企业借入的短期借款构成了一项负债。对于企业发生的短期借款，应设置"短期借款"科目核算；每个资产负债表日，企业应计算确定短期借款的应计利息，按照应计的金额，借记"财务费用""利息支出（金融企业）"等科目，贷记"应付利息"等科目[①]。

## 二、以公允价值计量且其变动计入当期损益的金融负债

金融负债是负债的组成部分，主要包括短期借款、应付票据、应付债券、长期借款等。金融负债应按照企业会计准则中关于金融工具确认和计量的规定进行会计处理。

企业应当结合自身业务特点和风险管理要求，将承担的金融负债在初始确认时分为以下两类：①以公允价值计量且其变动计入当期损益的金融负债；②其他金融负债。其他金融负债是指没有划分为以公允价值计量且其变动计入当期损益的金融负债。通常情况下，包括企业购买商品或服务形成的应付账款、长期借款、商业银行吸收的客户存款等。

企业应在金融负债初始确认时将其进行分类后，不能随意变更。确认时划分为以公允价值计量且其变动计入当期损益的金融负债，不能重新分类为其他金融负债；其他负债也不能重新分类为以公允价值计量且其变动计入当期损益的金融负债。

企业应当在成为金融工具合同的一方时确认金融资产或金融负债；在金融负债的现时义务全部或部分已经解除时，终止确认该金融负债或其一部分。

金融负债应当以公允价值进行初始计量，以公允价值计量且变动计入当期损益的金融负债，应按照公允价值进行后续计量。不属于指定为以公允价值计量且其变动计入当期损益的金融负债的财务担保合同和低于市场利率贷款的贷款承诺，应按照下列两项金额中的较高者进行后续计量：

（1）按照《或有事项》准则确定的金额。

（2）初始确认金额扣除按照《收入》准则原则确定的累计转销额后的余额。其他金融负债应按照公允价值和相关交易费用作为初始确认金额，应按照实际利率法计算确定的

---

① 谭湘：《财务会计》，中山大学出版社2017年版，第151页。

摊余成本进行后续计量。

## （一）以公允价值计量且其变动计入当期损益的金融负债内容

以公允价值计量且其变动计入当期损益的金融负债，包括交易性金融负债和直接指定为以公允价值计量且其变动计入当期损益的金融负债。

### 1. 交易性金融负债

满足以下条件之一的金融负债，应当划分为交易性金融负债：

（1）承担该金融负债的目的，主要是为了近期内出售或回购。

（2）属于进行集中管理的可辨认金融工具组合的一部分，且有客观证据表明企业近期采用短期获利方式对该组合进行管理。在这种情况下，即使组合中有某个组成项目持有的期限稍长也不受影响。

（3）属于衍生工具。但是，被指定为有效套期工具的衍生工具、属于财务担保合同的衍生工具、与在活跃市场中没有报价且其公允价值不能可靠计量的权益工具投资挂钩并须通过交付该权益工具结算的衍生工具除外。其中，财务担保合同是指保证人和债权人约定，当债务人不履行债务时，保证人按照约定履行债务或者承担责任的合同。

### 2. 直接指定为以公允价值计量且其变动计入当期损益的金融负债

对于包括一项或多项嵌入衍生工具的混合工具，企业可以将整个混合工具直接指定为以公允价值计量且其变动计入当期损益的金融负债，但以下两种情况除外：一是嵌入衍生工具对混合工具的现金流量没有重大改变；二是类似混合工具所嵌入的衍生工具明显不应从混合工具中分拆。

对于混合工具以外的金融负债，只有能够产生更相关的会计信息时才能将该项金融负债直接指定为以公允价值计量且其变动计入当期损益的金融负债。

符合以下条件之一，说明直接指定能够产生更相关的会计信息：

（1）该指定可以消除或明显减少由于该金融负债的计量基础不同而导致的相关利得或损失在确认和计量方面不一致的情况。设立这项条件，目的在于通过直接指定为以公允价值计量，并将其变动计入当期损益，以消除会计上可能存在的不配比现象。例如，有些金融资产可以被划分为交易性金融资产，从而其公允价值变动计入当期损益；但与之直接相关的金融负债却以摊余成本进行后续计量，从而导致"会计不配比"。但是，如果将以上金融资产和金融负债均直接指定为以公允价值计量且其变动计入当期损益类，那么这种会计上的不配比就能够消除。

（2）企业的风险管理或投资策略的正式书面文件已载明，该金融负债组合或该金融资产和金融负债组合，以公允价值为基础进行管理、评价并向关键管理人员报告。

## （二）以公允价值计量且其变动计入当期损益的金融负债的会计处理

### 1. 确认与终止确认

企业成为金融工具合同的一方并承担相应义务时确认金融负债。根据此确认条件，对于由衍生工具合同形成的义务，企业应当将其确认为金融负债。但是如果衍生工具涉及金融资产转移且导致金融资产转移不符合终止确认条件的则不再确认该项义务为金融负债，以避免企业重复确认负债。企业应当在金融负债的现时义务全部或部分已经解除时，终止确认该金融负债或其一部分。

金融负债现时义务的解除可能还会涉及其他复杂情形，企业应当注重分析交易的法律形式和经济实质来决定是否应全部或部分终止确认金融负债。

（1）企业将用于偿付金融负债的资产转入某个机构或设立信托，偿付债务的义务仍存在的，不应当终止确认该金融负债，也不能终止确认转出的资产。虽然企业已为金融负债设立了"偿债基金"，但金融负债对应的债权人拥有全额追索的权利时，不能认为企业的相关现时义务已解除，从而不能终止确认金融负债。

（2）企业（债务人）与债权人之间签订协议，以承担新金融负债方式替换现存金融负债，且新金融负债与现存金融负债的合同条款实质上不同的，应当终止确认现存金融负债，并同时确认新金融负债。其中，"实质上不同"是指按照新的合同条款，金融负债未来现金流量现值与原金融负债的剩余期间现金流量现值之间的差异至少相差10%。有关现值的计算均采用原金融负债的实际利率。

（3）企业回购金融负债一部分的，应当在回购日按照继续确认部分和终止确认部分的公允价值的相对比例，将该金融负债整体的账面价值进行分配。分配给终止确认部分的账面价值与支付的对价（包括转出的非现金资产或承担的新金融负债）之间的差额，计入当期损益。

### 2. 初始计量与后续计量

对于以公允价值计量且其变动计入当期损益的金融负债，应按照其公允价值进行初始计量和后续计量，相关交易费用应当在发生时直接计入当期损益。其中，金融负债的公允价值，一般应当以市场交易价格为基础确定。

金融负债初始计量时的公允价值通常以实际交易价格，即所收到或支付对价的公允价值为基础确定。但是，如果对价的一部分并非直接针对该金融工具，该金融工具的公允价值则应运用估值技术确定，而非直接以实际交易价格作为公允价值。

交易费用，是指可直接归属于购买、发行或处置金融工具新增的外部费用。新增的外部费用，是指企业不购买、发行或处置金融工具就不会发生的费用，包括支付给代理机构、咨询公司、券商等的手续费和佣金及其他必要支出，不包括债券溢价、折价、融资费用、内部管理成本及其他与交易不直接相关的费用。交易费用构成实际利息的组成部分。

对于以公允价值计量且其变动计入当期损益的金融负债，其公允价值变动形成利得或损失，除与套期保值有关外，应当计入当期损益。

企业对于以公允价值计量且其变动计入当期损益的金融负债，应当设置"交易性金融负债"科目核算其公允价值。

### 三、应付票据

应付票据是由出票人出票，委托付款人在指定日期无条件支付特定的金额给收款人或者持票人的票据。企业应设置"应付票据"科目进行核算。应付票据按是否带息分为带息应付票据和不带息应付票据两种。

#### （一）带息应付票据的会计处理

由于我国商业汇票期限较短，在期末，通常对尚未支付的应付票据计提利息，计入当期财务费用；票据到期支付票款时，尚未计提的利息部分直接计入当期财务费用。

#### （二）不带息应付票据的会计处理

不带息应付票据，其面值就是票据到期时的应付金额。

开出并承兑的商业承兑汇票如果不能如期支付的，应在票据到期时，将"应付票据"账面价值转入"应付账款"科目，待协商后再行处理。如果重新签发新的票据以清偿原应付票据的，再从"应付账款"科目转入"应付票据"科目。银行承兑汇票如果票据到期，企业无力支付到期票款时，承兑银行除凭票向持票人无条件付款外，对出票人尚未支付的汇票金额转作逾期贷款处理。企业无力支付到期银行承兑汇票，在接到银行转来的"××号汇票无款支付转入逾期贷款户"等有关凭证时，借记"应付票据"科目，贷记"短期借款"科目。对计收的利息，按短期借款利息的处理办法处理。

### 四、应付及预收款项

#### （一）应付账款

应付账款指因购买材料、商品或接受劳务供应等而发生的债务。这是买卖双方由于取得物资或服务与支付货款在时间上不一致而产生的负债。

应付账款入账时间的确定，一般应以与所购买物资所有权有关的风险和报酬已经转移或劳务已经接受为标志。但在实际工作中，一般是区别下列情况处理：在物资和发票账单同时到达的情况下，应付账款一般待物资验收入库后，才按发票账单登记入账，这主要是为了确认所购入的物资是否在质量、数量和品种上都与合同上订明的条件相符，以免因先入账而在验收入库时发现购入物资错、漏、破损等问题再行调账，在会计期末仍未完成验收的，则应先按合理估计金额将物资和应付债务入账，事后发现问题再行更正；在物资和发票账单未同时到达的情况下，由于应付账款须根据发票账单登记入账，有时货物已到，发票账单要间隔较长时间才能到达，由于这笔负债已经成立，应作为一项负债反映。为在资产负债表上客观反映企业所拥有的资产和承担的债务，在实际工作中采用在月份终了将所购物资和应付债务估计入账，待下月初再用红字予以冲回的办法。因购买商品等而产生的应付账款，应设置"应付账款"科目进行核算，用以反映这部分负债的价值。

应付账款一般按应付金额入账，而不按到期应付金额的现值入账。如果购入的资产在形成一笔应付账款时是带有现金折扣的，应付账款入账金额的确定按发票上记载的应付金额的总值（即不扣除折扣）记账。在这种方法下，应按发票上记载的全部应付金额，借记有关科目，贷记"应付账款"科目，获得的现金折扣冲减财务费用。

## （二）预收账款

预收账款是买卖双方协议商定，由购货方预先支付一部分货款给供应方而发生的一项负债。预收账款的核算应视企业的具体情况而定。如果预收账款比较多的，可以设置"预收账款"科目，预收账款不多的，也可以不设置"预收账款"科目，直接记入"应收账款"科目的贷方。单独设置"预收账款"科目核算的，其"预收账款"科目的贷方，反映预收的货款和补付的货款；借方反映应收的货款和退回多收的货款；期末贷方余额，反映尚未结清的预收款项，借方余额反映应收的款项。

## 五、职工薪酬

## （一）职工薪酬的内容

职工薪酬是指企业为获得职工提供的服务而给予各种形式的报酬以及其他相关支出。这里所称"职工"比较宽泛，包括三类人员：一是与企业订立劳动合同的所有人员，含全职、兼职和临时职工；二是未与企业订立劳动合同，但由企业正式任命的企业治理层和管理层人员，如董事会成员、监事会成员等，尽管有些董事会、监事会成员不是本企业员工，未与企业订立劳动合同，但对其发放的津贴、补贴等仍属于职工薪酬；三是在企业的计划和控制下，虽未与企业订立劳动合同或未由其正式任命，但为其提供与职工类似服务的人员，如通过中介机构签订用工合同，为企业提供与本企业职工类似服务的人员。

职工薪酬核算企业因职工提供服务而支付的或放弃的对价，企业需要全面综合考虑职工薪酬的内容，以确保其准确性。职工薪酬主要包括以下内容：

### 1. 职工工资、奖金、津贴与补贴

职工工资、奖金、津贴和补贴是指构成工资总额的计时工资、计件工资、支付给职工的超额劳动报酬和增收节支的劳动报酬，为了补偿职工特殊或额外的劳动消耗和因其他特殊原因支付给职工的津贴，以及为了保证职工工资水平不受物价影响支付给职工的物价补

贴等。

## 2. 职工福利费

职工福利费主要是尚未实行医疗统筹企业职工的医疗费用、职工因公负伤赴外地就医路费、职工生活困难补助，以及按照国家规定开支的其他职工福利支出。

## 3. 社会保险费

医疗保险费、养老保险费、失业保险费、工伤保险费和生育保险费等社会保险费是指企业按照国务院、各地方政府规定的基准和比例计算，向社会保险经办机构缴纳的医疗保险费、养老保险费、失业保险费、工伤保险费和生育保险费。企业按照年金计划规定的基准和比例计算，向企业年金管理人缴纳的补充养老保险，以及企业以购买商业保险形式提供给职工的各种保险待遇属于企业提供的职工薪酬，应当按照职工薪酬的原则进行确认、计量和披露。

我国养老保险分为三个层次：第一层次是社会统筹与职工个人账户相结合的基本养老保险；第二层次是企业补充养老保险；第三层次是个人储蓄性养老保险，属于职工个人的行为，与企业无关，不属于职工薪酬核算的范畴。

（1）基本养老保险制度。根据我国养老保险制度相关文件的规定，职工养老保险待遇即受益水平与企业在职工提供服务各期的缴费水平不直接挂钩，企业承担的义务仅限于按照规定标准提存的金额，属于国际财务报告准则中所称的设定提存计划。设定提存计划是指企业向一个独立主体（通常是基金）支付固定提存金，如果该基金不能拥有足够资产以支付与当期和以前期间职工服务相关的所有职工福利，企业不再负有进一步支付提存金的法定义务和推定义务。因此，在设定提存计划下，企业在每一期间的义务取决于企业在该期间提存的金额，由于提存额一般都是在职工提供服务期末 12 个月以内到期支付，计量该类义务一般不需要折现。

我国企业为职工建立的其他社会保险如医疗保险、失业保险、工伤保险和生育保险，也是根据国务院条例的规定，由社会保险经办机构负责收缴、发放和保值增值，企业承担的义务亦仅限于按照国务院规定由企业所在地政府规定的标准，与基本养老保险一样，同样属于设定提存计划。

（2）补充养老保险制度。为更好地保障企业职工退休后的生活，依法参加基本养老保险并履行缴费义务、具有相应的经济负担能力并已建立集体协商机制的企业，经有关部门批准，可申请建立企业年金，企业年金是企业及其职工在依法参加基本养老保险的基础上，自愿建立的补充养老保险制度。我国以年金形式建立的补充养老保险制度属于企业"缴费确定型"计划，即以缴费的情况确定企业年金待遇的养老金模式，企业缴费亦是根据参加计划职工的工资、级别、工龄等因素，在计划中明确规定，以后不再调整。从企业承担义务的角度来看，我国企业的补充养老保险缴费也属于设定提存计划。

由此可见，在我国，无论是基本养老保险还是补充养老保险制度，企业对职工的义务仅限于按照省、自治区、直辖市或地（市）政府或企业年金计划规定缴费的部分，没有进一步的支付义务，均应当按照与国际财务报告准则中设定提存计划相同的原则处理。因此，无论是支付基本养老保险费，还是补充养老保险费，企业都应当在职工提供服务的会计期间根据规定标准计提，按照受益对象进行分配，计入相关资产成本或当期损益。

### 4. 住房公积金

住房公积金是指企业按照国家规定的基准和比例计算，向住房公积金管理机构缴存的住房公积金。

### 5. 工会经费和职工教育经费

工会经费和职工教育经费是指企业为了改善职工文化生活、为职工学习先进技术和提高文化水平和业务素质，用于开展工会活动和职工教育及职业技能培训等相关支出。

### 6. 非货币性福利

非货币性福利是指企业以自己的产品或外购商品发放给职工作为福利，企业提供给职工无偿使用自己拥有的资产或租赁资产供职工无偿使用，比如提供给企业高级管理人员使用的住房等，免费为职工提供诸如医疗保健服务或向职工提供企业支付了一定补贴的商品或服务等，比如以低于成本的价格向职工出售住房等。

### 7. 因解除与职工的劳动关系给予的补偿

即指由于分离办社会职能、实施主辅分离辅业改制分流安置富余人员、实施重组、改组计划、职工不能胜任等原因，企业在职工劳动合同尚未到期之前解除与职工的劳动关系，或者为鼓励职工自愿接受裁减而提出补偿建议的计划中给予职工的经济补偿，即国际财务报告准则中所指的辞退福利。

### 8. 其他与获得职工提供的服务相关的支出

其他与获得职工提供的服务相关的支出是指除上述 7 种薪酬以外的其他为获得职工提供的服务而给予的薪酬，比如企业提供给职工以权益形式结算的认股权、以现金形式结算但以权益工具公允价值为基础确定的现金股票增值权等。

总之，从薪酬的涵盖时间和支付形式来看，职工薪酬包括企业在职工在职期间和离职后给予的所有货币性薪酬和非货币性福利；从薪酬的支付对象来看，职工薪酬包括提供给职工本人及其配偶、子女或其他被赡养人的福利，比如支付给因公伤亡职工的配偶、子女或其他被赡养人的抚恤金。

## （二）职工薪酬的确认与计量

企业应当在职工为其提供服务的会计期间，将应付的职工薪酬确认为负债，除因解除与职工的劳动关系给予的补偿外，应当根据职工提供服务的受益对象，分别按下列情况处理：

（1）应由生产产品、提供劳务负担的职工薪酬，计入产品成本或劳务成本。生产产品、提供劳务中的直接生产人员和直接提供劳务人员发生的职工薪酬，计入存货成本，但非正常消耗的直接生产人员和直接提供劳务人员的职工薪酬，应当在发生时确认为当期损益。

（2）应由在建工程、无形资产负担的职工薪酬，计入建造固定资产或无形资产成本。自行建造固定资产和自行研究开发无形资产过程中发生的职工薪酬，能否计入固定资产或无形资产成本，取决于相关资产的成本确定原则。比如企业在研究阶段发生的职工薪酬不能计入自行开发无形资产的成本，在开发阶段发生的职工薪酬，符合无形资产资本化条件的，应当计入自行开发无形资产的成本。

（3）上述两项之外的其他职工薪酬，计入当期损益。除直接生产人员、直接提供劳务人员、符合准则规定条件的建造固定资产人员、开发无形资产人员以外的职工，包括公司总部管理人员、董事会成员、监事会成员等人员相关的职工薪酬，因难以确定直接对应的受益对象，均应当在发生时计入当期损益。

### 1. 货币性职工薪酬的计量

对于货币性薪酬，企业一般应当根据职工提供服务情况和职工货币薪酬的标准，计算应计入职工薪酬的金额，按照受益对象计入相关成本或当期费用，借记"生产成本""管理费用"等科目，贷记"应付职工薪酬"科目；发放时，借记"应付职工薪酬"科目，贷记"银行存款"等科目。在确定应付职工薪酬和应当计入成本费用的职工薪酬金额时，企业还有以下两种特殊情况：

（1）对于国务院有关部门、省、自治区、直辖市人民政府或经批准的企业年金计划规定了计提基础和计提比例的职工薪酬项目，企业应当按照规定的计提标准，计量企业承担的职工薪酬、义务和计入成本费用的职工薪酬。其中：①"五险一金"。对于医疗保险费、养老保险费、失业保险费、工伤保险费、生育保险费和住房公积金，企业应当按照国务院、所在地政府或企业年金计划规定的标准计量应付职工薪酬义务和应相应计入成本费用的薪酬金额。②工会经费和职工教育经费。企业应当按照国家相关规定，分别按照职工工资总额的 2% 和 1.5% 计量应付职工薪酬（工会经费、职工教育经费）义务金额和应相应计入成本费用的薪酬金额；从业人员技术要求高、培训任务重、经济效益好的企业，可根据国家相关规定，按照职工工资总额的 2.5% 计量应计入成本费用的职工教育经费。按照明确标准计算确定应承担的职工薪酬义务后，再根据受益对象计入相关资产的成本或当期费用。

（2）对于国家（包括省、自治区、直辖市政府）相关法律法规没有明确规定计提基础和计提比例的职工福利费，企业应当根据历史经验数据和自身实际情况，预计应付职工薪酬金额和应计入成本费用的薪酬金额；每个资产负债表日，企业应当对实际发生的福利费金额和预计金额进行调整。

2.非货币性职工薪酬的计量

企业向职工提供的非货币性职工薪酬，应当分情况处理：

（1）以自产产品或外购商品发放给职工作为福利。企业以其生产的产品作为非货币性福利提供给职工的，应当按照该产品的公允价值和相关税费，计量应计入成本费用的职工薪酬金额。相关收入及其成本的确认计量和相关税费的处理，与正常商品销售相同。以外购商品作为非货币性福利提供给职工的，应当按照该商品的公允价值和相关税费，计量应计入成本费用的职工薪酬金额。

值得注意的是，在以自产产品或外购商品发放给职工作为福利的情况下，企业在进行账务处理时，应当先通过"应付职工薪酬"科目归集当期应计入成本费用的非货币性薪酬金额，以确定完整准确的企业人工成本金额。

（2）将拥有的房屋等资产无偿提供给职工使用，或租赁住房等资产供职工无偿使用。企业将拥有的房屋等资产无偿提供给职工使用的，应当根据受益对象，将住房每期应计提的折旧计入相关资产成本或费用，同时确认应付职工薪酬。租赁住房等资产供职工无偿使用的，应当根据受益对象，将每期应付的租金计入相关资产成本或费用，并确认应付职工薪酬。难以认定受益对象的，直接计入当期损益，并确认应付职工薪酬。

3.向职工提供企业支付补贴的商品或服务

企业有时以低于其取得成本的价格向职工提供商品或服务，如以低于成本的价格向职工出售住房或提供医疗保健服务，其实质是企业向职工提供补贴。对此，企业应根据出售商品或服务合同条款的规定分情况处理：

（1）如果合同规定职工在取得住房等商品或服务后至少应提供服务的年限，企业应将出售商品或服务的价格与其成本间的差额，作为长期待摊费用处理，在合同规定的服务年限内平均摊销，根据受益对象分别计入相关资产成本或当期损益。

（2）如果合同没有规定职工在取得住房等商品或服务后至少应提供服务的年限，企业应将出售商品或服务的价格与其成本间的差额，作为对职工过去提供服务的一种补偿，直接计入向职工出售商品或服务当期的损益。

## （三）辞退福利（解除劳动关系补偿）的确认和计量

1.辞退福利的内涵

辞退福利包括两方面的内容：一是在职工劳动合同尚未到期前，不论职工本人是否愿意，企业决定解除与职工的劳动关系而给予的补偿；二是在职工劳动合同尚未到期前，为鼓励职工自愿接受裁减而给予的补偿，职工有权利选择继续在职或接受补偿离职。辞退福利还包括当公司控制权发生变动时对辞退的管理层人员进行补偿的情况。辞退福利通常采取解除劳动关系时一次性支付补偿的方式，也有通过提高退休后养老金或其他离职后福利的标准，或者在职工不再为企业带来经济利益后，将职工工资部分支付到辞退后未来某一期间。

在确定企业提供的经济补偿是否为辞退福利时，应当注意以下两个问题：

（1）辞退福利与正常退休养老金应当区分开来。辞退福利是在职工与企业签订的劳动合同到期前，企业根据法律、与职工本人或职工代表（工会）签订的协议，或者基于商业惯例，承诺当其提前终止对职工的雇佣关系时支付的补偿，引发补偿的事项是辞退。因此，企业应当在辞退时进行确认和计量。

职工在正常退休时获得的养老金，是其与企业签订的劳动合同到期时，或者职工达到了国家规定的退休年龄时获得的退休后生活补偿金额，此种情况下给予补偿的事项是职工在职时提供的服务而不是退休本身。因此，企业应当是在职工提供服务的会计期间确认和计量。

职工虽然没有与企业解除劳动合同，但未来不再为企业提供服务，为此，企业承诺提供实质上具有辞退福利性质的经济补偿，比照辞退福利处理。

（2）无论职工因何种原因离开都要支付的福利属于离职后福利，不是辞退福利。有些企业对职工本人提出的自愿辞退比企业提出的要求职工非自愿辞退情况下支付较少的补偿，在这种情况下，非自愿辞退提供的补偿与职工本人要求辞退提供的补偿之间的差额，才属于辞退福利。

### 2. 辞退福利的确认

企业在职工劳动合同到期之前解除与职工的劳动关系，或者为鼓励职工自愿接受裁减而提出给予补偿的建议，同时满足下列条件的，应当确认因解除与职工的劳动关系给予补偿而产生的预计负债，同时计入当期管理费用：

（1）企业已经制订正式的解除劳动关系计划或提出自愿裁减建议，并即将实施。该计划或建议应当包括拟解除劳动关系或裁减的职工所在部门、职位及数量；根据有关规定按工作类别或职位确定的解除劳动关系或裁减补偿金额，拟解除劳动关系或裁减的时间。这里所称解除劳动关系计划和自愿裁减建议应当经过董事会或类似权力机构的批准；即将实施是指辞退工作一般应当在一年内实施完毕，但因付款程序等原因使部分付款推迟到一年后支付的，视为符合辞退福利预计负债确认条件。

（2）企业不能单方面撤回解除劳动关系计划或裁减建议。如果企业能够单方面撤回解除劳动关系计划或裁减建议，则表明未来经济利益流出不是很可能，因而不符合负债确认条件。

由于被辞退的职工不再为企业带来未来经济利益，因此，对于满足负债确认条件的所有辞退福利，均应当于辞退计划满足预计负债确认条件的当期计入费用，不计入资产成本。在确认辞退福利时，需要注意的是，对于分期或分阶段实施的解除劳动关系计划或自愿裁减建议，企业应当将整个计划看作由一个个单项解除劳动关系计划或自愿裁减建议组成，在每期或每阶段计划符合预计负债确认条件时，将该期或该阶段计划中由提供辞退福利产生的预计负债予以确认，计入该部分计划满足预计负债确认条件的当期管理费用，不能等全部计划都符合确认条件时再予以确认。

对于企业实施的职工内部退休计划，由于这部分职工不再为企业带来经济利益，企业应当比照辞退福利处理。在内退计划符合职工薪酬准则规定的确认条件时，按照内退规定，将自职工停止服务日至正常退休日期间，企业拟支付的内退人员工资和缴纳的社会保险费等确认为预计负债，一次计入当期管理费用。

3. 辞退福利的计量

企业应当根据职工薪酬和或有事项准则规定，严格按照辞退计划条款的规定，合理预计并确认辞退福利产生的负债。辞退福利的计量因辞退计划中职工有无选择权而有所不同：

（1）对于职工没有选择权的辞退计划，应当根据计划条款规定拟解除劳动关系的职工数量、每一职位的辞退补偿等计提应付职工薪酬（预计负债）。

（2）对于自愿接受裁减建议，因接受裁减的职工数量不确定，企业应当参照或有事项的规定，预计将会接受裁减建议的职工数量，根据预计的职工数量和每一职位的辞退补偿等计提应付职工薪酬（预计负债）。

（3）实质性辞退工作在一年内实施完毕，但补偿款项超过一年支付的辞退计划，企业应当选择恰当的折现率，以折现后的金额计量应计入当期管理费用的辞退福利金额，该项金额与实际应支付的辞退福利之间的差额，作为未确认融资费用，在以后各期实际支付辞退福利款项时，计入财务费用。账务处理上。确认因辞退福利产生的预计负债时，借记"管理费用""未确认融资费用"科目，贷记"应付职工薪酬——辞退福利"科目；各期支付辞退福利款项时，借记"应付职工薪酬——辞退福利"科目，贷记"银行存款"科目；同时，借记"财务费用"科目，贷记"未确认融资费用"科目。应付辞退福利款金额与其折现后金额相差不大的，也可不折现。

按照或有事项有关计算最佳估计数的方法，预计接受辞退的职工数量可以根据最可能发生的数量确定，也可以采用按照各种发生数量及其发生概率计算确定。

## 六、应交税费

企业在一定时期内取得的营业收入和实现的利润或发生特定经营行为，要按照规定向国家交纳各种税金，这些应缴的税金，应按照权责发生制的原则确认。这些应缴的税金在尚未交纳之前，形成企业的一项负债。

### （一）增值税

增值税是就货物或应税劳务的增值部分征收的一种税。按照增值税暂行条例规定，企业购入货物或接受应税劳务支付的增值税（即进项税税额），可以从销售货物或提供劳务按规定收取的增值税（即销项税税额）中抵扣。按照规定，企业购入货物或接受劳务必须具备以下凭证，其进项税税额才能予以扣除。值得注意的是，按照修订后的《中华人民共和国增值税暂行条例》，企业购入的机器设备等生产经营用固定资产所支付的增值税在符合税收法规规定的情况下，也应从销项税税额中扣除，不再计入固定资产成本。按照税收法规规定，购入的用于集体福利或个人消费等目的的固定资产而支付的增值税，不能从销项税税额中扣除，仍应计入固定资产成本。

（1）增值税专用发票。实行增值税以后，一般纳税企业销售货物或者提供应税劳务均应开具增值税专用发票，增值税专用发票记载了销售货物的售价、税率以及税额等，购货方以增值税专用发票上记载的购入货物已支付的税额，作为扣税和记账的依据。

（2）完税凭证。企业进口货物必须交纳增值税，其交纳的增值税在完税凭证上注明，进口货物交纳的增值税根据从海关取得的完税凭证上注明的增值税税额，作为扣税和记账依据。

（3）购进免税农产品，按照经税务机关批准的收购凭证上注明的价款或收购金额的一定比率计算进项税税额，并以此作为扣税和记账的依据。

（4）企业购入货物或者接受应税劳务，没有按照规定取得并保存增值税扣税凭证，或者增值税扣税凭证上未按照规定注明增值税税额及其他有关事项的，其进项税税额不能从销项税税额中抵扣。会计核算中，如果企业不能取得有关的扣税证明，则购进货物或接受应税劳务支付的增值税税额不能作为进项税税额扣税，其已支付的增值税只能计入购入货物或接受劳务的成本。

### 1. 增值税的科目设置

企业应交的增值税，在"应交税费"科目下设置"应交增值税"明细科目进行核算。"应交增值税"明细科目的借方发生额，反映企业购进货物或接受应税劳务支付的进项税税额、实际已交纳的增值税等；贷方发生额，反映销售货物或提供应税劳务应交纳的增值税税额，出口货物退税、转出已支付或应分担的增值税等；期末借方余额，反映企业尚未抵扣的增值税。"应交税费——应交增值税"科目分别设置"进项税税额""已交税金""销项税税额""出口退税""进项税税额转出""转出未交增值税""转出多交增值税""减免税款""出口抵减内销产品应纳税额"等专栏。

### 2. 一般纳税企业购销业务的会计处理

实行增值税的一般纳税企业从税务角度看，一是可以使用增值税专用发票，企业销售货物或提供劳务可以开具增值税专用发票（或完税凭证、购进免税农产品凭证、外购物资支付的运输费用的结算单据，下同）；二是购入货物取得的增值税专用发票上注明的增值税税额可以用销项税税额抵扣；三是如果企业销售货物或者提供劳务采用销售额和销项税税额合并定价方法的，按公式"销售额＝含税销售额÷（1+增值税税率）"还原为不含税销售额，并按不含税销售额计算销项税税额。

根据上述特点，一般纳税企业在账务处理上的特点包括两点：一是在购进阶段，会计处理时实行价与税的分离，价与税分离的依据为增值税专用发票上注明的价款和增值税，属于价款部分，计入购入货物的成本；属于增值税税额部分，计入进项税税额。二是在销售阶段，销售价格中不再含税，如果定价时含税，应还原为不含税价格作为销售收入，向购买方收取的增值税作为销项税税额。

### 3. 一般纳税企业购入免税产品的会计处理

按照增值税暂行条例规定，对农业生产者销售的自产农业产品、古旧图书等部分项目免征增值税。企业销售免征增值税项目的货物，不能开具增值税专用发票，只能开具普通发票。企业购进免税产品，一般情况下不能扣税，但按税法规定，对于购入的免税农业产品、收购废旧物资等可以按买价（或收购金额）的一定比率计算进项税税额，并准予从销项税税额中抵扣；这里购入免税农业产品的买价是指企业购进免税农业产品支付给农业生产者的价款。在会计核算时，一是按购进免税农业产品有关凭证上确定的金额（买价）或者按收购金额，扣除一定比例的进项税税额，作为购进农业产品（或收购废旧物资）的成本；二是扣除的部分作为进项税税额，待以后用销项税税额抵扣。

### 4. 小规模纳税企业的会计处理

小规模纳税企业的特点有：一是小规模纳税企业销售货物或者提供应税劳务，一般情况下，只能开具普通发票，不能开具增值税专用发票；二是小规模纳税企业销售货物或提供应税劳务，实行简易办法计算应纳税额，按照销售额的一定比例计算；三是小规模纳税企业的销售额不包括其应纳税额。采用销售额和应纳税额合并定价方法的，按照公式"销售额＝含税销售额÷（1+征收率）"还原为不含税销售额计算。

从会计核算角度看，首先，小规模纳税企业购入货物无论是否具有增值税专用发票，其支付的增值税税额均不计入进项税税额，不得由销项税税额抵扣，应计入购入货物的成本。相应地，其他企业从小规模纳税企业购入货物或接受劳务支付的增值税税额，如果不能取得增值税专用发票，也不能作为进项税税额抵扣，而应计入购入货物或应税劳务的成本。其次，小规模纳税企业的销售收入按不含税价格计算。另外，小规模纳税企业"应交税费——应交增值税"科目，应采用三栏式账户。

### 5. 视同销售的会计处理

按照增值税暂行条例实施细则的规定，对于企业将自产、委托加工或购买的货物分配给股东或投资者；将自产、委托加工的货物用于集体福利或个人消费等行为，视同销售货物，须计算交纳增值税。对于税法上某些视同销售的行为，如以自产产品对外投资，从会计角度看属于非货币性资产交换。因此，会计核算遵照非货币性资产交换准则进行会计处理。但是，无论会计上如何处理，只要税法规定需要交纳增值税的，应当计算交纳增值税销项税税额，并记入"应交税费——应交增值税"科目中的"销项税税额"专栏。

### 6. 不予抵扣项目的会计处理

按照增值税暂行条例及其实施细则的规定，企业购进用于集体福利或个人消费的货物、用于非应税项目的购进货物或者应税劳务等按规定不予抵扣增值税进项税税额。属于购入货物时即能认定其进项税税额不能抵扣的，如购进用于集体福利或个人消费的货物、购入的货物直接用于免税项目、直接用于非应税项目，或者直接用于集体福利和个人消费的，进行会计处理时，其增值税专用发票上注明的增值税税额，计入购入货物及接受劳务的成本。属于购入货物时不能直接认定其进项税税额能否抵扣的，增值税专用发票上注明的增值税税额，按照增值税会计处理方法记入"应交税费——应交增值税（进项税税额）"科目；如果这部分购入货物以后用于按规定不得抵扣进项税税额项目的，应将原已计入进项税税额并已支付的增值税转入有关的承担者予以承担，通过"应交税费——应交增值税（进项税税额转出）"科目转入有关的"在建工程""应付职工薪酬——职工福利""待处理财产损溢"等科目。

### 7. 转出多交增值税和未交增值税的会计处理

为了分别反映增值税一般纳税人欠交增值税款和待抵扣增值税的情况，确保企业及时足额上交增值税，避免出现企业用以前月份欠交增值税抵扣以后月份未抵扣的增值税的情况，企业应在"应交税费"科目下设置"未交增值税"明细科目，核算企业月份终了从"应交税费——应交增值税"科目转入的当月未交或多交的增值税；同时，在"应交税费——应交增值税"科目下设置"转出未交增值税"和"转出多交增值税"专栏。月份终了，企业计算出当月应交未交的增值税，借记"应交税费——应交增值税（转出未交增值税）"科目，贷记"应交税费——未交增值税"科目；当月多交的增值税，借记"应交税费——未交增值税"科目，贷记"应交税费——应交增值税（转出多交增值税）"科目，经过结转后，月份终了，"应交税费——应交增值税"科目的余额，反映企业尚未抵扣的增值税。

值得注意的是，企业当月交纳当月的增值税，仍然通过"应交税费——应交增值税（已交税金）"科目核算；当月交纳以前各期未交的增值税，通过"应交税费——未交增值税"科目，不通过"应交税费——应交增值税（已交税金）"科目核算。

## （二）消费税

为了正确引导消费方向，国家在普遍征收增值税的基础上，选择部分消费品，再征收一道消费税。消费税的征收方法采取从价定率和从量定额两种方法。实行从价定率办法计征的应纳税额的税基为销售额，如果企业应税消费品的销售额中未扣除增值税税款，或者因不能开具增值税专用发票而发生价款和增值税税款合并收取的，在计算消费税时，按公式"应税消费品的销售额＝含增值税的销售额÷（1+增值税税率或征收率）"换算为不含增值税税款的销售额。实行从量定额办法计征的应纳税额的销售数量是指应税消费品的数量；属于销售应税消费品的，为应税消费品的销售数量；属于自产自用应税消费品的，为应税消费品的移送使用数量；属于委托加工应税消费品的，为纳税人收回的应税消费品数量；进口的应税消费品，为海关核定的应税消费品进口征税数量。

### 1. 消费税的科目设置

企业按规定应交的消费税，在"应交税费"科目下设置"应交消费税"明细科目核算。"应交消费税"明细科目的借方发生额反映实际交纳的消费税和待扣的消费税；贷方发生额反映按规定应交纳的消费税；期末贷方余额反映尚未交纳的消费税；期末借方余额反映多交或待扣的消费税。

### 2. 产品销售的会计处理

企业销售产品时应交纳的消费税，应分情况进行处理：

企业将生产的产品直接对外销售的，对外销售产品应交纳的消费税，通过"营业税金及附加"科目核算；企业按规定计算出应交的消费税，借记"营业税金及附加"科目，贷记"应交税费——应交消费税"科目。

企业用应税消费品用于在建工程、非生产机构等其他方面，按规定应交纳的消费税，应计入有关的成本。例如，企业以应税消费品用于在建工程项目，应交的消费税计入建工程成本。

### 3. 委托加工应税消费品的会计处理

按照税法规定，企业委托加工的应税消费品，由受托方在向委托方交货时代扣代缴税款（除受托加工或翻新改制金银首饰按规定由受托方交纳消费税外）。委托加工的应税消费品，委托方用于连续生产应税消费品的，所纳税款准予按规定抵扣。这里的委托加工应税消费品，是指由委托方提供原料和主要材料，受托方只收取加工费和代垫部分辅助材料加工的应税消费品，对于由受托方提供原材料生产的应税消费品，或者受托方先将原材料卖给委托方，然后再接受加工的应税消费品，以及由受托方以委托方名义购进原材料生产的应税消费品，都不作为委托加工应税消费品，而应当按照销售自制应税消费品交纳消费税。委托加工的应税消费品直接出售的，不再征收消费税。

在会计处理时，需要交纳消费税的委托加工应税消费品，于委托方提货时，由受托方代收代缴税款。受托方按应扣税款金额，借记"应收账款""银行存款"等科目，贷记"应交税费——应交消费税"科目。委托加工应税消费品收回后：直接用于销售的，委托方应将代收代缴的消费税计入委托加工的应税消费品成本，借记"委托加工物资""生产成本"等科目，贷记"应付账款""银行存款"等科目，待委托加工应税消费品销售时，不需要再交纳消费税；委托加工的应税消费品收回后用于连续生产应税消费品，按规定准予抵扣的，委托方应按代收代缴的消费税款，借记"应交税费——应交消费税"科目，贷记"应付账款""银行存款"等科目，待用委托加工的应税消费品生产出应纳消费税的产品销售时，再交纳消费税。

### 4. 进出口产品的会计处理

需要交纳消费税的进口消费品，其交纳的消费税应计入该进口消费品的成本，借记"固定资产""材料采购"等科目，贷记"银行存款"等科目。

免征消费税的出口应税消费品分别不同情况进行账务处理：属于生产企业直接出口应税消费品或通过外贸企业出口应税消费品，按规定直接予以免税的，可以不计算应交消费税；属于委托外贸企业代理出口应税消费品的生产企业，应在计算消费税时，按应交消费税税额，借记"应收账款"科目，贷记"应交税费——应交消费税"科目。应税消费品出口收到外贸企业退回的税金时，借记"银行存款"科目，贷记"应收账款"科目。发生退款、退货而补交已退的消费税，做相反的会计分录。

### （三）其他应交税费

1. 资源税

资源税是国家对在我国境内开采矿产品或者生产盐的单位和个人征收的种税。资源税按照应税产品的课税数量和规定的单位税额计算，公式为"应纳税额＝课税数量 × 单位税额"。这里的课税数量为：开采或者生产应税产品销售的，以销售数量为课税数量；开采或者生产应税产品自用的，以自用数量为课税数量。

（1）科目设置。企业按规定应交的资源税，在"应交税费"科目下设置"应交资源税"明细科目核算。"应交资源税"明细科目的借方发生额，反映企业已交的或按规定允许抵扣的资源税；贷方发生额，反映应交的资源税；期末借方余额，反映多交或尚未抵扣的资源税；期末贷方余额，反映尚未交纳的资源税。

（2）销售产品或自产自用产品相关的资源税的会计处理：在会计核算时，企业按规定计算出销售应税产品应交纳的资源税，借记"营业税金及附加"科目，贷记"应交税费——应交资源税"科目；企业计算出自产自用的应税产品应交纳的资源税，借记"生产成本""制造费用"等科目，贷记"应交税费——应交资源税"科目。

（3）收购未税矿产品相关资源税的会计处理：按照资源税暂行条例的规定收购未税矿产品的单位为资源税的扣缴义务人。企业应按收购未税矿产品实际支付的收购款以及代扣代缴的资源税，作为收购矿产品的成本，将代扣代缴的资源税，记入"应交税费——应交资源税"科目。

（4）外购液体盐加工固体盐相关资源税的会计处理：按规定企业外购液体盐加工固体盐的，所购入液体盐交纳的资源税可以抵扣。在会计核算时，购入液体盐时，按所允许抵扣的资源税，借记"应交税费——应交资源税"科目，按外购价款扣除允许抵扣资源税后的数额，借记"材料采购"等科目，按应支付的全部价款，贷记"银行存款""应付账款"等科目；企业加工成固体盐后，在销售时，按计算出的销售固体盐应交的资源税，借记"营业税金及附加"科目，贷记"应交税费——应交资源税"科目；将销售固体盐应纳资源税抵扣液体盐已纳资源税后的差额上交时，借记"应交税费——应交资源税"科目，贷记"银行存款"科目。

2. 土地增值税

国家从 1994 年起开征了土地增值税，转让国有土地使用权、地上建筑物及其附着物并取得收入的单位和个人，均应交纳土地增值税。土地增值税按照转让房地产所取得的增值额和规定的税率计算征收。这里的增值额是指转让房地产所取得的收入减去规定扣除项目金额后的余额。企业转让房地产所取得的收入包括货币收入、实物收入和其他收入。计算土地增值额的主要扣除项目有：①取得土地使用权所支付的金额；②开发土地的成本、费用；③新建房屋及配套设施的成本、费用，或者旧房及建筑物的评估价格；④与转让房地产有关的税金。

在会计处理时，企业交纳的土地增值税通过"应交税费——应交土地增值税"科目核算。兼营房地产业务的企业，应由当期收入负担的土地增值税，借记"营业税金及附加"科目，贷记"应交税费——应交土地增值税"科目。转让的国有土地使用权与其地上建筑物及其附着物一并在"固定资产"或"在建工程"科目核算的，转让时应交纳的土地增值税，借记"固定资产清理""在建工程"科目，贷记"应交税费——应交土地增值税"科目。企业在项目全部竣工结算前转让房地产取得的收入，按税法规定预交的土地增值税，借记"应交税费——应交土地增值税"科目，贷记"银行存款"等科目，待该项房地产销售收入实现时，再按上述销售业务的会计处理方法进行处理。该项目全部竣工、办理结算后进行清算，收到退回多交的土地增值税，借记"银行存款"等科目，贷记"应交税费——应交土地增值税"科目，补交的土地增值税做相反的会计分录。

3. 房产税、土地使用税、车船税和印花税

房产税是国家对在城市、县城、建制镇和工矿区征收的由产权所有人交纳的一种税。房产税依照房产原值一次减去 10% ～ 30% 后的余额计算交纳。没有房产原值作为依据的，由房产所在地税务机关参考同类房产核定；房产出租的，以房产租金收入为房产税的计税依据。土地使用税是国家为了合理利用城镇土地+调节土地级差收入，提高土地使用效益，加强土地管理而开征的一种税，以纳税人实际占用的土地面积为计税依据，依照规定税额计算征收。车船税由拥有并且使用车船的单位和个人交纳。车船税按照适用税额计算交纳、企业按规定计算应交的房产税。交纳土地使用税、车船税时，借记"管理费用"科目，贷记"应交税费——应交房产税（或土地使用税、车船税）"科目；上交时，借记"应交税费——应交房产税（或土地使用税、车船税）"科目，贷记"银行存款"科目。

印花税是对书立、领受购销合同等凭证行为征收的税款，实行由纳税人根据规定自行计算应纳税额，购买并一次贴足印花税票的交纳方法。应纳税凭证包括：购销、加工承揽、建设工程承包、财产租赁、货物运输、仓储保管、借款、财产保险、技术合同或者具有合同性质的凭证，产权转移书据，营业账簿，权利、许可证照等。纳税人根据应纳税凭证的性质，分别按比例税率或者按件定额计算应纳税额。

由于企业交纳的印花税，是由纳税人根据规定自行计算应纳税额以购买并一次贴足印花税票的方法交纳的税款。即一般情况下，企业需要预先购买印花税票，待发生应税行为时，再根据凭证的性质和规定的比例税率或者按件计算应纳税额，将已购买的印花税票粘贴在应纳税凭证上，并在每枚税票的骑缝处盖戳注销或者划销，办理完税手续。企业交纳的印花税，不会发生应付未付税款的情况，不需要预计应纳税金额，同时也不存在与税务机关结算或清算的问题。因此，企业交纳的印花税不需要通过"应交税费"科目核算，购买印花税票时，直接借记"管理费用"科目，贷记"银行存款"科目。

### 4. 城市维护建设税

为了加强城市的维护建设，扩大和稳定城市维护建设资金的来源，国家开征了城市维护建设税。在会计核算时，企业按规定计算出的城市维护建设税，借记"营业税金及附加"等科目，贷记"应交税费——应缴城市维护建设税"科目；实际上交时，借记"应交税费——应缴城市维护建设税"科目，贷记"银行存款"科目。

### 5. 所得税

企业的生产、经营所得和其他所得，依照有关所得税暂行条例及其细则的规定需要缴纳所得税。企业应交纳的所得税，在"应交税费"科目下设置"应交所得税"明细科目核算；当期应计入损益的所得税，作为一项费用，在净收益前扣除。企业按照一定方法计算，计入损益的所得税，借记"所得税费用"等科目，贷记"应交税费——应交所得税"科目。

### 6. 耕地占用税

耕地占用税是国家为了利用土地资源，加强土地管理，保护家用耕地而征收的一种税。耕地占用税以实际占用的耕地面积计税，按照规定税额一次征收。企业交纳的耕地占用税，不需要通过"应交税费"科目核算。企业按规定计算交纳耕地占用税时，借记"在建工程"科目，贷记"银行存款"科目。

# 第三节　非流动负债的核算

## 一、长期借款的核算

长期借款，是指企业从银行或其他金融机构借入的期限在 1 年以上（不含 1 年）的借款[①]。

企业借入各种长期借款时，按实际收到的款项，借记"银行存款"科目，贷记"长期借款——本金"；按借贷双方之间的差额，借记"长期借款——利息调整"。

在资产负债表日，企业应按长期借款的摊余成本和实际利率计算确定的长期借款的利息费用，借记"在建工程""财务费用""制造费用"等科目；按借款本金和合同利率计算确定的应付未付利息，贷记"应付利息"科目；按其差额，贷记"长期借款——利息调整"科目。

企业归还长期借款，按归还的长期借款本金，借记"长期借款——本金"科目；按转销的利息调整金额，贷记"长期借款——利息调整"科目，按实际归还的款项，贷记"银

---

① 谭湘：《财务会计》，中山大学出版2017年版，第175页。

行存款"科目；按借贷双方之间的差额，借记"在建工程""财务费用""制造费用"等科目。

## 二、应付债券的核算

### （一）一般公司债券

#### 1. 公司债券的发行

企业发行的超过 1 年期的债券，构成了企业的长期负债。公司债券的发行方式有三种，即面值发行、溢价发行和折价发行。假设其他条件不变，债券的票面利率高于同期银行存款利率时，可按超过债券票面价值的价格发行，称为溢价发行。溢价是企业以后各期多付利息而事先得到的补偿；如果债券的票面利率低于同期银行存款利率，可按低于债券面值的价格发行，称为折价发行。折价是企业以后各期少付利息而预先给投资者的补偿。如果债券的票面利率与同期银行存款利率相同，可按票面价格发行，称为面值发行。溢价或折价是发行债券企业在债券存续期内对利息费用的一种调整。

无论是按面值发行，还是溢价发行或折价发行，均按债券面值记入"应付债券"科目的"面值"明细科目，实际收到的款项与面值的差额，记入"利息调整"明细科目。企业发行债券时，按实际收到的款项，借记"银行存款""库存现金"等科目，按债券票面价值，贷记"应付债券——面值"科目，按实际收到的款项与票面价值之间的差额，贷记或借记"应付债券——利息调整"科目。

#### 2. 利息调整的摊销

利息调整应在债券存续期间内采用实际利率法进行摊销。实际利率法是指按照应付债券的实际利率计算其摊余成本及各期利息费用的方法；实际利率是指将应付债券在债券存续期间的未来现金流量，折现为该债券当前账面价值所使用的利率。

资产负债表日，对于分期付息、一次还本的债券，企业应按应付债券的摊余成本和实际利率计算确定的债券利息费用，借记"在建工程""制造费用""财务费用"等科目；按票面利率计算确定的应付未付利息，贷记"应付利息"科目，按其差额，借记或贷记"应付债券——利息调整"科目。

对于一次还本付息的债券，应于资产负债表日按摊余成本和实际利率计算确定的债券利息费用，借记"在建工程""制造费用""财务费用"等科目，按票面利率计算确定的应付未付利息，贷记"应付债券——应计利息"科目，按其差额，借记或贷记"应付债券——利息调整"科目。

#### 3. 债券的偿还

企业发行的债券通常分为到期一次还本付息或一次还本、分期付息两种。采用一次还本付息方式的，企业应予债券到期支付债券本息时，借记"应付债券——面值、应计利息"科目，贷记"银行存款"科目。采用一次还本、分期付息方式的，在每期支付利息时，借记"应付利息"科目，贷记"银行存款"科目；债券到期偿还本金并支付最后一期利息时，借记"应付债券——面值""在建工程""财务费用""制造费用"等科目，贷记"银行存款"科目，按借贷双方之间的差额，借记或贷记"应付债券——利息调整"。

### （二）可转换公司债券

我国发行可转换公司债券采取记名式无纸化发行方式。企业发行的可转换公司债券在"应付债券"科目下设置"可转换公司债券"明细科目核算。

企业发行的可转换公司债券，应当在初始确认时将其包含的负债成分和权益成分进行分拆，将负债成分确认为应付债券，将权益成分确认为资本公积。在进行分拆时，应当先对负债成分的未来现金流量进行折现确定负债成分的初始确认金额，再按发行价格总额扣除负债成分初始确认金额后的金额确定权益成分的初始确认金额。发行可转换公司债券发生的交易费用，应当在负债成分和权益成分之间按照各自的相对公允价值进行分摊。企业应按实际收到的款项，借记"银行存款"等科目；按可转换公司债券包含的负债成分面值，贷记"应付债券——可转换公司债券（面值）"科目；按权益成分的公允价值，贷记"资本公积——其他资本公积"科目；按借贷双方之间的差额，借记或贷记"应付债券——可转换公司债券（利息调整）"科目。

企业发行附有赎回选择权的可转换公司债券，其在赎回日可能支付的利息补偿金，即债券约定赎回期届满日应当支付的利息减去应付债券票面利息的差额，应当在债券发行日至债券约定赎回届满日期间计提应付利息，计提的应付利息，分别计入相关资产成本或财务费用。

### 三、长期应付款的核算

长期应付款，是指企业除长期借款和应付债券以外的其他各种长期应付款项，包括应付融资租入固定资产的租赁费、以分期付款方式购入固定资产发生的应付款项等。

### （一）应付融资租入固定资产的租赁费

企业采用融资租赁方式租入的固定资产，应在租赁期开始日，将租赁开始日租赁资产公允价值与最低租赁付款额现值两者中较低者，加上初始直接费用，一起作为租入资产的入账价值，借记"固定资产"等科目，按最低租赁付款额，贷记"长期应付款"科目，按发生的初始直接费用，贷记"银行存款"等科目，按其差额，借记"未确认融资费用"科目。

企业在计算最低租赁付款额的现值时，能够取得出租人租赁内含利率的，应当采用租赁内含利率作为折现率；否则，应当采用租赁合同规定的利率作为折现率。企业无法取得出租人的租赁内含利率且租赁合同没有规定利率的，应当采用同期银行贷款利率作为折现率。租赁内含利率，是指在租赁开始日，使最低租赁收款额的现值与未担保余值的现值之和等于租赁资产公允价值与出租人的初始直接费用之和的折现率。

未确认融资费用应当在租赁期内各个期间进行分摊。企业应当采用实际利率法计算确认当期的融资费用。

### （二）具有融资性质的延期付款购买资产

企业购买资产有可能延期支付有关价款。如果延期支付的购买价款超过正常信用条件，实质上具有融资性质的，所购资产的成本应当以延期支付购买价款的现值为基础确定。实际支付的价款与购买价款的现值之间的差额，应当在信用期间内采用实际利率法进行摊销，计入相关资产成本或当期损益。具体来说，企业购入资产超过正常信用条件延期付款实质上具有融资性质时，应按购买价款的现值，借记"固定资产""在建工程"等科目；按应支付的价款总额，贷记"长期应付款"科目，按其差额，借记"未确认融资费用"科目。

# 第四节　所有者权益核算

## 一、所有者权益概述

我国《企业会计准则——基本准则》第五章第二十六条规定："所有者权益是指企业资产扣除负债后由所有者享有的剩余权益。"它是企业资产中扣除债权人权益后应由所有者享有的部分，既可反映所有者投入资本的保值增值情况，又体现了保护债权人权益的理念。这可以通过对基本会计方程式"资产＝负债＋所有者权益"的转换推导而得出，即所有者权益＝资产－负债

### （一）负债和所有者权益的区别

企业资产的来源有两个方面：负债和所有者权益。负债和所有者权益统称为权益，其含义是对企业资产的要求权。但是，二者之间又存在着明显的区别。

第一，对象不同。负债是对债权人负担的经济责任，所有者权益是对投资者负担的经济责任。

第二，性质不同。负债是在经营或其他事件中发生的债务，是债权人要求企业清偿的权利；所有者权益是投资人享有的对投入资本及其运用所产生盈余（或亏损）的权利。

第三，享有权利不同。债权人享有到期收回本金及利息的权利，在企业清算时，有优先获取企业用于清偿债务的资产的要求权，但没有经营决策的参与权和收益分配权；所有者享有参与收益分配、参与经营管理等多项权利，但对企业资产的要求权在顺序上置于债

权人之后，即拥有的是对剩余资产的要求权。

第四，偿还期限不同。负债必须于一定时期偿还。为了保证债权人的利益不受侵害，法律规定债权人对企业资产的要求优先于投资者，因此债权又称为第一要求权。所有者权益在企业持续经营的情况下，一般不存在抽回的问题，即不存在约定的偿还日期，而是企业的一项可以长期使用的资金，只有在企业清算时才予以偿还。投资者拥有的对剩余财产的要求权，又称为剩余权益。

第五，风险和收益不同。债权人获取的利息一般是按一定利率计算、预先可以确定的固定数额，无论盈亏，企业都要按期付息，风险较小，相应地债权人所获得的收益也较小。所有者能够获得多少收益，须视企业的盈利水平及经营政策而定，风险较大，相应的收益也较高，当然，也有可能要承担更大的损失。

### （二）所有者权益的构成

所有者权益的来源包括所有者投入的资本、直接计入所有者权益的利得和损失、留存收益等。直接计入所有者权益的利得和损失，是指不应计入当期损益、会导致所有者权益发生增减变动的、与所有者投入资本或者向所有者分配利润无关的利得或者损失。所有者权益通常由实收资本（股本）、资本公积、盈余公积和未分配利润构成。

（1）投入资本。投入资本是指所有者在企业注册资本的范围内实际投入的资本。所谓注册资本，是指企业在设立时向工商行政管理部门登记的资本总额，也就是全部出资者设定的出资额之和。企业对资本的筹集，应该按照法律、法规、合同和章程的规定及时进行。如果是一次筹集的，投入资本应等于注册资本；如果是分期筹集的，在所有者最后一次缴入资本以后，投入资本应等于注册资本。注册资本是企业的法定资本，是企业承担民事责任的财力保证。在不同类型的企业中，投入资本的表现形式有所不同。在股份有限公司，投入资本表现为实际发行股票的面值，也称为股本；在其他企业，投入资本表现为所有者在注册资本范围内的实际出资额，也称为实收资本。

（2）资本公积。资本公积是指投资者或他人投入企业、所有权归属于全体投资者，并且金额上超过注册资本部分的资本以及直接计入所有者权益的利得和损失。在我国，资本公积的主要用途是用来转赠资本，不能用于弥补以前年度的亏损。

（3）盈余公积。盈余公积是从净利润中提取的，具有特定用途的资金，包括法定盈余公积、任意盈余公积。根据我国《公司法》的规定，公司应当按照税后净利润提取10%的法定公积金。公司法定公积金累计额为公司注册资本的50%以上的，可以不再提取。公司从税后净利润中提取法定公积金后，经董事会或者股东大会决议，还可以从税后净利润中提取任意公积金。

（4）未分配利润。未分配利润是企业历年净利润分配后的剩余部分。该部分可以留待以后年度进行分配或转赠资本。当年未分配利润的数额等于企业当年实现的税后利润加上年初未分配利润，减去当年提取的盈余公积及当年分配利润后的余额。

## 二、投入资本

### （一）投入资本的界定

我国有关法律规定，投资者设立企业首先必须投入资本。《企业法人登记管理条例》明确规定，企业申请开业，必须具备符合国家规定并与其生产经营和服务规模相适应的资金数额。我国《公司法》也将"股东出资达到法定资本最低限额"作为有限责任公司设立的必备条件；将"发起人认购和募集的股本达到法定资本最低限额"作为股份有限公司设立的必备条件。关于最低限额的具体规定，一是有限责任公司的注册资本为在公司登记机关登记的全体股东认缴的出资额。公司全体股东的首次出资额不得低于注册资本的20%，也不得低于法定的注册资本最低限额，其余部分由股东自公司成立之日起两年内缴足，投资公司可以在五年内缴足，有限责任公司注册资本的最低限额为人民币3万元。法律、行政法规对有限责任公司注册资本的最低限额有较高要求的，从其规定。二是股份有限公司注册资本的最低限额为人民币500万元。法律、行政法规对股份有限公司注册资本的最低限额有较高规定的，从其规定。对于一些特殊行业，如金融业，在有关的法律中，对其注册资本还有更为严格的限定。

投入资本就是投资人投入企业的"本钱"，它是企业开展生产经营活动的必要物质基础。投入资本具体表现为投资者实际投入企业经营活动的各种财产物资。投资人可以用货币资金、存货、固定资产、知识产权和土地使用权等各种形式的资产对企业投资。

我国目前实行的是注册资本制度，要求企业的实收资本与其注册资本相一致有限责任公司的注册资本是在公司登记的全体股东认缴的出资额。我国《公司法》规定："全体股东的货币出资金额不得低于有限责任公司注册资本的30%。"所有者向企业投入的资本，在一般情况下不需要偿还，可供企业长期周转使用。

### （二）投入资本的类型

投入资本按照所有者的性质不同，可以分为国家投入资本、法人投入资本、个人投入资本和外商投入资本。

（1）国家投入资本。国家投入资本是指有权代表国家投资的政府部门或者机构以国有资产投入企业所形成的资本。

（2）法人找人资本。法人投入资本是指我国具有法人资格的单位以其依法可以支配的资产投入企业所形成的资本。

（3）个人投入资本。个人投入资本是指我国公民以其合法财产投入企业所形成的资本。个人对股份制企业进行投资时，通常以购买股票的方式进行。

（4）外商投入资本。外商投入资本是指外国投资者以及我国香港、澳门和台湾地区的投资者将资产投入企业所形成的资本。

## （三）投入资本的计量

根据我国法律规定，投资人可以用货币方式投资，也可以用固定资产和各种存货投资，符合国家规定比例的，还可以以无形资产进行投资，并且按规定正确计价。

（1）以货币投资的计量。投资者以货币方式投资，包括以人民币投资和以外币投资。我国企业投资者一般以人民币投资，企业应于实际收到和存入银行的时间和金额入账。

（2）以实物资产投资的计量。投资者如果以房屋、建筑物、机器设备等固定资产和原材料等实物资产投资，应当按照投资合同或协议约定价值确定这些实物资产的入账价值，但合同或协议约定价值不公允的除外。

（3）以无形资产投资的计量。投资者以专利权、专有技术、商标权、土地使用权等无形资产投资，应当按照投资合同或协议约定的价值确定，在投资合同或协议约定价值不公允的情况下，应按无形资产的公允价值入账。无形资产计价确认的总值不应超过投资总额的规定比例。

## （四）投入资本的核算

### 1. 一般企业投入资本的核算

（1）设置的账户。一般企业为了核算企业实际收到的投入资本，应设置"实收资本"账户。该账户属于所有者权益类账户，贷方登记企业所有者投入企业各种资产的价值，借方登记按法定程序减少注册资本的数额；期末贷方余额表示企业实有的资本数额。该账户按投资者设立明细账，进行明细分类核算。

（2）主要账务处理。一般企业增加资本的途径主要有三条：一是所有者投入资本（包括原企业所有者和新投资者投入）。账务处理为，借记"银行存款""原材料""固定资产""无形资产"等账户，贷记"实收资本"账户。二是将资本公积转为实收资本。账务处理为借记"资本公积"账户，贷记"实收资本"账户。三是将盈余公积转为实收资本。账务处理为，借记"盈余公积"账户，贷记"实收资本"账户。

### 2. 股份有限公司投入资本的核算

股份有限公司，其全部资本分为等额股份，股东以其所持股份为限对公司承担有限责任，公司以其全部资产对公司的债务承担责任。

（1）设置的账户。股份有限公司为了核算企业实际收到的投入资本，应设置"股本"

账户，该账户属于所有者权益类账户，贷方登记在核定的股份总额范围内实际发行的股票票面总额，借方登记按照法定程序经批准减少的股本总额，期末贷方余额反映企业期末实有股本的数额。公司应设置股本备查簿详细记录核定的股本总额、股份总数、每股面值以及已认购股本的情况，并按股票种类及股东姓名设置明细账。

（2）主要账务处理。股份有限公司发行股票，在收到现金等资产时，按实际收到的金额，借记"库存现金银行存款"等账户，按股票面值和核定的股份总额的乘积计算的金额，贷记"股本"账户，按其差额，贷记"资本公积——股本溢价"账户。

## 三、实收资本

企业要进行经营、申请开业的必要条件之一，是必须具备符合国家规定并与其生产经营和服务规模相适应的资金数额。投入资本是企业经营的原动力[①]。

实收资本一般是指投资者作为资本投入企业中的各种资产的价值。我国实行注册资本制度。除国家另有规定外，企业的实收资本应当与其注册资本相一致。分期出资的情况下，在合同约定的出资期满时，实收资本也应等于注册资本。法律通过注册资本的概念来保障债权人的利益。实收资本的变动受到法规的约束。投资者投入资本未经办理一定的减资手续，不得以任何形式减少或抽回。

投资者投入资本一般表明投资者对企业应承担的经济责任和应享有的权利，也是维系债权人资金安全的一道屏障。为了切实保护债权人以及各方投资者的合法权益，企业应聘请注册会计师验证投资者投入资本及资本变更情况，并出具验资证明。验资证明、资产评估报告、投资合同或协议、企业收到投资者投入资本的有关凭证，如银行收款凭证及证明、实物资产转移清单、房屋产权及场地使用权等权利变更文件等等，是企业核算实收资本必需的原始凭证和法定依据。

企业应设置"实收资本"科目核算投资者投入的资本，并按投资者设置明细科目。股份制企业应设置"股本"科目核算股东投入的资本。

投资者可以根据投资合同或协议用现金、存货、固定资产、无形资产等多种形式出资。

企业接受货币资金投资，在实际收到或存入企业开户银行时，按实际收到的金额，借记"银行存款"等科目，贷记"实收资本"科目。

企业接受实物资产及无形资产投资，在办理实物移交手续或权利变更手续后，按投资各方确认价值，借记有关资产科目，贷记"实收资本"科目。

### （一）国有独资公司的投入资本

我国《公司法》将股东人数必需在两人以上作为公司成立的必备条件，但同时规定国家授权投资的机构或者部门可以单独投资设立国有独资的有限责任公司。在《公司法》公

---

① 黄慧、杨扬：《财务会计》，上海社会科学院出版社2017年版，第368页。

布前已设立的国有企业，符合《公司法》规定设立有限责任公司条件的，可以依照《公司法》改建为国有独资的有限责任公司。

在会计核算上，单独把国有独资公司作为一种类型，是因为这类企业组建时，所有者投入的资本，全部作为实收资本入账，而其他类型的企业，所有者投入的资本不一定全部作为实收资本。国有独资公司不发行股票，不会产生股票溢价发行收入；也不会在追加投资时，为维持一定的投资比例而产生资本公积。

## （二）有限责任公司实收资本的核算

有限责任公司，又称有限公司。有限责任公司指根据《中华人民共和国公司登记管理条例》规定登记注册，由 50 个以下的股东出资设立，每个股东以其所认缴的出资额对公司承担有限责任，公司以其全部资产对其债务承担责任的经济组织。有限责任公司包括国有独资公司以及其他有限责任公司，国有独资公司的处理上已述及。

按照《中华人民共和国公司法》的规定：有限责任公司的股东可以用货币出资，也可以用实物、知识产权、土地使用权等可以用货币估价并可以依法转让的非货币财产作价出资，但是法律、行政法规规定不得作为出资的财产除外。对作为出资的非货币财产应当评估作价，核实财产，不得高估或者低估作价。法律、行政法规对评估作价有规定的，从其规定。全体股东的货币出资金额不得低于有限责任公司注册资本的 30%。

有限责任公司初建时，各投资者按照合同、协议或公司章程投入企业的资金应全部记入"实收资本"科目，注册资本为在公司登记机关登记的全体股东认缴的出资额。在企业增资时，如有新投资者介入，新介入的投资者交纳的出资额大于其按约定比例计算的其在注册资本中所占的份额部分，不记入"实收资本"科目，而作为资本公积，记入"资本公积"科目。

## （三）股份有限责任公司及其股本核算

股份有限公司是指全部资本由等额股份构成并通过发行股票筹集资本，股东以其所持股份对公司承担有限责任，公司以其全部资产对公司债务承担有限责任的企业法人。

### 1. 股份有限公司的基本特征

（1）公司是独立的法律主体。公司一经政府批准成立，就成为法律上确认的法人，具有同自然人同样的享有权利和承担义务的能力。公司由股东大会选出的董事会代表，由董事会聘任的总经理等高级职员负责经营。这种所有权与经营权的分离，正是现代大公司所以具有生命力的重要原因。

（2）股东对公司的债务只负有限的清偿责任。股东的责任以所认购的股份为限，也就是说，最多只会损失其原来的投资，而不承担个人责任。即一旦公司无力偿还债务或宣告破产，债权人对公司债务的清偿权只限于公司本身所拥有的财产，而不涉及股东个人的财产。这是公司所以能在资本市场上吸引分散的小投资者的主要特征。另一方面，也是政府要对公司进行比较严格管制的原因。

（3）股份可以自由转让。这是公司所以能在资本市场上吸引分散的小投资者的另一个主要特征。股东所拥有的股票份额，代表其对公司的所有权。根据需要，他们可以部分或全部出售或转让给其他投资者而使得其所有权转让。由于股份的转让对公司的产权无任何影响，所以在公司会计上无须做任何处理。

（4）易于筹集大量资本。由于公司具有有限责任，股份易于转让等特点，使得大量资本的筹集相对独资、合伙企业来说比较容易。公司可以向全社会的所有投资者筹集资本，使零散的资金得以集中，可大大提高公司的经营能力。

（5）所有权和经营权分离。股东人数众多，不可能人人直接参加公司经营管理，股东本身也不一定有管理学识和才能或足够的时间精力，因此公司通常推举熟悉业务、有管理能力的人担任董事，组成董事会，董事会是决策机构。企业聘任的经理在董事会领导下负责日常的经营管理工作。

（6）管理专业化程度提高。和独资、合伙企业不同，公司的股东一般不直接参与经营，而是由股东选举的董事会管理公司日常事务，董事会可以聘请各方面的专业人才进行日常经营，实现对公司的集中领导和专业化管理。

（7）政府管理严格。由于公司股东对公司的债务只负有限责任，因此，为保护公司债权人及广大股东的利益，政府对公司的管理十分严格。通过制定各种法律对公司的行为进行限制。

2. 股份有限公司股本的核算

"股本"科目核算股东投入股份有限责任公司的股本，企业应将核定的股本总额、股份总数、每股面值在股本账户中做备查记录。为提供企业股份的构成情况，企业可在"股本"科目下按股东单位或姓名设置明细账。企业的股本应在核定的股本总额范围内发行股票取得。但值得注意的是，企业发行股票取得的收入与股本总额往往不一致，公司发行股票取得的收入大于股本总额的，称为溢价发行；小于股本总额的，称为折价发行；等于股本总额的，为面值发行。我国不允许企业折价发行股票。在采用溢价发行股票的情况下，企业应将相当于股票面值的部分记入"股本"科目，其余部分在扣除发行手续费、佣金等发行费用后记入"资本公积——股本溢价"科目。

## （四）实收资本增减变动的会计处理

《中华人民共和国公司登记管理条例》规定：公司增加注册资本的，有限责任公司股东认缴新增资本的出资和股份有限责任公司的股东认购新股，应当分别依照我国《公司法》设立有限责任公司交纳出资和设立股份有限责任公司交纳股款的有关规定执行。公司法定公积金转增为注册资本的，验资证明应当载明留存的该项公积金不少于转增前公司注册资本的25%。公司减少注册资本的，应当自公告之日起45日后申请变更登记，并应当提交公司在报纸上登载公司减少注册资本公告的有关证明和公司债务清偿或者债务担保情况的说明。公司减资后的注册资本不得低于法定的最低限额。公司变更实收资本的，应当提交依法设立的验资机构出具的验资证明，并应当按照公司章程载明的出资时间、出资方式交纳出资。公司应当自足额交纳出资或者股款之日起30日内申请变更登记。

1. 实收资本增加的会计处理

（1）企业增加资本的一般途径在此分段企业增加资本的途径一般有三条：

第一，所有者（包括原企业所有者和新投资者）投入。企业接受投资者投入的资本，借记"银行存款""固定资产""无形资产""长期股权投资"等科目，贷记"实收资本"或"股本"等科目。

第二，将资本公积转为实收资本或者股本。会计上应借记"资本公积——资本溢价"或"资本公积——股本溢价"科目，贷记"实收资本"或"股本"科目。

第三，将盈余公积转为实收资本。会计上应借记"盈余公积"科目，贷记"实收资本"或"股本"科目。

这里要注意的是，资本公积和盈余公积均属所有者权益，转为实收资本或者股本的，企业如为独资企业的，核算比较简单，直接结转即可；如为股份有限责任公司或有限责任公司的，应按原投资者所持股份同比例增加各股东的股权。

（2）股份有限责任公司发放股票股利

股份有限责任公司采用发放股票股利实现增资的，在发放股票股利时，按照股东原来持有的股数分配，如股东所持股份按比例分配的股利不足1股时，应采用适当的方法处理。例如，股东会决议按股票面额的10%发放股票股利时所定新股发行价格及面额与原股相同，对于所持股票不足10股的股东，将会发生不能领取1股的情况。在这种情况下，有两种方法可供选择：一是将不足1股的股票股利改为现金股利，用现金支付；二是由股东相互转让，凑为整股。股东大会批准的利润分配方案中分配的股票股利，应在办理增资手续后，借记"利润分配"科目，贷记"股本"科目。

（3）可转换公司债券持有人行使转换权利

可转换公司债券持有人行使转换权利，将其持有的债券转换为股票，按可转换公司债券的余额，借记"应付债券——可转换公司债券（面值、利息调整）"科目；按其权益成分的金额，借记"其他权益工具"科目；按股票面值和转换的股数计算的股票面值总额，贷记"股本"科目；按其差额，贷记"资本公积——股本溢价"科目。

（4）企业将重组债务转为资本

企业将重组债务转为资本的，应按重组债务的账面余额，借记"应付账款"等科目；

按债权人因放弃债权而享有本企业股份的面值总额，贷记"实收资本"或"股本"科目；按股份的公允价值总额与相应的实收资本或股本之间的差额，贷记或借记"资本公积——资本溢价"或"资本公积——股本溢价"科目；按其差额，贷记"营业外收入——债务重组利得"科目。

（5）以权益结算的股份支付的行权

以权益结算的股份支付换取职工或其他方提供服务的在行权日，应根据实际行权情况确定的金额，借记"资本公积——其他资本公积"科目；按应计入实收资本或股本的金额，贷记"实收资本"或"股本"科目。

2. 实收资本减少的会计处理

企业实收资本减少的原因大体有两种：一是资本过剩；二是企业发生亏损而需要减少实收资本。企业因资本过剩而减资，一般要发还股款。有限责任公司和一般企业发还投资的会计处理比较简单，按法定程序报经批准减少注册资本的，借记"实收资本"科目，贷记"库存现金""银行存款"等科目。

股份有限责任公司由于采用的是发行股票的方式筹集股本，发还股款时，则要回购发行的股票，发行股票的价格与股票面值可能不同，回购股票的价格也不同；由于发行价格不同，会计处理较为复杂。股份有限责任公司因减少注册资本而回购本公司股份的，应按实际支付的金额，借记"库存股"科目，贷记"银行存款"等科目。注销库存股时，应按股票面值和注销股数计算的股票面值总额，借记"股本"科目；按注销库存股的账面余额，贷记"库存股"科目；按其差额，冲减股票发行时原计入资本公积的溢价部分，借记"资本公积——股本溢价"科目。若回购价格超过回购股份所对应的股本，冲减"股本"及"资本公积——股本溢价"科目的部分，应依次借记"盈余公积""利润分配——未分配利润"等科目；若回购价格低于回购股份所对应的股本，所注销库存股的账面余额与所冲减股本的差额作为增加股本溢价处理，按回购股份所对应的股本面值，借记"股本"科目；按注销库存股的账面余额，贷记"库存股"科目；按其差额，贷记"资本公积——股本溢价"科目。

## 四、资本公积和其他综合收益

### （一）资本公积确认与计量

资本公积是企业收到投资者的超出其在企业注册资本（或股本）中所占份额的投资，以及直接计入所有者权益的利得和损失等。资本公积包括资本溢价（或股本溢价）和其他资本公积。

资本溢价（或股本溢价）是企业收到投资者的超出其在企业注册资本（或股本）中所

占份额的投资。形成资本溢价（或股本溢价）的原因有溢价发行股票、投资者超额缴入资本等。

资本公积一般应当设置"资本（或股本）溢价""其他资本公积"明细科目核算。

1. 资本溢价或股本溢价的会计处理

（1）资本溢价

投资者经营的企业（不含股份有限公司），投资者依其出资份额对企业经营决策享有表决权，依其所认缴的出资额对企业承担有限责任。明确记录投资者认缴的出资额，真实地反映各投资者对企业享有的权利与承担的义务，是会计处理应注意的问题。为此，会计应设置"实收资本"科目，核算企业投资者按照公司章程所规定的出资比例实际缴付的出资额。在企业创立时，出资者认缴的出资额全部计入"实收资本"科目。

在企业重组并有新的投资者加入时，为了维护原有投资者的权益，新加入的投资者的出资额，并不一定全部作为实收资本处理。这是因为，在企业正常经营过程中投入的资金虽然与企业创立时投入的资金在数量上一致，但其获利能力却不一致。企业创立时，要经过筹建、试生产经营、为产品寻找市场、开辟市场等等过程，从投入资金到取得投资回报，中间需要许多时间，并且这种投资具有风险性，在这个过程中资本利润率很低。而企业进行正常生产经营后，在正常情况下，资本利润率要高于企业初创阶段。而这高于初创阶段的资本利润率是初创时必要的垫支资本带来的，企业创办者为此付出了代价。因此，相同数量的投资，由于出资时间不同，其对企业的影响程度不同，由此而带给投资者的权利也不同，往往早期出资带给投资者的权利要大于后期出资带给投资者的权利。所以，新加入的投资者要付出大于原有投资者的出资额，才能取得与投资者相同的投资比例。另外，不仅原投资者原有投资从质量上发生了变化，就是从数量上也可能发生变化，这是因为企业经营过程中实现利润的一部分留在企业，形成留存收益，而留存收益也属于投资者权益，但其未转入实收资本。新加入的投资者与原投资者共享这部分留存收益，也要求其付出大于原有投资者的出资额，才能取得与原有投资者相同的投资比例。投资者投入的资本中按其投资比例计算的出资额部分，应记入"实收资本"科目，大于部分应"资本公积"科目。

（2）股本溢价

股份有限公司是以发行股票方式筹集股本的，股票是企业签发的证明股东按其所持股份享有权利和承担义务的书面证明。由于股东按其所持企业股份享有权利和承担义务，为了反映和便于计算各股东所持股份占企业全部股本的比例，企业的股本总额应按股票的面值与股份总数的乘积计算。国家规定，实收股本总额应与注册资本相等。因此，为提供企业股本总额及其构成和注册资本等信息，在采用与股票面值相同的价格发行股票的情况下，企业发行股票取得的收入，应全部记入"股本"科目；在采用溢价发行股票的情况下，企业发行股票取得的收入，相当于股票面值的部分记入"股本"科目，超出股票面值的溢价收入记入"资本公积"科目。委托证券商代理发行股票而支付的手续费、佣金等，应从溢价发行收入中扣除，企业应按扣除手续费、佣金后的数额记入"资本公积"科目。

2. 其他资本公积的会计处理

其他资本公积，是指除资本溢价（或股本溢价）项目以外所形成的资本公积。

（1）以权益结算的股份支付。以权益结算的股份支付换取职工或其他方提供服务的，应按照确定的金额，记入"管理费用"等科目，同时增加资本公积（其他资本公积）。在行权日，应按实际行权的权益工具数量计算确定的金额，借记"资本公积——其他资本公积"科目，按计入实收资本或股本的金额，贷记"实收资本"或"股本"科目，并将其差额记入"资本公积——资本溢价"或"资本公积——股本溢价"。

（2）采用权益法核算的长期股权投资。长期股权投资采用权益法核算的，被投资单位除净损益、其他综合收益和利润分配以外的所有者权益的其他变动，投资企业按持股比例计算应享有的份额，应当增加或减少长期股权投资的账面价值同时增加或减少资本公积（其他资本公积）。当处置采用权益法核算的长期股权投资时，应当将原记入资本公积（其他资本公积）的相关金额转入投资收益（除不能转入损益的项目外）。

3. 资本公积转增资本的会计处理

按照《公司法》的规定，法定公积金（资本公积和盈余公积）转为资本时所留存的该项公积金不得少于转增前公司注册资本的 25%。经股东大会或类似机构决议，用资本公积转增资本时，应冲减资本公积，同时按照转增前的实收资本（或股本）的结构或比例，将转增的金额记入"实收资本"（或"股本"）科目下各所有者的明细分类账。

## （二）其他综合收益的确认与计量及会计处理

其他综合收益，是指企业根据其他会计准则规定未在当期损益中确认的各项利得和损失。包括以后会计期间满足规定条件时将重分类进损益的其他综合收益两类。

以后会计期间不能重分类进损益的其他综合收益项目，主要包括重新计量设定受益计划净负债或净资产导致的变动，以及按照权益法核算因被投资单位重新计量设定受益计划净资产或净负债变动导致的权益变动，投资企业按持股比例计算确认的该部分其他综合收益项目。

以后会计期间满足规定条件时将重分类进损益的其他综合收益项目，主要包括：

第一，可供出售金融资产公允价值的变动。可供出售金融资产公允价值变动形成的利得，除减值损失和外币货币性金融资产形成的汇兑差额外，借记"可供出售金融资产——公允价值变动"科目，贷记"其他综合收益"科目，公允价值变动形成的损失，做相反的会计分录。

第二，可供出售外币非货币性项目的汇兑差额。对于以公允价值计量的可供出售非货币性项目，如果期末的公允价值以外币反映，则应当先将该外币按照公允价值确定当日的即期汇率折算为记账本位币金额，再与原记账本位币金额进行比较，其差额计入其他综合收益。具体地说，对于发生的汇兑损失，借记"其他综合收益"科目，贷记"可供出售资产"科目；对于发生的汇兑收益，借记"可供出售金融资产"科目，贷记"其他综合收益"科目。

第三，金融资产的重分类。将可供出售金融资产重分类为采用成本或摊余成本计量的金融资产，该金融资产的公允价值或账面价值作为成本或摊余成本，该金融资产没有固定到期日的，与该金融资产相关、原直接记入所有者权益的利得和损失，应当仍然记入"其他综合收益"科目，在该金融资产被处置时转出，记入当期损益。将持有至到期投资重分类为可供出售金融资产，并以公允价值进行后续计量，该投资的账面价值与其公允价值之间的差额记入"其他综合收益"科目，在该可供出售金融资产发生减值或终止确认时转出，计入当期损益。按照金融工具确认和计量的规定应当以公允价值计量，但以前公允价值不能可靠计量的可供出售金融资产，企业应当在其公允价值能够可靠计量时改按公允价值计量，将相关账面价值与公允价值之间的差额记入"其他综合收益"科目，在其发生减值或终止确认时将上述差额转出，计入当期损益。

第四，采用权益法核算的长期股权投资。采用权益法核算的长期股权投资，按照被投资单位实现其他综合收益以及持股比例计算应享有或分担的金额，调整长期股权投资的账面价值，同时增加或减少其他综合收益，其会计处理为：借记（或贷记）"长期股权投资——其他综合收益"科目，贷记（或借记）"其他综合收益"，待该项股权投资处置时，将原计入其他综合收益的金额转入当期损益。

第五，存货或自用房地产转换为投资性房地产。企业将作为存货的房地产转换为采用公允价值模式计量的投资性房地产时，应当按该项房地产在转换日的公允价值，借记"投资性房地产——成本"科目，原已计提跌价准备的，借记"存货跌价准备"科目，按其账面余额，贷记"开发产品"等科目。同时，转换日的公允价值小于账面价值的，按其差额，借记"公允价值变动损益"科目；转换日的公允价值大于账面价值的，按其差额，贷记"其他综合收益"科目。

企业将自用的建筑物等转换为采用公允价值模式计量的投资性房地产时，应当按该项房地产在转换日的公允价值，借记"投资性房地产——成本"科目，原已计提减值准备的，借记"固定资产减值准备"科目，按已计提的累计折旧等，借记"累计折旧"等科目，按其账面余额，贷记"固定资产"等科目。同时，转换日的公允价值小于账面价值，按其差额，借记"公允价值变动损益"科目；转换日的公允价值大于账面价值的，按其差额，贷记"其他综合收益"科目。

待该项投资性房地产处置时，因转换计入其他综合收益的部分应转入当期损益。

## 五、留存收益

留存收益是公司在经营过程中创造的，但由于公司经营发展的需要或由于法定的原因等，没有分配给所有者而留存在公司的盈利。

留存收益是指企业从历年实现的利润中提取或留存于企业的内部积累，它来源于企业的生产经营活动所实现的净利润，包括企业的盈余公积金和未分配利润两部分，其中盈余公积金是有特定用途的累积盈余，未分配利润是没有指定用途的累积盈余。

利润分配是指企业根据国家有关规定和投资者的决议，对企业当年可供分配的利润所进行的分配。可供分配的利润，按下列顺序分配：提取法定盈余公积，提取任意盈余公积。

可供分配的利润减去提取的法定盈余公积、任意盈余公积后，为可供投资者分配的利润。

## （一）盈余公积

盈余公积是指企业按照规定从净利润中提取的积累资金，包括法定盈余公积、任意盈余公积等。法定盈余公积按照净利润（减弥补以前年度亏损）的 10% 提取（非公司制企业也可按照超过 10% 的比例提取），法定公积金累计额已达注册资本的 50% 时可以不再提取。任意盈余公积主要是公司制企业按照股东会的决议提取，其他企业也可根据需要提取任意盈余公积。

盈余公积用于弥补公司的亏损、扩大公司生产经营或者转为增加公司资本。但是，资本公积金不得用于弥补公司的亏损。法定盈余公积金转为资本时，所留存的该项盈余公积金不得少于转增前公司注册资本的 25%。

企业提取盈余公积主要可以用于以下几个方面：

（1）弥补亏损。企业发生亏损时，应由企业自行弥补。弥补亏损的渠道主要有三条：一是用以后年度税前利润弥补。按照现行制度规定，企业发生亏损时，可以用以后 5 年内实现的税前利润弥补，即税前利润弥补亏损的期间为 5 年。二是用以后年度税后利润弥补。企业发生的亏损经过 5 年期间来弥补足额的，尚未弥补的亏损应用所得税后的利润弥补。三是以盈余公积弥补亏损。企业以提取的盈余公积弥补亏损时，应当由公司董事会提议，并经股东大会批准。

（2）转增资本。企业将盈余公积转增资本时，必须经股东大会决议批准。在实际将盈余公积转增资本时，要按股东原有持股比例结转。按照我国《公司法》的规定：法定公积金（资本公积和盈余公积）转为资本时，所留存的该项公积金不得少于转增前公司注册资本的 25%。

企业提取的盈余公积，无论是用于弥补亏损，还是用于转增资本，只不过是在企业所有者权益内部做结构上的调整。例如，企业以盈余公积弥补亏损时，实际是减少盈余公积留存的数额，以此抵补未弥补亏损的数额，并不引起企业所有者权益总额的变动；企业以盈余公积转增资本时，也只是减少盈余公积结存的数额，但同时增加企业实收资本或股本的数额，也并不引起所有者权益总额的变动。

（3）扩大企业生产经营。盈余公积的用途，并不是指其实际占用形态，提取盈余公积也并不是单独将这部分资金从企业资金周转过程中抽出。企业盈余公积的结存数，实际只表现为企业所有者权益的组成部分，表明企业生产经营资金的一个来源，而且其形成的资金可能表现为一定的货币资金，也可能表现为一定的实物资产，如存货和固定资产等，随同企业的其他来源所形成的资金进行循环周转，用于企业的生产经营。

### （二）未分配利润

未分配利润是企业未做分配的利润。它在以后年度可继续进行分配，在未进行分配之前，属于所有者权益的组成部分。从数量上来看，未分配利润是期初未分配利润加上本期实现的净利润，减去提取的各种盈余公积和分出的利润后的余额。

企业当年实现的利润总额在交完所得税后，其净利润可按以下顺序进行分配：

弥补以前年度亏损（用利润弥补亏损无须专门作会计分录）；提取法定盈余公积公益金（盈余公积用于弥补亏损或转增资本；公益金只能用于职工集体福利）；提取任意盈余公积；分配优先股股利；分配普通股股利。

最后剩下的就是年终未分配利润。

在进行未分配利润核算时，应注意以下几个问题：

第一，未分配利润核算是通过"利润分配——未分配利润"账户进行的。

第二，未分配利润核算一般是在年度终了时进行的。年终时，将本年实现的净利润结转到"利润分配——未分配利润"账户的贷方；同时将本年利润分配的数额结转到"利润分配——未分配利润"账户的借方。

第三，年末，"利润分配"科目所属的其他明细科目的余额，转入"未分配利润"明细科目。结转后，"未分配利润"明细科目的贷方余额，就是未分配利润的金额；如出现借方余额，则表示未弥补亏损的金额。"利润分配"科目所属的其他明细科目应无余额。

### （三）弥补亏损的会计处理

企业在生产经营过程中既有可能发生盈利，也有可能出现亏损。企业在当年发生亏损的情况下，与实现利润的情况相同，应当将本年发生的亏损自"本年利润"科目转入"利润分配——未分配利润"科目，借记"利润分配——未分配利润"科目，贷记"本年利润"科目，结转后"利润分配"科目的借方余额，即为未弥补亏损的数额，然后通过"利润分配"科目核算有关亏损的弥补情况。

由于未弥补亏损形成的时间长短不同等原因，以前年度未弥补亏损有的可以以当年实现的税前利润弥补，有的则须用税后利润弥补。以当年实现的利润弥补以前年度结转的未弥补亏损，不需要进行专门的账务处理。企业应将当年实现的利润自"本年利润"科目转入"利润分配——未分配利润"科目的贷方，其贷方发生额与"利润分配——未分配利润"

科目的借方余额自然抵补。无论是以税前利润还是以税后利润弥补亏损，其会计处理方法均相同。但是，两者在计算交纳所得税时的处理是不同的。在以税前利润弥补亏损的情况下，其弥补的数额可以抵减当期企业应纳税所得额，而以税后利润弥补的数额，则不能作为纳税所得扣除处理。

# 第五章 收入、费用与利润核算

## 第一节 收入的不同类型

### 一、销售商品收入

#### （一）销售商品收入的确认

以控制权转移替代风险报酬转移作为收入确认时点的判断标准：企业应当在履行了合同中的履约任务，即在客户取得相关商品控制权时确认收入。取得相关商品控制权，是指能够主导该商品的使用并从中获得几乎全部的经济利益[①]。

当企业与客户之间的合同同时满足下列条件时，企业应当在客户取得相关商品控制权时确认收入：

（1）合同各方已批准该合同并承诺将履行各自义务。

（2）该合同明确了合同各方与所转让商品或提供劳务（以下简称"转让商品"）相关的权利和义务。

（3）该合同有明确的与所转让商品相关的支付条款。

（4）该合同具有商业实质，即履行该合同将改变企业未来现金流量的风险、时间分布或金额。

（5）企业因向客户转让商品而有权取得的对价很可能收回。

在合同开始日即满足前数条件的合同，企业在后续期间无须对其进行重新评估，除非有迹象表明相关事实和情况发生重大变化，合同开始日通常是指合同生效日。

在合同开始日不符合《企业会计准则第14号——收入》第五条规定的合同，企业应当对其进行持续评估，并在其满足第五条规定时按照该条的规定进行会计处理。

对于不符合第五条规定的合同，企业只有在不再负有向客户转让商品的剩余义务，且已向客户收取的对价无须退还时，才能将已收取的对价确认为收入；否则，应当将已收取

---

① 吴育湘、杜敏：《财务会计》，江苏大学出版社2018年版，第238页。

的对价作为负债进行会计处理。没有商业实质的非货币性资产交换，不确认收入。

## （二）销售商品收入的计量

企业销售商品收入满足收入确认条件时，应当按照已收或应收合同或协议价款的公允价值确定销售商品收入的金额，已收或应收的合同或协议价款显失公允的除外。

购货方已收或应收的合同或协议价款，通常为公允价值。

应收的合同或协议价款与其公允价值相差较大的，应按照应收的合同或协议价款的公允价值确定销售商品收入金额，应收的合同或协议价款与其公允价值之间的差额，应当在合同或协议期间内采用实际利率法进行摊销，计入当期损益。

某些情况下，合同或协议明确规定销售商品需要延期收取款项，如分期收款销售商品，实质上具有融资性质的，应当按照应收的合同或协议价款的现值确定其公允价值。应收的合同或协议价款与其公允价值之间的差额，应当在合同或协议期间内，按照应收款项的摊余成本和实际利率计算确定的摊销金额，冲减财务费用。

销售商品涉及商业折扣的，应当按照扣除商业折扣后的金额来确认销售商品收入金额。

销售商品涉及现金折扣的，应当按照扣除现金折扣前的金额来确认销售商品收入金额。现金折扣在实际发生时计入当期损益。

企业已经确认销售商品收入的售出商品发生销售折让的，应当在发生时冲减当期销售商品收入。销售折让属于资产负债表日后事项的，适用资产负债表日后事项会计准则。

企业已经确认销售商品收入的售出商品发生销售退回的，应当在发生时，冲减当期的销售商品收入。销售退回属于资产负债表日后事项的，适用资产负债表日后事项会计准则。

总之，企业在确定销售商品收入时，不考虑各种预计可能发生的现金折扣、销售折让和销售退回。现金折扣在实际发生时计入发生当期财务费用，销售折让和销售退回在实际发生时作为当期销售收入的减项。

## （三）销售商品收入的会计处理

销售商品业务主要是指企业以取得货币性资产方式的商品销售，它是制造企业和商品流通企业的主要经营业务。

企业应设置"主营业务收入"科目核算企业销售商品主营业务的收入。本科目可按主营业务的种类进行明细核算。期末，应将"主营业务收入"科目的余额转入"本年利润"科目，结转后本科目无余额。

不仅如此，企业还应当设置"主营业务成本"科目核算企业确认销售商品收入实现时应结转的成本。本科目可按主营业务的种类进行明细核算。期末，应将"主营业务成本"科目的余额转入"本年利润"科目，结转后本科目无余额。

### 1. 一般销售商品业务

企业销售商品符合收入确认条件的，应在收入确认时，按确定的收入金额与应收取的增值税，借记"银行存款""应收账款""应收票据"等科目；按确认的收入金额，贷记"主营业务收入"科目；按应收取的增值税，贷记"应交税费——应交增值税(销项税额)"科目。

企业销售商品，在销售商品收入实现时或月份终了，结算已销商品的实际成本，借记"主营业务成本"科目，贷记"库存商品"等科目。

### 2. 销售商品涉及商业折扣、现金折扣和销售折让业务

（1）销售商品涉及商业折扣业务的会计处理。商业折扣，是指企业为促进商品销售而在商品标价上给予的价格扣除。

企业销售商品涉及商业折扣的，应当按照扣除商业折扣后的金额来确认销售商品收入金额。不须另做账务处理。

（2）销售商品涉及现金折扣业务的会计处理。现金折扣，是指债权人为鼓励债务人在规定的期限内付款而向债务人提供的债务扣除。

（3）销售商品涉及销售折让业务的会计处理。销售折让，是指企业因售出商品的质量不合格等原因而在售价上给予的减让。

企业已经确认销售商品收入的售出商品发生销售折让的，应当在发生时冲减当期销售商品收入。销售折让属于资产负债表日后事项的，适用资产负债表日后事项会计准则。

企业将商品销售后，如购货方发现商品在质量、规格等方面不符合要求，可能要求销货方在价格上给予一定的减让。销售折让应在实际发生时冲减当期的收入。发生销售折让时，按规定允许扣减当期的销项税额，应同时用红字冲减"应交税费——应交增值税（销项税额）"科目。

### 3. 销售商品涉及销售退回业务

销售退回是指企业售出的商品由于质量、品种不符合要求等原因而发生的退货。销售商品涉及销售退回业务，企业应按不同情况进行会计处理。

（1）尚未确认销售收入的销货退回。销售退回可能发生在企业确认收入之前，这种处理比较简单，只须将已记入"发出商品"科目的商品成本转回"库存商品"科目。

（2）已确认收入实现的销货退回。如企业销售商品收入确认后，又发生销售退回的，不论是当年销售的，还是以前年度销售的，一般均应冲减退回当月的销售收入，同时冲减退回当月的销售成本；企业发生销售退回时，按规定允许扣减当月销项税额，应同时用红字冲减"应交税费——应交增值税（销项税额）"科目。

（3）报告年度或以前年度售出的商品，在资产负债表日至财务报告批准报出日之间发生的退回。这种情况应作为资产负债表日后发生的调整事项，冲减报告年度的收入、成

本和税金；如该项销售在资产负债表日及之前已发生现金折扣或销售折让的，还应同时冲减报告年度相关的折扣、折让。

### 4.销售商品不符合收入确认条件

如果企业售出的商品不符合销售收入确认的 5 个条件中的任何一条，均不应确认收入。对于企业未满足收入确认条件但已经发出商品的实际成本（或进价）或计划成本（或售价），企业应设置"发出商品"科目进行核算。本科目可按购货单位、商品类别和品种进行明细核算。"发出商品"科目期末借方余额，反映企业发出商品的实际成本（或进价）或计划成本（或售价）。

## （四）特殊销售商品业务

企业会计实务中，可能遇到一些特殊的销售商品业务，在将销售商品收入确认和计量原则运用于特殊销售商品收入的会计处理时，应结合这些特殊销售商品交易的形式，并注重交易的实质。

### 1.代销商品业务

代销商品是委托方委托受托方代售商品的销售方式，代销商品通常有"视同买断"和"收取手续费"代销两种方式。

（1）视同买断方式代销商品。

视同买断方式是指由委托方和受托方签订协议，委托方按协议价格收取委托代销商品的货款，实际售价可由受托方自定，实际售价与协议价之间的差额归受托方所有的销售方式。

如果委托方和受托方之间的协议明确标明，受托方在取得代销商品后，无论是否卖出、是否获利，均与委托方无关，此种代销商品交易，与委托方直接销售商品给受托方没有实质区别。在符合销售商品收入确认条件时，委托方应确认相关销售商品收入。

如果委托方和受托方之间的协议明确标明，将来受托方在没有将商品售出时可以将商品退回给委托方，或受托方因代销商品出现亏损时可以要求委托方补偿，那么委托方在交付商品时不确认收入，受托方也不作为购进商品处理。受托方将商品销售后，按实际售价确认销售收入，并向委托方开具代销清单；委托方收到代销清单时，再确认本企业的销售收入。

（2）收手续费方式代销商品。

收手续费方式，是受托方根据所代销的商品数量向委托方收取手续费的方式。

对于受托方来说，收取的手续费实际上是一种劳务收入。

在这种代销方式下，委托方发出商品时，商品所有权上的主要风险和报酬未转移给受托方，因此，委托方在发出商品时通常不应确认销售商品收入，而应在收到受托方开出的代销清单时确认销售商品收入。受托方应在商品销售后，按合同或协议约定的方法计算确定的手续费确认收入。

### 2. 订货或预收款销售商品

订货销售，是指已收到全部或部分货款，而库存没有现货，需要通过制造等程序才能将商品交付购货方的销售方式。在这种方式下，企业通常在发出商品时确认收入实现，在此之前预收的货款应确认为负债。

预收款销售商品，是指购买方在商品尚未收到前按合同或协议约定分期付款，销售方在收到最后一笔款项时才交货的销售方式。在这种方式下，企业通常在发出商品时确认收入实现，在此之前预收的货款应确认为负债。企业向客户预收销售商品款项的，应当首先将该款项确认为负债，待履行了相关履约义务时再转为收入。当企业预收款项无须退回，且客户可能会放弃其全部或部分合同权利时，企业预期将有权获得与客户所放弃的合同权利相关的金额的，应当按照客户行使合同权利的模式按比例将上述金额确认为收入；否则，企业只有在客户要求其履行剩余履约任务的可能性极低时，才能将上述负债的相关余额转为收入。

### 3. 具有融资性质的递延方式分期收款销售商品

对于采用递延方式分期收款（通常为超过 3 年）、具有融资性质的销售商品满足收入确认条件的，企业按应收合同或协议价款公允价值确定收入金额，借记"长期应收款"科目；按应收合同或协议价款的公允价值（折现值），贷记"主营业务收入"科目；按其差额，贷记"未实现融资收益"科目。应收的合同或协议价款与其公允价值之间的差额，应当在合同或协议期间内，按照应收款项摊余成本和实际利率计算确定的摊销金额，冲减财务费用。

### 4. 附有销售退回条件的销售

附有销售退回条件的销售，须同时确认退货权资产及预期退款负债。

对于附有销售退回条款的销售，企业应当在客户取得相关商品控制权时，按照因向客户转让商品而预期有权收取的对价金额（即，不包含预期因销售退回将退还的金额）确认收入，按照预期因销售退回将退还的金额确认负债；同时，按照预期将退回商品转让时的账面价值，扣除收回该商品预计发生的成本（包括退回商品的价值减损）后的余额，确认为一项资产，按照所转让商品转让时的账面价值，扣除上述资产成本的净额结转成本。

每一资产负债表日，企业应当重新估计未来销售退回情况，如有变化，应当作为会计估计变更进行会计处理。在这种销售方式下，如果企业能够按照以往的经验对退货的可能性做出合理估计，应在发出商品后，按估计不会发生退货的部分确认收入，估计可能发生退货的部分，不确认收入；如果企业不能合理地确定退货的可能性，则在所售商品的退货期满时确认收入。

## 5. 售后回购

售后回购，是指企业销售商品的同时承诺或有权选择日后再将该商品（包括相同或几乎相同的商品，或以该商品作为组成部分的商品）购回的销售方式。

对于售后回购交易，企业应当区分下列两种情形分别进行会计处理：

（1）企业因存在与客户的远期安排而负有回购义务或企业享有回购权利的，表明客户在销售时点并未取得相关商品控制权，企业应当作为租赁交易或融资交易进行相应的会计处理，其中，回购价格低于原售价的，应当视为租赁交易，按照《企业会计准则第21号——租赁》的相关规定进行会计处理；回购价格不低于原售价的，应当视为融资交易，在收到客户款项时确认金融负债，并将该款项和回购价格的差额在回购期间内确认为利息费用等。企业到期未行使回购权利的，应当在该回购权利到期时终止确认金融负债，同时确认收入。

（2）企业负有应客户要求回购商品义务的，应当在合同开始日评估客户是否具有行使该要求权的重大经济动因，客户具有行使该要求权重大经济动因的，企业应当将售后回购作为租赁交易或融资交易。

## 6. 售后租回

售后租回，是指销售商品的同时，销售方同意在日后再将同样的商品租回的销售方式。

在这种方式下，销售方应根据合同或协议条款判断企业是否已将商品所有权上的主要风险和报酬转移给购货方，以判断是否确认销售商品收入。

在大多数情况下，售后租回属于融资交易，企业不应确认销售商品收入，收到的款项应确认为负债，售价与资产账面价值之间的差额应分别不同情况进行会计处理。

（1）售后租回交易认定为融资租赁。如果售后租回交易认定为融资租赁的，资产售价与其账面价值之间的差额应当予以递延，并按照该项租赁资产的折旧进度进行分摊，作为折旧费用的调整。

（2）售后租回交易认定为经营租赁。如果售后租回交易认定为经营租赁的，资产售价与其账面价值之间的差额应当予以递延，并在租赁期内按照与确认租金费用相一致的方法进行分摊，作为租金费用的调整。但是，有确凿证据表明认定为经营租赁的售后租回交易是按照公允价值达成的，销售的商品按售价确认收入，并按账面价值结转成本。

## 7. 以旧换新的商品销售

以旧换新销售，是指销售方在销售商品的同时回收与所售商品相同的旧商品。在这种销售方式下，销售的商品应当按照销售商品收入确认条件确认收入，回收的旧商品作为购进商品处理。

## 二、提供劳务收入

### （一）提供劳务收入的确认和计量

企业提供劳务收入的确认和计量，应该按照在资产负债表日提供劳务交易的结果能否可靠估计进行。

*1. 提供劳务交易结果能够可靠估计情形*

企业在资产负债表日提供劳务交易的结果能够可靠估计的，应当按照完工百分比法确认提供劳务收入。完工百分比法，是指按照提供劳务交易的完工进度确认收入与费用的方法。提供劳务交易的结果能够可靠估计，是指同时具备以下条件：

（1）收入的金额能够可靠地计量。收入的金额能够可靠地计量，企业应当按照从接受劳务方已收或应收的合同或协议价款确定提供劳务收入总额，已收或应收的合同或协议价款显失公允的除外。已收或应收的合同或协议价款可能随着劳务的不断提供，根据实际情况增加或减少，此时企业应及时调整提供劳务收入的总额。

（2）相关的经济利益很可能流入企业。相关的经济利益很可能流入企业，是指提供劳务收入总额收回的可能性大于不能收回的可能性。

通常情况下，企业提供劳务符合合同或协议要求，接受劳务方承诺付款，就表明提供劳务收入总额收回的可能性大于不能收回的可能性。如果企业提供劳务收入总额不是很可能流入企业，应当提供确凿证据。

（3）交易的完工进度能够可靠确定。企业确定提供劳务交易的完工进度，可以选用下列方法：①已完成工作的测量；②已经提供的劳务占应提供的劳务总量的比例；③已发生的成本占估计总成本的比例。

（4）交易中已发生的和将发生的成本能够可靠地计量交易中已发生的和将发生的成本能够可靠地计量，是指交易中已发生的和将发生的成本能够可靠地估计，企业应当随着劳务的不断提供或外部情况的不断变化，随时对将要发生的成本进行修订。

企业应当在资产负债表日按提供劳务收入总额乘以完工进度扣除以前会计期间累计已确认提供劳务收入后的金额，确认当期提供劳务收入；同时，按照提供劳务总成本乘以完工进度扣除以前会计期间累计已确认提供劳务成本后的金额，确认当期提供劳务成本。

*2. 提供劳务交易结果不能够可靠估计情形*

企业在资产负债表日提供劳务交易结果不能够可靠估计的，应当分别下列情况处理：

第一，已经发生的劳务成本预计能够得到补偿的应按已经发生的劳务成本金额确认收入，并按相同金额结转成本。

第二，已经发生的劳务成本预计只能部分得到补偿的。应当按照能够得到补偿的劳务成本金额确认收入，并按已经发生的劳务成本结转劳务成本。

第三，已经发生的成本预计全部不能够得到补偿的。应当将已经发生的劳务成本计入当期损益，不确认提供劳务收入。

### 3.销售商品和提供劳务的混合劳务

企业与其他企业签订的合同或协议包括销售商品和提供劳务时，销售商品部分和提供劳务部分能够区分且能够单独计量的，将提供劳务的部分作为提供劳务处理。

销售商品部分和提供劳务部分不能够区分的，或虽能区分但不能够单独计量的，应当将销售商品部分和提供劳务部分全部作为销售商品处理。

### 4.特殊劳务交易的确认条件

下列提供劳务满足收入确认条件的，应按规定确认收入：

（1）安装费，在资产负债表日根据安装的完工进度确认收入。安装工作是商品销售附带条件的，安装费在确认商品销售实现时确认收入。

（2）宣传媒介的收费，在相关的广告或商业行为开始出现于公众面前时确认收入。广告的制作费，在资产负债表日根据制作广告的完工进度确认收入。

（3）为特定客户开发软件的收费，在资产负债表日根据开发的完工进度确认收入。

（4）包括在商品售价内可区分的服务费，在提供服务的期间内分期确认收入。

（5）艺术表演、招待宴会和其他特殊活动的收费，在相关活动发生时确认收入。收费涉及几项活动的，预收的款项应合理分配给每项活动，分别确认收入。

（6）申请入会费和会员费只允许取得会籍，所有其他服务和商品都要另行收费的，在款项收回不存在重大不确定性时确认收入。申请入会费和会员费能使会员在会员期内得到各种服务或商品，或者以低于非会员的价格销售商品或提供劳务的，在整个收益期内分期确认收入。

（7）属于提供设备和其他有形资产的特许权费，在交付资产或转移资产所有权时确认收入；属于提供初始及后续服务的特许权费，在提供服务时确认收入。

（8）长期为客户提供重复的劳务收取的劳务费，在相关劳务活动期间发生时确认收入。

## （二）提供劳务收入的会计处理

企业提供劳务的收入可能在劳务完成时确认，也可能按完工百分比法等确认。

劳务收入在确认时，应按确定的收入金额借记"应收账款""预收账款""银行存款"等科目，贷记"主营业务收入""其他业务收入"科目；发生成本费用支出时，借记"劳务成本"科目，贷记"原材料""应付职工薪酬""银行存款"等科目；结转提供劳务成本时，借记"主营业务成本""其他业务成本"等科目，贷记"劳务成本"科目。"劳务成本"科目期末借方余额，反映企业尚未完成或尚未结转的劳务成本。

### 三、让渡资产使用权收入

让渡资产使用权收入包括利息收入（金融企业对外贷款形成的利息收入等）、使用费收入（企业转让资产的使用权形成的使用费收入），企业对外出租资产收取的租金、进行债权投资收取的利息、进行股权投资取得的现金股利，也属于让渡资产使用权形成的收入。

#### （一）让渡资产使用权收入的确认与计量

1. 让渡资产使用权收入的确认条件

让渡资产使用权收入同时满足下列条件的，才能予以确认：

（1）相关的经济利益很可能流入企业。相关的经济利益很可能流入企业，是任何交易均应遵循的一项重要原则，企业应根据对方的信誉情况、当年的效益情况以及双方就结算方式、付款期限等达成的协议等方面进行判断。如果企业估计收入收回的可能性不大，就不应确认收入。

（2）收入的金额能够可靠计量。当企业让渡资产使用权收入的金额能够可靠地计量时，才能进行确认。

2. 让渡资产使用权收入的计量

企业应当分别下列情况确定让渡资产使用权收入金额：

（1）利息收入金额。按照他人使用本企业货币资金的时间和实际利率计算确定。

（2）使用费收入金额。按照有关合同或协议约定的收费时间和方法计算确定。

#### （二）让渡资产使用权收入的会计处理

1. 利息收入的会计处理

企业在资产负债表日，按照他人使用本企业货币资金的时间和实际利率计算并确认利息收入，借记"应收利息""贷款""银行存款"等科目，贷记"其他业务收入""利息收入"等科目。

2. 使用费收入的核算

使用费收入应按有关合同或协议规定的收费时间和方法确认。不同的使用费收入，其收费时间和收费方法各不相同，有一次收回一笔固定的金额的，有在协议规定的有效期内分期等额收回的，有分期不等额收回的等。

如果合同、协议规定一次性收取使用费，且不提供后期服务的，应视同销售该项资产一次性确认收入；如提供后期服务的，应在合同、协议规定的有效期内分期确认收入。如合同规定分期收取使用费的，应按合同规定的收款时间和金额或合同规定的收费方法计算确定的金额分期确认收入。

使用费收入在确认时，应按确定的收入金额借记"应收账款""银行存款"等科目，贷记"其他业务收入"或"主营业务收入"科目；发生的有关费用支出，借记"其他业务成本""主营业务成本""营业税金及附加"等科目，贷记"银行存款""应交税费"等科目。

# 第二节　所得税费用

## 一、企业所得税概述

企业所得税是指国家对境内企业生产、经营所得和其他所得依法征收的一种税。它是国家参与企业利润分配的重要手段[①]。

### （一）企业所得税的特点

企业所得税与其他税种相比较，具有以下特点：

第一，企业所得税征收的多少受企业效益好坏影响。企业所得税的征税对象是境内企业实现的应纳税所得额，即总收入扣除总成本费用后的净所得额。而所得的多少则表明一个企业的经济效益好坏，因而企业的经济效益直接影响企业所得税的多少。

第二，税收负担比较合理。企业所得税采用比例税率，其税收负担与负担能力相适应，体现了合理负担的原则。

第三，税法对税基的约束力强。企业应纳税所得额的计算应严格按照《中华人民共和国企业所得税法实施条例》及其他有关规定进行，如果企业的财务会计处理办法与国家税收法规相抵触的，应当按照税法的规定计算纳税。这一规定弥补了原来税法服从于财务制度的缺陷，有利于保护税基，维护国家利益。

第四，收入及时均衡。企业所得税征收方式一般采用分期预征，年终汇算清缴的办法。由于所得额与纳税人的财务结算期有关，一般是按月或按季预缴，年终汇总清算，使得税收收入的取得比较及时、均衡，保证了稳定的财政收入。

---

① 黄慧、杨扬：《财务会计》，上海社会科学院出版社2018年版，第387页。

### （二）纳税人的一般规定、特殊规定与征税范围

在中华人民共和国境内，企业和其他取得收入的组织（以下统称企业）为企业所得税的纳税人，依照企业所得税法的规定缴纳企业所得税。个人独资企业、合伙企业不适用企业所得税法。

企业全部或部分被个人、其他企业、单位承租经营，但是未改变被承租企业的名称，未变更工商登记，并仍然以被承租企业名义对外从事生产经营活动，不论被承租企业与承租方如何分配经营成果，均以被承租企业为纳税义务人。企业全部或部分被个人、其他企业、单位承租经营，承租方承租后重新办理工商登记，并以承租方名义对外从事生产经营活动。其承租经营所得，应以重新办理工商登记的企业、单位为纳税义务人。

企业所得税的征税范围是纳税人源于中国境内外的生产、经营所得和其他所得。为此，可将应纳税所得额分为两类：

（1）生产、经营所得，是指纳税人从事主营业务活动取得的收入，包括从事物质生产、交通运输、商品流通、劳务服务以及经国务院财政部门确认的其他营利事业取得的所得。

（2）其他所得，是指股息、利息、租金、转让各类资产、特许权使用费以及营业外收益等所得。

### （三）税率、征收方法、纳税年度与地点

按照现行企业所得税条例规定，企业所得税基本税率为 25%；非居民企业适用税率 20%；符合条件的小型微利企业适用税率 20%；国家需要重点扶持的高新技术企业适用税率 15%。

企业所得税可以就地缴纳，也可以集中缴纳。采用集中缴纳所得税的，应当报经国家税务总局批准。企业纳税年度一般与公历年度一致，即自每年公历 1 月 1 日起至 12 月 31 日止。纳税人在一个纳税年度中间开业，或者由于合并、关闭等原因，使该纳税年度的实际经营期不足 12 个月的，应当以其实际经营期为一个纳税年度。纳税人清算时，应当以清算期间作为一个纳税年度。企业所得税实行按年计算，分月或分季预缴，年终汇算清缴，多退少补的征纳方法。具体纳税期限由主管税务机关根据纳税人应纳税额的多少，予以核定。

## 二、企业所得税的计税依据

企业所得税的计税依据是应纳税所得额，即企业每一纳税年度的应税收入总额减去准予扣除项目后的余额。应纳税所得额的计算以权责发生制原则为基础，按税法规定的程序和标准确定，其计算公式为：

应纳税所得额 = 收入总额 – 准予扣除项目金额

## （一）收入总额的确定

收入总额是指企业在生产经营活动中以及其他行为取得的各项收入的总和，包括纳税人来源于中国境内、境外的生产经营收入和其他收入。

1. 收入总额的规定

企业以货币形式和非货币形式从各种来源取得的收入，为收入总额。包括：

（1）销售货物收入。企业销售商品、产品、原材料、包装物、低值易耗品以及其他存货取得的收入，按权责发生制确认收入。

（2）提供劳务收入。企业从事建筑安装、修理修配、交通运输、仓储租赁、金融保险、邮电通信、咨询经纪、文化体育、科学研究、技术服务、教育培训、餐饮住宿、中介代理、卫生保健、社区服务、旅游、娱乐、加工以及其他劳务服务活动取得的收入，按权责发生制确认收入。

（3）转让财产收入。包括转让固定资产、有价证券、股权以及其他财产而取得的收入，按权责发生制确认收入。

（4）股息、红利等权益性投资收益。企业因权益性投资从被投资方取得的收入。股息、红利等权益性投资收益，除国务院财政、税务主管部门另有规定外，按照被投资方做出利润分配决定的日期确认收入的实现。

（5）利息收入。企业将资金提供他人使用但不构成权益性投资，或者因他人占用企业资金取得的收入，包括存款利息、贷款利息、债券利息、欠款利息等收入。按合同规定的债务人应付利息的日期确认收入的实现。

（6）租金收入。按合同规定的承租人应付租金的日期确认收入的实现。

（7）特许权使用费收入。纳税人提供或者转让无形资产的使用权而取得的收入。按合同规定应付特许权使用费的日期确认收入的实现。

（8）接受捐赠收入。实际收到捐赠资产时确认收入的实现。

（9）其他收入。包括固定资产盘盈收入、罚款收入、因债权人缘故确实无法支付的应付款项，物资及现金的溢余收入，教育费附加返回款，包装物押金收入以及其他收入。

2. 特殊收入的确认

（1）以分期收款方式销售货物的，按合同约定的收款日期确认收入的实现。

（2）企业受托加工制造大型机械设备、船舶、飞机，以及从事建筑安装、装配工程或者提供其他劳务等，持续时间超过 12 个月的，按纳税年度内完工进度或者完成的工作量确认收入的实现。

（3）采取产品分成方式取得收入的，按企业分得产品的日期确认收入的实现，其收入额按产品的公允价值确定。

（4）企业发生的非货币性资产交换，以及将货物、财产、劳务用于捐赠、偿债、赞助、广告、样品、职工福利或者利润分配等用途的，应当视同销售货物、转让财产或者提供劳务，计算收入。视同销售行为包括：企业将自产或委托加工的货物用于非应税项目；企业将自产、委托加工或购买的货物作为投资；企业将自产、委托加工的货物用于集体福利、个人消费等；企业将自产、委托加工或购买的货物无偿赠送他人。

### 3. 不征税收入的情形

（1）财政拨款。

（2）依法收取并纳入财政管理的行政事业性收费、政府性基金。

（3）国务院规定的其他不征税收入。

### 4. 免税收入的情形

（1）国债利息收入。纳税人购买国债的利息收入，不计入应纳税所得额；纳税人购买国家重点建设债券和金融债券的利息收入，应计入应纳税所得额。

（2）符合条件的居民企业之间的股息、红利等权益性投资收益。

（3）在中国境内设立机构、场所的非居民企业从居民企业取得与该机构、场所有实际联系的股息、红利等权益性投资收益（不包括连续持有居民企业公开发行并上市流通的股票不足 12 个月取得的投资收益）。

（4）符合条件的非营利组织的收入（不包括非营利组织从事营利性活动取得的收入）。

## （二）准予扣除的项目

在计算应纳税所得额时准予从收入额中扣除的项目，是指纳税人每一纳税年度发生的与取得应纳税收入有关的所有必要和正常的成本、费用、税金和损失。

### 1. 准予扣除项目

纳税年度企业实际发生的与取得收入有关的、合理的支出，包括成本、费用、税金、损失和其他支出。

（1）成本。企业在生产经营活动中发生的销售成本、销货成本、业务支出，以及其他耗费。

（2）费用。企业每一个纳税年度为生产、经营商品和提供劳务等所发生的销售(经营)费用、管理费用和财务费用。已计入成本的有关费用除外。

（3）税金。企业发生的除企业所得税和允许抵扣的增值税以外的企业缴纳的各项税金及其附加，即企业按规定缴纳的消费税、营业税、城市维护建设税、关税、资源税、土地增值税、房产税、车船税、土地使用税、印花税、教育费附加等产品销售税金及附加。

（4）损失。企业在生产经营活动中发生的固定资产和存货的盘亏、毁损、报废损失，转让财产损失，呆账损失，坏账损失，自然灾害等不可抗力因素造成的损失以及其他损失。

（5）扣除的其他支出。除成本、费用、税金、损失外，企业在生产经营活动中发生的与生产经营活动有关的、合理的支出。

### 2. 准予扣除项目的标准

（1）工资、薪金。企业发生的合理的工资、薪金支出准予据实扣除。包括基本工资、奖金、津贴、补贴、年终加薪、加班工资，以及与任职或者受雇有关的其他支出。

（2）职工福利费、工会经费、职工教育经费。按标准扣除，未超过标准的按实际数扣除，超过标准的只能按标准扣除。企业实际发生的职工福利费支出，不超过工资薪金总额14%的部分准予扣除；企业拨缴的工会经费，不超过工资薪金总额2%的部分准予扣除；企业发生的职工教育经费支出，不超过工资薪金总额2.5%的部分准予扣除，超过部分准予结转以后纳税年度扣除。

（3）保险费。企业按国务院有关主管部门或省级人民政府规定的范围和标准为职工缴纳的"五险一金"，即基本养老保险费、基本医疗保险费、失业保险费、工伤保险费、生育保险费等基本社会保险费和住房公积金，准予扣除。

企业为员工支付的补充养老保险费、补充医疗保险费准予扣除，按规定为特殊工种职工支付的人身安全保险费，在国务院财政、税务主管部门规定的范围和标准内，准予扣除。

企业参加财产保险，按规定缴纳的保险费准予扣除。

企业为职工支付的商业保险费不得扣除。

（4）利息费用。企业向金融机构的借款利息支出、企业经批准发行债券的利息支出可据实扣除。

企业向非金融机构的借款利息支出，不超过按金融企业同期同类贷款利率计算的数额的部分可据实扣除，超过部分不得扣除。

（5）借款费用。

非资本化借款费用准予扣除。

企业为购置、建造固定资产、无形资产和经过12个月以上的建造才能达到预定可销售状态的存货发生借款的，在有关资产购置建造期间发生的合理的借款费用，应予以资本化，作为资本性支出计入有关资产的成本，有关资产交付使用后发生的借款利息，可在发生当期扣除。

（6）业务招待费。按发生额的60%扣除，但最高不得超过当年销售(营业)收入的5‰。

（7）广告费和业务宣传费。广告，是通过工商部门批准的专门机构制作的，已实际支付费用并取得相应发票，通过一定的媒体传播。

企业发生的符合规定条件的广告费和业务宣传费支出，不超过当年销售（营业）收入15%的部分，准予扣除；超过部分，准予结转以后纳税年扣除。

（8）环境保护专项资金。按有关规定提取的用于环境保护、生态恢复等专项基金，准予扣除，但改变资金用途的不得扣除。

（9）保险费。企业参加财产保险，按规定缴纳的保险费，准予扣除。

（10）租赁费。经营租赁方式的租赁费按租赁期限均匀扣除；融资租赁方式租入的租赁费不得扣除，但按期提取折旧的费用可分期扣除。

（11）劳保费。合理的劳动保护支出，准予扣除。

（12）公益性捐赠支出。公益性捐赠，是指企业通过公益性社会团体或者县级以上人民政府及其部门，用于《中华人民共和国公益事业捐赠法》内定的公益事业的捐赠。

企业发生的公益性捐赠支出，在年度利润总额12%以内的部分，准予在计算应纳税所得额时扣除。

公益性捐赠扣除限额＝年度利润总额（会计利润）×12%

（13）有关资产费用的扣除。企业转让各类固定资产发生的费用，准予扣除；企业按规定计算的固定资产的折旧费、无形资产和递延资产的摊销费，准予扣除。

（14）总机构分摊的费用。非居民企业在中国境内设立的机构场所，就其中国境外总机构发生的与该机构场所生产经营有关的费用，能够提供总机构出具的费用汇集范围、定额、分配依据和方法等证明文件，并合理分摊的，准予扣除。

（15）资产损失。企业当期发生的固定资产盘亏、毁损净损失，由其提供清查盘存资料经主管税务机关审核后，准予扣除。企业因存货盘亏、毁损、报废等原因不得从销项税金中抵扣的进项税金，应视同企业财产损失，准予与存货损失一起在所得税前按规定扣除。

（16）其他费用。会员费、会议费、差旅费、违约金、诉讼费等，准予扣除。

**3. 不得扣除项目**

（1）向投资者支付的股息、红利等权益性投资收益款项。

（2）企业所得税税款。

（3）税收滞纳金。纳税人因违反税法规定，被处以的滞纳金（每天万分之五），不得扣除。

（4）罚金、罚款和被没收财物的损失。行政性罚款，不得扣除。但纳税人逾期归还银行贷款，银行按规定加收的罚息，不属于行政性罚款，允许在税前扣除。

（5）企业发生的公益性捐赠支出，在年度利润总额12%以外的捐赠支出。

（6）赞助支出。

（7）未经核定的准备金支出。

（8）企业之间支付的管理费、企业内营业机构之间支付的租金和特许权使用费，以及非银行企业内营业机构之间支付的利息不得扣除。

（9）与取得收入无关的其他支出。

### 4. 年度亏损弥补

纳税人发生年度亏损的，可以用下一纳税年度的所得弥补；下一纳税年度的所得不足弥补的，可以逐年延续弥补，但是延续弥补期最长不得超过 5 年。5 年内不论是盈利或亏损，都作为实际弥补期限计算。

这里的亏损，是税务机关按税法规定核实调整后的金额，不是企业财务报表中反映的亏损额。如连续发生年度亏损，也必须从第一个亏损年度算起，先亏先补，按顺序连续计算亏损弥补期，不得将每个亏损年度的连续弥补期相加，更不得断开计算。企业境外业务之间（企业境外业务在同一国家）的盈亏可以互相弥补，但企业境内外之间的盈亏不得相互弥补。

## 三、企业所得税的计算

财务会计和税收分别遵循不同的原则、服务于不同的对象，以达到不同的目的。财务会计核算是为了真实、完整地反映企业的财务状况、经营成果，以及现金流量，为相关利益者提供与决策有用的经济信息。税法是以课税为目的，依照有关的税收法规确定一定时期内纳税人应缴纳的税额。财务会计制度与税收法规的区别在于确认收益实现和费用扣减的时间以及费用的可扣减性。由于财务会计是按照企业会计准则和企业会计制度对资产、负债、收益、费用和利润等进行核算的，而税法是按照税收法规确认资产、负债、收益、费用和利润等，因此按照财务会计方法计算的利润与按照税法规定计算的应税所得之间往往存在一定的差异。

### （一）税前会计利润与应纳税所得额的差异

#### 1. 税前会计利润与应纳税所得额的永久性差异

永久性差异，指某一会计期间由于会计准则和税法在计算收益、费用或损失时的口径不同所产生的税前会计利润与应纳税所得额之间的差异。永久性差异有以下几种类型：

（1）按会计准则规定核算时作为收益计入会计报表，在计算应纳税所得额时不确认为收益。如，技术转让收益（高等院校全部、企业 30 万元以下）；治理"三废"收益；国库券利息收入（国债经国务院、财政部、国家税务总局批准取得的补贴收入等）。

（2）按会计准则规定核算时不作为收益计入会计报表，在计算应纳税所得额时确认为收益，需要交纳所得税。如，将自产的商品用于固定资产工程、对外捐赠；售后回购、售后租回等。

（3）按会计准则规定核算时确认为费用或损失，在计算应纳税所得额时则不允许扣减。

超过规定标准项目：工资支出、职工福利、职工教育经费、工会经费、利息支出、业务招待费、公益救济性捐赠等。

不允许扣除项目：违法经营罚款和被没收财务损失，税收滞纳金、罚金、罚款，非公益救济性捐赠，各种赞助支出，未使用的房屋建筑物以外的固定资产计提的折旧费等。

（4）按会计准则规定核算时不确认为费用或损失，在计算应纳税所得额时则允许扣减。如，盈利企业技术开发费用的加计扣除等。

上述永久性差异中，第1、3两项影响税前会计利润的计算而不影响应纳税所得额的计算，第2、4两类则相反；另外，第1、4两项会使税前会计利润大于应纳税所得额，而第2、3两类则使税前会计利润小于应纳税所得额。

### 2. 税前会计利润与应纳税所得额的时间性差异

时间性差异，指税法与会计准则在确认收益、费用或损失时的时间不同而产生税前会计利润与应纳税所得额之间的差异。

时间性差异主要有以下几种类型：

（1）企业取得的某项收益，在会计报表上确认为当期收益，但按照税法规定须待以后期间确认为应纳税所得额，如，会计上采用权益法核算时，年末确认的投资收益。

（2）企业发生的某项费用或损失，在会计报表上确认为当期费用或损失，但按照税法规定须待以后期间从应纳税所得额中扣减。如，会计上计提的"产品保修费"计提各项资产减值准备等。

（3）企业取得的某项收益，在会计报表上于以后期间确认为收益，但按照税法规定须计入当期应纳税所得额。

（4）企业发生的某项费用或损失，在会计报表上于以后期间确认为费用或损失，但按照税法规定可以从当期应纳税所得额中扣减。

上述时间性差异中，第1、4两项属于应纳税时间性差异，即将增加未来应纳税所得额的时间性差异；第2、3两项属于可抵扣时间性差异，即将减少未来应纳税所得额的时间性差异。

## （二）应纳税额的计算公式

根据上述分析，应纳税所得额计算公式概括如下：

应纳税所得额 = 会计利润 ± 永久性差异 + 本期形成的可抵扣时间性差异 − 本期形成

的应纳税时间性差异 – 本期转回可抵扣时间性差异 + 本期转回应纳税时间性差异

应纳税额 = 应纳税所得额 × 税率

## 四、企业所得税的申报与缴纳

### （一）企业所得税纳税申报

企业所得税纳税申报分为月季报和年报，企业应在税法或主管税务机关规定的期限内进行纳税申报，提交纳税申报表和同期财务会计报表。

1. 企业所得税月季报

（1）企业所得税月季报方式。企业所得税月季报方式主要有直接申报和网上申报两种方式。

直接申报方式：采用直接申报方式的企业应填写企业所得税月季报表，持该表、会计报表及税务机关要求报送的其他资料，到主管税务机关办理申报手续。

网上申报方式：采用网上申报方式的企业应按照税务机关规定的方式进入税务机关网站的纳税申报系统，填写企业所得税月季报表和会计报表，通过互联网进行纳税申报。

（2）企业所得税月季报表。企业所得税月季报表因企业征收办法不同而使用不同的申报表。查账征收企业适用《企业所得税预缴纳税申报表》；查定征收企业和定额征收企业适用《企业所得税纳税申报表》。本书仅就常用的查账征收企业适用的《企业所得税预缴纳税申报表》的填写做说明。预缴所得税有三种方式：据实预缴、按照上一纳税年度应纳税所得额的平均额预缴、按照税务机关确定的其他方法预缴。据实预缴，即按照企业当季利润进行预缴，此种方式用得较多。

2. 企业所得税年报

纳税年度终了后，企业应在 5 个月内进行企业所得税的汇算清缴，填报企业所得税年度纳税申报表。

企业所得税年报一般采用直接申报方式，但有的税务机关要求企业同时提交电子报表。填写电子报表的软件由税务机关提供。

### （二）企业所得税的缴纳

企业所得税按年计征，分月或者分季预缴，年终汇算清缴，多退少补。

企业所得税的纳税年度，自公历每年 1 月 1 日起至 12 月 31 日止。企业在一个纳税年度的中间开业，或者由于合并、关闭等原因终止经营活动，使该纳税年度的实际经营期不足 12 个月的，应当以其实际经营期为一个纳税年度。企业清算时，应当以清算期间作为一个纳税年度。

自年度终了之日起 5 个月内，向税务机关报送年度企业所得税纳税申报表，并汇算清缴，结清应缴应退税款。

企业在年度中间终止经营活动的，应当自实际经营终止之日起 60 日内，向税务机关办理当期企业所得税汇算清缴。

按月或按季预缴的，应当自月份或者季度终了之日起 15 日内，向税务机关报送预缴企业所得税纳税申报表，预缴税款。企业在报送企业所得税纳税申报表时，应当按照规定附送财务会计报告和其他有关资料。企业在纳税年度内无论盈利或者亏损，都应当依照《中华人民共和国企业所得税法》第五十四条规定的期限，向税务机关报送预缴企业所得税纳税申报表、年度企业所得税纳税申报表、财务会计报告和税务机关规定应当报送的其他有关资料。

# 第三节　利润与利润分配

## 一、利润的构成

利润是衡量企业生产经营成果的重要综合指标，利润水平的高低，不仅反映企业的盈利水平，而且也反映企业对整个社会所做的贡献。利润是指企业在一定会计期间的经营成果，包括收入减去费用后的净额、直接计入当期利润的利得和损失等。其中，收入减去费用后的净额是指企业在各种经济活动中形成的营业利润；直接计入当期利润的利得和损失，是指应当计入当期损益、最终会引起所有者权益增减变动的、与所有者投入资本或者向所有者分配利润无关的利得或损失，如营业外收入、营业外支出等。企业不应将接受投资人投资或向股东分配股利等直接影响所有者权益变动而产生的经济利益流入或流出列入利润。

### （一）营业利润

营业利润是企业利润的主要来源，是指营业收入减去营业成本、营业税金及附加、销售费用、管理费用、财务费用、资产减值损失，加上公允价值变动净收益（减公允价值变动净损失）、投资净收益（减投资净损失）的余额。用公式表示如下：

营业利润＝营业收入－营业成本－营业税金及附加－销售费用－管理费用－财务费用－资产减值损失＋公允价值变动净收益（减净损失）＋投资净收益（减净损失）

## （二）利润总额

利润总额是营业利润加上营业外收入减去营业外支出后的余额。用公式表示如下：

$$利润总额 = 营业利润 + 营业外收入 - 营业外支出$$

营业外收入是指企业发生的与企业日常活动没有直接关系的各种利得。营业外收入主要包括非流动资产处置利得、非货币性资产交换利得、债务重组利得、政府补助、盘盈利得、捐赠利得等。企业取得营业外收入时，借记"银行存款""固定资产清理""应付账款"等账户，贷记"营业外收入"账户，期末，应将"营业外收入"账户的贷方发生额结转到"本年利润"账户，结转后该账户没有余额。

营业外支出是指企业发生的与企业日常活动没有直接关系的各种损失。营业外支出主要包括非流动资产处置损失、非货币性资产交换损失、债务重组损失、公益性捐赠支出、盘亏损失、非常损失等。企业发生营业外支出时，借记"营业外支出"账户，贷记"固定资产清理""待处理财产损溢""应付账款"等账户，期末应将"营业外支出"账户的借方发生额结转到"本年利润"账户，结转后"营业外支出"账户没有余额。

营业外收支虽然与企业的日常活动没有直接关系，但从企业主体来看，营业外收支的发生会导致企业利润的增加或减少。营业外收入是一项纯收入，不可能也不需要与有关费用进行配比，因此，在会计核算时，应当将营业外收入和营业外支出分别核算。

## （三）净利润

企业实现的利润总额减去所得税费用之后的剩余利润称为净利润。用公式表示如下：

净利润 = 利润总额 - 所得税费用

有关所得税费用的核算见本章第二节相关内容。

## 二、利润形成的核算

为了核算企业实现的净利润（或发生的净亏损），企业应设置"本年利润"账户，该账户借方登记从损益类账户转入本期发生的成本费用、损失，包括主营业务成本、其他业务成本、营业税金及附加、销售费用、管理费用、财务费用、资产减值损失、公允价值变动净损失、投资净损失、营业外支出、所得税费用等；贷方登记从损益类账户转入本期发生的各种收益，包括主营业务收入、其他业务收入、公允价值变动净收益、投资净收益、营业外收入等；期末借方和贷方金额相抵后，如为借方余额表示净亏损，如为贷方余额表示净利润；年度终了，应将"本年利润"账户的余额转入"利润分配"账户，结转后"本年利润"账户无余额。

## 三、利润分配

利润分配，是指企业税后净利润的分配，是企业利润总额（税前会计利润）减去所得税费用后的净额分配。

## （一）利润分配程序

按照我国《公司法》等有关法规的规定，企业当年实现的净利润分配顺序如下：

（1）弥补以前年度亏损。企业发生的亏损，应由企业自行弥补。税法规定，企业发生的亏损可以用下一年度的税前利润弥补；如果下一年度税前利润不足弥补的，可以逐年延续弥补，但延续弥补期最长不得超过5年；如果延续5年仍未弥补足额的，尚未弥补的亏损可以用税后利润弥补，也可以用以前年度提取的法定盈余公积金弥补，用盈余公积弥补亏损，应当由董事会提议，并经股东大会批准。

（2）提取法定盈余公积。法定盈余公积按本年实现净利润的一定比例提取。公司制企业提取法定盈余公积的比例是税后利润的10%，非公司制企业根据需要按不低于10%的比例提取法定盈余公积，当法定盈余公积累计额达到注册资金的50%以上时，可以不再提取。企业提取的法定盈余公积主要用于弥补亏损和转赠资本。用法定盈余公积转增资本时，转增后留存的法定盈余公积不得少于注册资本的25%。

（3）提取任意盈余公积。企业在提取法定盈余公积后，经股东大会决议或类似权力机构批准，可以提取任意盈余公积。法定盈余公积和任意盈余公积的区别在于其各自计提的依据不同。法定盈余公积的提取是以国家的法律或行政规章为依据，任意盈余公积的提取由企业自行决定。

（4）向投资者分配利润或股利。企业弥补以前年度亏损、提取公积金后剩余的利润，加上年初未分配利润，构成可供投资者分配的利润。企业可依据其利润或股利分配政策，经股东大会或类似权力机构批准后向投资人分派利润或股利。

值得注意的是，企业以前年度亏损未弥补完之前，不得提取法定盈余公积；在未提取法定盈余公积之前，不得向投资者分配利润。

## （二）利润分配的核算

### 1. "利润分配"科目的设置

企业设置"利润分配"科目，核算利润的分配（或亏损的弥补）和历年分配（或弥补）后的余额。本科目应当分别"提取法定盈余公积""提取任意盈余公积""应付现金股利或利润""转作股本的股利""盈余公积补亏"和"未分配利润"等进行明细核算。"利润分配"科目年末余额，反映企业的未分配利润（或未弥补亏损）。

### 2. 利润分配的会计处理

企业按规定提取的盈余公积，借记"利润分配——提取法定盈余公积/提取任意盈余公积"科目，贷记"盈余公积——法定盈余公积/任意盈余公积"科目。

经股东大会或类似机构决议，分配给股东或投资者的现金股利或利润，借记"利润分配——应付现金股利或利润"科目，贷记"应付股利"科目。

用盈余公积弥补亏损，借记"盈余公积——法定盈余公积或任意盈余公积"科目，贷记"利润分配——盈余公积补亏"科目。

年度终了，企业应将本年实现的净利润，自"本年利润"科目转入"利润分配——未分配利润"科目，贷记"本年利润"科目，为净亏损的做相反的分录；同时，将"利润分配"所属其他明细科目的余额，转入"利润分配——未分配利润"科目，结转后，"利润分配"科目除"未分配利润"明细科目外，其他明细科目应无余额。

# 第六章　会计工作的组织与管理

## 第一节　会计工作组织作用与形式

所谓会计工作组织，是指安排、协调和管理本单位的会计工作。会计机构和会计人员是会计工作组织运行的必要条件，而会计法规是保证会计工作组织正常运行的必要的约束机制[①]。

### 一、会计工作组织的作用表现

会计工作的恰当组织是完善会计工作、保证会计工作质量与效率、充分发挥会计作用的前提条件，其作用如下：

第一，为会计工作的顺利开展提供前提条件。会计工作的开展必须要有会计机构和专业的会计人员，即使不具备设置会计机构条件的单位，也必须配备专职的会计人员，以保证对单位财务进行反映与监督。

第二，有利于保证会计工作质量，提高会计工作效率。会计工作需经过一系列严密的计算、记录、分类、汇总、分析、检查等手续和处理程序。各种手续及多个处理程序之间有着相当密切的联系，任何一个环节脱节或出现差错，都将可能影响整个核算工作及其结果的正确性与及时性，耽误工作，严重的甚至会造成决策失误。因此，为了使会计工作按照既定的手续和处理程序有条不紊地进行，保证会计工作质量，提高会计工作效率，就必须正确、科学地组织会计工作。

第三，有利于确保会计工作与其他经济管理工作的协调。会计工作是一项综合性的经济管理工作，它与其他经济管理工作有着十分密切的联系。它们在加强科学管理、提高效益的共同目标引导下，相互补充、相互促进、相互影响。会计工作既与宏观的国家财政、税收、金融工作有着密切的联系，又同各单位内部的计划、统计等工作有着非常密切的关系。这就要求会计工作必须服从国家财政税收的管理，加强与金融工作的密切合作，还要与各单位的计划和统计工作保持口径一致，相互协调，共同完成经济管理的各项任务。

第四，有利于充分发挥会计监督的作用。会计工作是一项政策性很强的工作，承担着

---

[①]　周虹、耿照源：《会计学基础》，浙江大学出版社2019年版，第336页。

认真贯彻国家有关方针、政策、法令和制度，并揭露、制止一切违法乱纪行为的重要任务。因此，正确、科学地组织会计工作，充分发挥会计的监督职能，对于贯彻执行国家的方针、政策、法令和制度，维护财经纪律，建立良好的社会经济秩序具有十分重要的意义。

## 二、会计工作的组织形式

由于企业会计工作的组织形式不同，企业会计机构的具体工作范围也有所不同。企业会计工作的组织形式有独立核算与非独立核算、集中核算与非集中核算等。

### （一）独立核算和非独立核算

独立核算是指对本单位的业务经营过程及其结果进行全面的、系统的会计核算。实行独立核算的单位称为独立核算单位，它的特点是具有一定的资金，在银行单独开户，独立经营、计算盈亏，具有完整的账簿系统，定期编制报表。独立核算单位应单独设置会计机构，配备必要的会计人员，如果会计业务不多，也可只设专职会计人员。

非独立核算又称报账制。实行非独立核算的单位称为报账单位。它是指由上级划拨一定的备用金和物资，平时进行原始凭证的填制和整理以及备用金账和实物账的登记，定期将收入、支出向上级报告，由上级汇总，它本身不独立计算盈亏，也不编制报表。如商业企业的分销店就属于非独立核算单位。非独立核算单位一般不设置专门的会计机构，但须配备专职会计人员，负责处理日常的会计事务。

### （二）集中核算和非集中核算

实行独立核算的单位，其会计工作的组织形式可以分为集中核算和非集中核算两种。

集中核算就是将企业的主要会计工作都集中在企业会计机构内进行。企业内部的各部门、各单位一般不进行单独核算，只是对所发生的经济业务进行原始记录，开展原始凭证的取得、填制、审核和汇总工作，并定期将这些资料报送企业会计机构，由其进行总分类核算和明细分类核算。实行集中核算，可以减少核算层次，精简会计人员，但是不便于企业各部门和各单位及时利用核算资料进行日常考核和分析。

非集中核算又称为分散核算，是指企业内部的部门、单位要对其本身所发生的经济业务进行比较全面的会计核算。如在工业企业里，车间设置成本明细账，登记本车间发生的生产成本并计算出所完成产品的车间成本，厂部会计部门只是根据车间报送的资料进行产品成本的总分类核算。又如在商业企业里，库存商品的明细核算和某些费用的核算等分散在各业务部门进行，而会计报表的编制以及不宜分散核算的工作，如物资供销、现金收支、银行存款收支、对外往来结算等，仍由企业的会计机构集中办理。实行非集中核算，使企业内部各部门、各单位能够及时了解本部门、本单位的经济活动情况，有利于及时分析、解决问题，但这种组织形式会增加核算手续和核算层次。

# 第二节　会计机构与会计人员

## 一、会计机构

会计机构是指各单位办理会计事务的职能部门。根据《会计法》的规定，各单位应当根据会计业务的需要，设置会计机构，或者在有关机构中设置会计人员并指定会计主管人员；不具备设置条件的，应当委托经批准从事会计代理记账业务的中介机构代理记账。

### （一）会计机构的设置

为了科学、合理地组织会计工作，保证单位正常的经济核算，各单位原则上应设置会计机构。一个单位是否单独设置会计机构，一般取决于以下几个因素：一是单位规模的大小；二是经济业务和财务收支的繁简；三是经营管理的要求。

一般来说，大、中型企业和具有一定规模的行政事业单位，以及财务收支数额较大、会计业务较多的社会团体和其他经济组织，应单独设置会计机构。规模较小、业务和人员都不多的单位，可以不单独设置会计机构，而将会计业务并入其他机构或委托中介机构代理记账。不单独设置会计机构的单位应在有关机构中配备会计人员并指定会计主管人员。

《会计法》规定，国务院财政部门是主管全国会计工作的机构，县级以上各级地方人民政府部门是主管本行政区域内会计工作的机构。国家各级管理部门分别设置会计司、处、科等。国家各级管理部门会计机构的主要任务包括：组织、指导、监督所属单位的会计工作；审核、汇总所属单位上报的会计报表；核算本单位和上、下级之间缴、拨款等事项。

基层单位的会计机构，一般称为会计（财务）部、处、科、股、组等。基层单位的会计机构，在单位行政领导人或总会计师的领导下开展会计工作。

### （二）会计机构的任务

1.会计机构的总体任务

会计机构的总体任务如下：

（1）有效地进行会计核算。

（2）进行合理的会计监督。

（3）制定本单位的会计制度、会计政策。

（4）参与本单位各种计划的制订，并考核计划的执行情况。

为保证顺利、有效地完成上述任务，达到预期的会计目标，会计机构内部应进行合理的分工，按照会计核算的流程设置岗位，配备会计人员。

**2. 会计机构的具体任务**

我国的企事业单位中，由于会计工作与财务工作关系非常密切，因此通常把二者合并在一起，设置一个财务会计机构，统一办理财务和会计工作，其具体任务是：

（1）制订财务成本的预算或计划，负责企业资金的筹措、使用与分配。

（2）直接参与企业有关重大问题的决策。

（3）执行并有权要求全体职工执行财务计划、财务会计制度，遵守和维护财经纪律。

（4）对日常经济业务进行会计核算，为管理者、投资者、其他财务相关人员提供真实、可靠的会计资料和真实、完整的财务会计报告。

（5）利用各种会计资料对企业的经济活动进行分析、评价。

（6）检查资产的利用情况，防止经济上的损失、浪费和违法乱纪行为的发生等。

## （三）会计机构的内部稽核制度与内部牵制制度

稽核是稽查与复核的简称。建立会计机构内部稽核制度，目的在于防止会计核算工作上的差错和有关人员的舞弊。会计机构的内部稽核制度是指各单位应指定专人或兼职人员对本单位的会计事项进行审核的制度，内容包括对会计凭证、账簿、会计报表及其他资料的审核。对会计凭证的审核，主要审核原始凭证是否真实、合法，编制的凭证是否正确，手续是否完备。对账簿的审核，主要审核账簿记录的经济业务是否合法、正确，账证、账账、账物、账表是否相符。对会计报表的审核，主要以报表所列指标为依据，审查报表数字与账簿的数字是否一致，报表的编制是否符合要求。内部审查可以是事前审核，也可以是事后复核。事前着重对财务计划进行审核，事后着重查证和验证。一旦发现问题应及时提出处理意见，并及时改正。

内部牵制制度是指每项业务必须由两个或两个以上人员或部门共同办理的各项规定、组织措施和工作方法。根据会计法规的规定，会计机构应实行内部财务会计制度、财产清查制度、内部审计制度等内部牵制制度，实现上下牵制、左右制约、相互监督，有效地防止业务处理中的差错和弊端。

内部牵制制度的核心内容是不相容职务的分离与牵制。不相容职务指的是不能由一个人兼任。不相容职务如果由一个人担任，既可能发生错误和舞弊行为，又可能掩盖其错误和舞弊行为。实行不相容职务分离，也就是说两人（部门）或两人（部门）以上分别管理，无意识犯同样错误的可能性很小，有意识合伙舞弊的可能性也会大大降低。不相容职务分离的核心是内部牵制。应合理设置会计及相关工作岗位，形成相互制衡机制。不相容职务分离具体包括授权和执行的职务要分离、执行和审核的职务要分离，执行和记录的职务要分离，保管和记录的职务要分离。

单位的职能部门和会计部门之间、职能部门人员与会计人员之间、会计人员之间，凡涉及会计工作职能权限，都应建立相互牵制的制度，如出纳人员不得兼管稽核、会计档案保管以及收入、费用、债权、债务账目的登记工作等，出纳以外的会计人员不得经管现金、有价证券和票据，会计主管人员不得兼任出纳；有关会计凭证的编制、审核、传递、登记、装订、归档和保管的凭证流程制度；有关会计账簿的启用、记账、结账、对账、结转、交换、归档和保管的账簿流程制度；有关会计报表的编制、报送、审批、装订、归档和保管的报表流程制度；会计凭证、会计账簿和会计报表之间相互核对、相互联系、相互制约。

### （三）会计机构的岗位责任制

会计机构的岗位责任制是指在会计机构内部按照会计工作的内容和会计人员的配备情况，将会计机构的工作划分为若干个岗位，并按岗位规定职责进行考核的责任制度。

会计人员的工作岗位一般可分为会计主管、稽核、总账报表、资金核算、财产物资核算、往来结算、工资核算、收入利润核算、成本费用核算、出纳、会计档案保管等，可以一人一岗、一人多岗或一岗多人。实行会计电算化的单位，出纳人员、程序编制人员不得兼管微机录入工作，不得进行系统操作。规模大、业务量大的单位，会计机构内部可以按经济业务的类别组成业务组，比如综合财务组、财务结算组、资金会计组、成本会计组、收入利润会计组、资产会计组等。

为避免不同岗位会计工作的脱节，企业应加强不同会计岗位间工作的相互协作，以保证会计工作任务按期保质完成。企业不仅应根据会计机构和会计人员内部分工的具体情况详细规定各个工作岗位和会计人员应完成的会计工作的内容、期限和质量，还应规定相应的监督、检查和评比办法，使会计人员明确自身所承担的责任。企业会计机构还应定期总结会计岗位制实施与执行的经验教训，不断改进和完善会计工作岗位责任制。

## 二、会计人员任职资格与继续教育

会计人员是直接从事会计工作的人员，包括单位财务会计负责人、会计机构负责人和具体从事会计业务的工作人员。建立健全会计机构，配备好会计人员，是各单位做好会计工作、充分发挥会计作用的重要保证。合理配备一定数量和素质的具有会计从业资格的会计人员，是各单位会计工作得以正常开展的重要条件，各单位应根据单位规模、生产特点和管理要求配备合适的会计人员。

会计工作专业性很强，对会计人员的胜任能力有严格要求，这主要体现在不同层次会计人员任职资格的规格上。

### （一）一般会计工作人员的任职资格

一般会计工作人员的任职资格体现以下三个方面：

## 1. 专业能力

过去我国想从事会计工作的人员，必须通过考试取得会计从业资格证书。然而，仅仅持有会计从业资格证书，并不能证明其专业能力。2017 年 11 月 4 日，第十二届全国人民代表大会常务委员会第三十次会议通过了《关于修改〈中华人民共和国会计法〉等十一部法律的决定》，将原《会计法》中"从事会计工作的人员，必须取得会计从业资格证书"的规定改为"会计人员应当具备从事会计工作所需要的专业能力"。

专业能力包括对会计专业知识的掌握与熟练运用能力，比如掌握会计准则、单位会计制度、税法、经济法等专业知识。专业能力的要求由行业、岗位、单位性质等因素决定，比如制造业、信息技术行业、服务业、房地产行业会计人员应具备的会计专业能力就有差异。会计是一个需要终身学习的职业，要求会计人员适应经济的发展和环境的变化，及时学习最新的会计准则并熟练掌握其应用。

## 2. 工作技能

工作技能则是对工作工具的熟练操作，比如财务软件操作技能。财务软件将计算机知识和财务专业知识融合，不仅能加快会计人员账务处理的速度，提高工作质量，还能满足信息使用者的查询、输出等需求。会计人员必须掌握财务软件操作技能，熟悉总账管理、库存管理、往来款管理、报表、固定资产管理等各个模块的具体操作。基本的办公软件操作技能也很重要，其中 Excel 是会计人员接触最多的办公软件。另外，外企等一些企业对外语技能也有一定的要求。

## 3. 职业素养

从事会计工作的人，尤其要遵守诚信、客观、尽职等职业道德。会计工作所涉及的各个方面都受到法律、法规和规章制度的约束。大到国家法律和地方法规，小到单位自己制定的各项财务制度，都要求会计人员认真细致、遵纪守法。

随着会计行业信息化、智能化以及无纸化报销技术的发展，电子发票、电子会计档案等新事物不断出现，新型业财一体化软件、财税等系统集成发展，财务共享中心兴起，财务外包事务所出现；人工智能、财务机器人上线，实现财务规划与预测、财务决策、财务预算、财务控制和财务分析功能，人工不再是主力。因此，会计人员必须具备以下职业素养，才能获得较强的竞争力。

（1）胜任管理会计工作。据统计，美国的财务专业人员当中，80% 以上的人从事管理会计（CMA）工作，20% 以下的人从事记账核算工作。未来核算型会计人员会过剩，相对紧缺的是管理会计人才。

（2）懂业务。业务与财务结合，从价值守护者向价值创造者转换，服务本单位的业务将是财务会计发展的一大目标。比如海尔集团将财务整合成四个模块：战略财务（35%）、业务财务（35%）、专业财务（10%）、基础财务（20%）。会计应当对数字非常敏感，善于通过数字看未来，不但精通财报，还要懂业报。

（3）懂大数据，会操作智能化系统。"互联网＋会计"时代，利用云计算和大数据提供的工具分析数据，成为会计人员的日常工作。会操作智能化会计、财务系统也是现代会计工作必需的。

（4）善沟通。会计人员应当善于以通俗的方式将专业术语表达出来，以更好地让其他部门人员了解会计信息，发挥会计应有的作用。

## （二）单位会计机构负责人的任职资格

《会计法》和《会计基础工作规范》规定的会计机构负责人（会计主管人员）的任职资格如下：

（1）坚持原则，廉洁奉公。

（2）具备会计师以上专业技术职务资格或者从事会计工作三年以上经历。

（3）熟悉国家财经法律、法规、规章和方针、政策，掌握本行业业务管理的有关知识。

（4）有较强的组织能力。

（5）身体状况能够适应本职工作的要求。

## （三）总会计师的任职资格

总会计师在单位负责人领导下，主管单位的经济核算和财务会计工作。《会计法》规定，国有的和国有资产占控股地位或者主导地位的大、中型企业必须设置总会计师。总会计师由具有会计师以上专业技术资格的人员担任。国有大、中型企业以外的其他单位可以根据业务需要，视情况自行决定是否设置总会计师。

总会计师的提法源自苏联的计划经济体制，当时总会计师是一个既对国家负责，又对厂长（经理）负责的职位。进入市场经济时代之后，我国企业一般都是在"对总经理负责"这一含义上定位总会计师的职责。

总会计师是单位领导成员，协助单位负责人开展工作。总会计师全面负责本单位的财务会计管理和经济核算，参与本单位的重大经营决策活动，是单位负责人的得力助手。因此，为了保障总会计师有职有权，充分发挥总会计师的作用，根据长期的实践经验，凡设置总会计师的单位不能再设置与总会计师职责重叠的副职。总会计师依法行使职权，应受到法律的保护，任何人包括单位负责人，都不得阻碍总会计师依法行使职权。

按照《总会计师条例》的规定，担任总会计师，应具备以下条件：一是坚持社会主义方向，积极为社会主义市场经济建设和改革开放服务；二是坚持原则，廉洁奉公；三是取得会计师任职资格后，主管一个单位或者单位内一个重要方面财务会计工作的时间不少于三年；四是有较高的理论水平，熟悉国家的财经纪律、法规、方针和政策，掌握现代化管理的有关知识；五是具备本行业的基本业务知识，熟悉行业情况，有较强的组织领导能力；六是身体健康，胜任本职工作。

### （四）会计人员的岗位职责、权限与法律责任

进一步明确会计人员在整个单位经济管理中的职责与权限，是实现会计机构的岗位责任制、充分发挥会计人员作用的先决条件。

1. 会计人员的岗位职责

（1）会计的岗位职责。遵守国家和本单位各项收入、费用开支范围和开支标准的规定，保证资金预算的正常实施，并对预算超支负直接责任；按照会计制度和本单位会计核算管理的有关规定记账、结账、报账，做到手续完备、内容真实、数字准确、账目清楚，按期向税务、财政和统计部门报送会计报表；按照财务核算体系和有关规定的要求，全面、清晰、准确地进行成本、费用、收入、利润、资产、负债及现金流量的核算，并定期上报相关的核算报表；定期进行单位、部门、产品、项目的成本、费用、收入的比较和分析，为相应的经营管理人员提供准确的财务分析数据。

（2）出纳的岗位职责。按照会计核算管理的有关规定记账、结账、报账，做到手续完备、内容真实、数字准确、账目清楚；严格执行公司有关货币资金核算管理的规定；协助会计做好相关的财务工作。

（3）主管会计的岗位职责。保证本单位会计核算的全面、及时和准确，对经济决策提供有效的管理会计依据，负责为新上项目或贷款编制财务可行性分析报告，负责预、决算方案的编制；保证本单位各项上缴税金的合理性，依法及时上缴各种税金，杜绝罚没性支出；保证本单位资产的安全性，合理使用资金，保护本单位利益不受侵害，杜绝资产的内部跑漏现象；保证为有关部门和人员提供快捷、有效的财务服务；负责会计凭证和会计报表的审核。

（4）总会计师的岗位职责。编制和执行预算、财务收支计划、信贷计划，拟订资金筹措和使用方案，开辟财源，有效地使用资金；进行成本费用的预测、计划、控制、预算、分析和考核，督促本单位有关部门降低消耗，节约费用，提高经济效益；建立、健全经济核算制度，利用财务会计资料进行经济活动分析；承办单位主要行政领导人交办的其他工作；负责对本单位财会机构的设置和会计人员的配备、会计专业职务的设置和聘任提出方案；组织会计人员的业务培训和考核；支持会计人员依法行使职权；协助单位主要行政领导人对企业的生产经营、行政事业单位的业务发展以及基本建设投资等问题做出决策；参与新产品、技术改造、科技研究、商品（劳务）、价格和工资奖金等方案的制订；参与重大经济协议的研究、审查。

2. 会计人员的主要权限

会计人员有权要求有关部门、人员认真执行国家政策、法规，遵守单位的财经纪律和财会制度；如有违反，会计人员有权拒绝付款、拒绝报销或拒绝执行，并向财务负责人报告。

会计人员有权参与编制财务计划，对重大经济活动进行可行性研究，监督经济合同的

履行。

财会人员有权监督、检查有关部门的财务收支、资金使用和财产保管情况，有关部门应如实提供资料和反映情况。对超出本单位或部门预算的费用和成本支出，有权暂停付款，并向本单位财务负责人汇报。

### 3. 会计人员的法律责任

根据 2017 年 11 月 4 日第十二届全国人民代表大会常务委员会第三十次会议对《会计法》的第二次修正，会计人员的法律责任如下：

（1）因有提供虚假财务会计报告，做假账，隐匿或者故意销毁会计凭证、会计账簿、财务会计报告，与会计职务有关的违法行为被依法追究刑事责任的人员，不得再从事会计工作。

（2）有以下行为之一的会计人员，构成犯罪的，依法追究刑事责任；情节严重的，五年内不得从事会计工作：①不依法设置会计账簿；②私设会计账簿；③未按照规定填制、取得原始凭证或者填制、取得的原始凭证不符合规定；④以未经审核的会计凭证为依据登记会计账簿或者登记会计账簿不符合规定；⑤随意变更会计处理方法；⑥向不同的会计资料使用者提供的财务会计报告编制依据不一致；⑦未按照规定使用会计记录文字或者记账本位币；⑧未按照规定保管会计资料，致使会计资料毁损、灭失；⑨未按照规定建立并实施单位内部会计监督制度或者拒绝依法实施的监督或者不如实提供有关会计资料及有关情况；⑩任用会计人员不符合《会计法》规定。

（3）伪造、变造会计凭证、会计账簿，编制虚假财务会计报告，隐匿或者故意销毁依法应当保存的会计凭证、会计账簿、财务会计报告，构成犯罪的，依法追究刑事责任。不构成犯罪的会计人员，五年内不得从事会计工作。

## （五）会计人员专业技术职务

会计工作具有很强的技术性，要求会计人员必须具备必要的专业知识和业务技能。各单位的会计人员依据学历、从事财务会计工作的年限、业务水平和工作成绩并通过国家组织的会计人员技术资格统一考试，评聘相应的专业技术职务。

会计专业技术资格分为初级资格、中级资格和高级资格三个级别，分别对应初级会计师（或助理会计师）或会计员、会计师和高级会计师。其中初级和中级会计资格的取得须参加全国统一考试，并且成绩合格；高级会计师资格实行考试与评审相结合的评价办法，凡申请参加高级会计师资格评审的人员，考试合格后，方可参加评审。初级会计资格考试科目有初级会计实务和经济法基础，中级会计资格考试科目有中级会计实务、财务管理和经济法。全部考试科目通过后，取得相应的会计资格。取得初级、中级会计资格表明已具备相应级别会计专业技术职务的任职资格。会计专业技术职务是区别会计人员业务技能的技术等级，只有取得会计任职资格，才可以被单位聘任或任命为助理会计师、会计师等会计专业技术职务。

要报名参加全国统一的会计职称考试，无论是初级、中级还是高级职称，都须满足下列三个基本条件：第一，坚持原则，具备良好的职业道德品质；第二，认真执行《会计法》和国家统一的会计制度，以及有关财经法律、法规、规章制度，无严重违反财经纪律的行为；第三，履行岗位职责，热爱本职工作。

**1. 会计员**

会计员任职的基本条件如下：

（1）初步掌握财务会计知识和技能；

（2）熟悉并能遵照执行有关会计法规和财务会计制度；

（3）能胜任一个岗位的财务会计工作；

（4）大学专科或中等专业学校毕业，在财务会计工作岗位上见习一年期满。

会计从业资格证被取消后，成为会计员无须参加考试。

**2. 助理会计师**

助理会计师任职的基本条件如下：

（1）掌握一般的财务会计基本理论和专业知识。

（2）熟悉并能正确执行有关财经方针、政策和财务会计法规、制度。

（3）能胜任一个方面或某个重要岗位的工作。

（4）取得硕士学位或其他相应学位，具备履行助理会计师职责的能力；或大学本科毕业，在会计岗位上见习一年期满；或大学专科毕业并担任会计员职务两年以上；或中等专业学校毕业并担任会计员职务四年以上。

（5）通过初级会计职称考试。

初级会计职称考试是实行全国统一组织、统一考试时间、统一考试大纲、统一考试命题、统一合格标准的考试，初级会计职称考试原则上每年举行一次。

①报名条件：具备参加会计职称考试的三个基本条件；具备教育部门认可的高中以上学历。

②考试科目：初级会计职称考试设初级会计实务、经济法基础两个科目，必须在一个考试年度全部通过考试。初级会计实务科目考试时长为 2 小时，经济法基础科目考试时长为 1.5 小时，两个科目连续考试，分别计算考试成绩。

初级会计职称考试实行无纸化考试。

**3. 会计师**

会计师任职的基本条件如下：

（1）较系统地掌握财务会计的基本理论和专业知识。

（2）掌握并能正确贯彻执行有关的财经方针、政策和财务会计法规、制度。

（3）具有一定的工作经验，能胜任一个单位或管理一个地区、一个部门、一个系统某个方面的财务会计工作。

（4）取得博士学位，并具有履行会计师职责的能力；或取得硕士学位并担任助理会计师职务两年左右；或取得第二学位或研究生结业证书并担任助理会计师职务两至三年；或大学本科、大学专科毕业并担任助理会计师职务四年以上。

（5）掌握一门外语。

（6）通过中级会计职称考试。①报名条件：具备参加会计职称考试的三个基本条件；满足会计师任职基本条件的前五项。②考试科目：中级会计职称考试有三个科目，即财务管理、经济法和中级会计实务。必须在连续的两个考试年度内全部通过，方可获得中级会计职称证书。

中级会计职称考试实行无纸化考试。

取得专业技术职务，一般应符合相应的学历和工作年限要求，但对确有真才实学、成绩显著、贡献突出、符合任职条件的人，在确定其相应专业技术职务时，可不受学历和工作年限的限制。

**4. 高级会计师**

（1）高级会计师任职的基本条件高级会计师任职的基本条件如下：

1）较系统地掌握经济、财务会计理论和专业知识。

2）具有较高的理论水平和丰富的财务会计工作经验。

3）能胜任一个地区、一个部门或一个系统的财务会计管理工作。

4）取得博士学位并担任会计师两至三年；或取得硕士学位、第二学位、研究生班结业证书或大学本科毕业并担任会计师职务五年以上。

5）较熟练地掌握一门外语。

（2）高级会计师考试与评审。

高级会计师考试采用考评结合的方式，考生通过高级会计实务考试之后才有资格参加评审。除了要有符合条件的成绩证明，很多地方还要求考生通过职称英语与职称计算机考试，有一定的专业技术工作经历，有规定的业绩成果条件（比如论文、论著、业绩与成果等），各地要求不一。

高级会计实务考试也实行无纸化考试，题型主要为案例分析，内容涵盖企业战略与财务战略、企业投资、融资决策与集团资金管理、企业预算管理、业绩评价、企业内部控制、企业成本管理、企业并购、金融工具会计、长期股权投资与合并财务报表以及行政事业单位预算管理、会计处理与内部控制的相关知识。

在我国大多省、市的人事职称系列中，高级会计师属于副高职称，相当于大学副教授这一级；浙江、吉林、广东、江苏、河北、辽宁、湖南、山东、湖北等省已经开展了正高级会计师的评审工作，获得高级会计师职称的财务人员，如果按该省相关规定获得了正高级会计师资格，就取得了正高职称，相当于大学教授这一级。

## （六）会计人员继续教育

会计人员继续教育是指国家为提高会计人员的政治素质、业务能力、职业道德水平，使其知识和技能不断得到更新、补充、拓展和提高而对会计人员进行的综合素质教育。

我国的《会计专业技术人员继续教育规定》对会计人员继续教育问题做了具体规定。《会计法》对此也做了明确的规定："会计人员应当遵守职业道德，提高业务素质。对会计人员的教育和培训工作应当加强。"

### 1. 会计人员继续教育的对象及开始时间

根据规定，会计人员继续教育的对象为国家机关、企业、事业单位以及社会团体等组织（以下称单位）具有会计专业技术资格的人员，或不具有会计专业技术资格但从事会计工作的人员（简称会计专业技术人员）。这就意味着，持有会计专业技术资格证书即会计职称证书（包括初级会计职称、中级会计职称和高级会计职称），或者不具有会计专业技术资格但从事会计工作的人员都需要参加会计继续教育。

具有会计专业技术资格的人员应当自取得会计专业技术资格的次年开始参加继续教育，并在规定时间内取得规定学分。

不具有会计专业技术资格但从事会计工作的人员应当自从事会计工作的次年开始参加继续教育，并在规定时间内取得规定学分。

### 2. 会计人员继续教育的内容和形式

会计专业技术人员继续教育应当紧密结合经济社会和会计行业发展要求，以能力建设为核心，突出针对性、实用性，兼顾系统性、前瞻性，为经济社会和会计行业发展提供人才保障和智力支持。继续教育应坚持以人为本、按需施教、突出重点、提高能力、加强指导、创新机制的原则。

会计专业技术人员继续教育内容包括公需科目和专业科目。公需科目包括专业技术人员应当普遍掌握的法律法规、政策理论、职业道德、技术信息等基本知识；专业科目包括会计专业技术人员从事会计工作应当掌握的财务会计、管理会计、财务管理、内部控制与风险管理、会计信息化、会计职业道德、财税金融、会计法律法规等相关专业知识。

会计专业技术人员继续教育的形式有：继续教育管理部门（包括县级以上地方人民政府财政部门、人力资源和社会保障部门，新疆生产建设兵团财政局、人力资源和社会保障局，中共中央直属机关事务管理局，国家机关事务管理局）组织的会计专业技术人员继续教育培训、高端会计人才培训、全国会计专业技术资格考试等会计相关考试、会计类专业会议等；会计继续教育机构或用人单位组织的会计专业技术人员继续教育培训；国家教育行政主管部门承认的中专及以上会计类专业学历（学位）教育；承担继续教育管理部门或行业组织（团体）的会计类研究课题，或在有国内统一连续出版物号（CN）的经济、管理类报刊上发表会计类论文；公开出版会计类书籍；参加注册会计师、资产评估师、税务师等继续教育培训；继续教育管理部门认可的其他形式。

会计专业技术人员继续教育采用的课程、教学方法，应当适应会计工作要求和特点。同时，积极推广网络教育等方式，提高继续教育教学和管理的信息化水平。

### 3.会计人员继续教育的学分管理

会计专业技术人员参加继续教育实行学分制管理，每年参加继续教育取得的学分不少于90学分。其中，专业科目学分一般不少于总学分的2/3。

会计专业技术人员参加继续教育取得的学分，在全国范围内当年度有效，不得结转以后年度。

参加全国会计专业技术资格考试等会计相关考试，每通过一科考试或被录取的，折算为90学分；参加会计类专业会议，每天折算为10学分。参加国家教育行政主管部门承认的中专及以上会计类专业学历（学位）教育，通过当年度一门学习课程考试或考核的，折算为90学分。独立承担继续教育管理部门或行业组织（团体）的会计类研究课题，课题结项的，每项研究课题折算为90学分；与他人合作完成的，每项研究课题的课题主持人折算为90学分，其他参与人每人折算为60学分。独立在有国内统一连续出版物号（CN）的经济、管理类报刊上发表会计类论文的，每篇论文折算为30学分；与他人合作发表的，每篇论文的第一作者折算为30学分，其他作者每人折算为10学分。独立公开出版会计类书籍的，每本会计类书籍折算为90学分；与他人合作出版的，每本会计类书籍的第一作者折算为90学分，其他作者每人折算为60学分。参加其他形式的继续教育，学分计量标准由各省、自治区、直辖市、计划单列市财政厅（局）（以下称省级财政部门）、新疆生产建设兵团财政局会同本地区人力资源和社会保障部门、中央主管单位制定。

对会计专业技术人员参加继续教育情况实行登记管理：参加继续教育管理部门组织的继续教育和会计相关考试，由县级以上地方人民政府财政部门、新疆生产建设兵团财政局或中央主管单位应当直接为会计专业技术人员办理继续教育事项登记；参加会计继续教育机构或用人单位组织的继续教育，县级以上地方人民政府财政部门、新疆生产建设兵团财政局或中央主管单位应当根据会计继续教育机构或用人单位报送的会计专业技术人员继续教育信息，为会计专业技术人员办理继续教育事项登记；参加其他形式的继续教育的，应当在年度内登录所属县级以上地方人民政府财政部门、新疆生产建设兵团财政局或中央主管单位指定网站，按要求上传相关证明材料，申请办理继续教育事项登记，也可持相关证明材料向所属继续教育管理部门申请办理继续教育事项登记。

### 4.会计人员继续教育的考核及评价

第一，用人单位应当建立本单位会计专业技术人员继续教育与使用、晋升相衔接的激励机制，将参加继续教育情况作为会计专业技术人员考核评价、岗位聘用的重要依据。会计专业技术人员参加继续教育情况，应当作为聘任会计专业技术职务或者申报评定上一级资格的重要条件。

第二，继续教育管理部门应当加强对会计专业技术人员参加继续教育情况的考核与评价，并将考核、评价结果作为参加会计专业技术资格考试或评审、先进会计工作者评选、高端会计人才选拔等的依据之一，并纳入其信用信息档案。对未按规定参加继续教育或者参加继续教育未取得规定学分的会计专业技术人员，继续教育管理部门应当责令其限期改正。

第三，继续教育管理部门应当依法对会计继续教育机构、用人单位执行继续教育规定的情况进行监督，定期组织或者委托第三方评估机构对所在地会计继续教育机构进行教学质量评估，评估结果作为承担下年度继续教育任务的重要参考。

# 第三节　会计工作交接与档案管理

## 一、会计工作交接

会计工作交接是指会计人员工作调动或者因故离职时，与接替人员办理交接手续的一种工作程序。

### （一）会计工作交接手续的办理意义

会计人员调动工作或者离职时，与接替人员办清交接手续，是会计人员应尽的职责，也是做好会计工作的基本要求。

（1）做好会计交接工作，可以保证会计工作的连续性。会计工作是一个不间断的连续过程，会计人员离任时办理工作交接手续，可以保证会计工作的连续性，保证会计工作的顺利进行。

（2）做好会计交接工作，既要做到账目清楚，又要做到交接清楚，这可以防止因会计人员变动导致账目不清、工作混乱现象的发生，也有利于发现工作中的弊端。

（3）进行会计交接工作，是划清移交人员与接替人员责任的有效措施。会计工作交接时，按规定必须进行账目核对、财产清查等工作，因而出现问题时可以划清移交人员与接替人员的责任。

### （二）会计工作交接的范围

（1）临时离职或因病不能工作、需要接替或代理的，会计机构负责人（会计主管人员）或单位负责人必须指定专人接替或者代理，并办理会计工作交接手续。

（2）临时离职或因病不能工作的会计人员恢复工作时，应当与接替或代理人员办理交接手续。

（3）移交人员因病或其他特殊原因不能亲自办理交接手续的，经单位负责人批准，可由移交人委托他人代办交接，但委托人应当对所移交的会计凭证、会计账簿、财务会计报告和其他有关资料的真实性、完整性负责。

## （三）会计工作交接的主要内容

会计交接工作大致包括交接前准备、移交点收、专人监交、交接后事项处理等内容。

### 1. 交接前的准备工作

会计人员办理移交手续前，必须及时做好以下工作：

（1）已经受理的经济业务尚未填制会计凭证的，应当填制完毕。

（2）尚未登记的账目，应当登记完毕，并在最后一笔余额后加盖经办人员印章。

（3）整理应该移交的各项资料，对未了事项写出书面材料。

（4）编制移交清册，列明应该移交的会计凭证、会计账簿、财务会计报告、公章、现金、有价证券、支票簿、发票、文件、其他会计资料和物品等内容；实行会计电算化的单位，从事该项工作的移交人员应在移交清册上列明会计软件及密码、数据盘、磁带等内容[①]。

（5）会计机构负责人（会计主管人员）移交前，应将财务会计工作、重大财务收支问题和会计人员等情况向接替人员介绍清楚。

### 2. 移交点收

移交人员在办理移交时，要按移交清册逐项移交，接替人员要逐项核对点收。

（1）对于现金，要根据会计账簿记录余额进行当面点交，不得短缺。接替人员发现不一致或"白条抵库"现象时，移交人员在规定期限内应负责查清处理。

（2）有价证券的数量要与会计账簿记录一致，有价证券面额与发行价不一致时，按照会计账簿余额交接。

（3）会计凭证、会计账簿、财务会计报告和其他会计资料必须完整无缺，不得遗漏。如有短缺，必须查清原因，并在移交清册中加以说明，由移交人员负责。

（4）银行存款账户余额要与银行对账单核对相符，如有未达账项，应编制银行存款余额调节表调节相符；各种财产物资和债权、债务的明细账户余额，要与总账有关账户的余额核对相符；对重要实物要实地盘点，对余额较大的往来账户要与往来单位、个人核对。

（5）公章、收据、空白支票、发票、科目印章以及其他物品等必须交接清楚。

（6）电子会计档案移交时将电子会计档案及其元数据一并移交，且文件格式应当符合国家档案管理的有关规定；特殊格式的电子会计档案应当与其读取平台一并移交。单位档案管理机构接收电子会计档案时，应当对电子会计档案的准确性、完整性、可用性、安全性进行检测，符合要求的才能接收。

---

① 王文军：《会计工作交接的基本程序及应注意的问题》，载《中国资源综合利用》2010年第28卷第9期，第54-55页。

### 3. 专人监交

为了明确责任，会计人员办理工作交接时，必须有专人负责监交。

（1）一般会计人员办理交接手续时，由会计机构负责人（会计主管人员）监交。

（2）会计机构负责人（会计主管人员）办理交接手续时，由单位负责人监交，必要时主管单位可以派人会同监交。主管单位派人会同监交的情况如下：①所属单位负责人不能监交，需要由主管单位派人代表主管单位监交。如因单位撤并而办理交接手续等。②所属单位负责人不能尽快监交，需要由主管单位派人督促监交。如主管单位责成所属单位撤换不合格的会计机构负责人（会计主管人员），所属单位负责人却以种种借口拖延不办交接手续时，主管单位就应派人督促会同监交。③不宜由所属单位负责人单独监交，而需要主管单位会同监交。如所属单位负责人与办理交接手续的会计机构负责人（会计主管人员）有矛盾，交接时需要主管单位派人会同监交，以防单位负责人借机刁难。④主管单位认为交接中存在某种问题需要派人监交时，也可派人会同监交。

### 4. 交接后的事项处理

（1）会计工作交接完毕后，交接双方和监交人在移交清册上签名或盖章，并应在移交清册上注明单位名称，交接日期，交接双方和监交人的职务、姓名，移交清册页数以及需要说明的问题和意见，等等。

（2）接替人员应继续使用移交前的账簿，不得擅自另立账簿，以保证会计记录前后衔接、内容完整。

（3）移交清册一般应填制一式三份，交接双方各执一份，存档一份。

## （四）会计工作交接后的责任

会计交接工作完成后，移交人员所移交的会计凭证、会计账簿、财务会计报告和其他会计资料是在其经办会计工作期间发生的，其应当对这些会计资料的真实性、完整性负责；即便接替人员在交接时因疏忽没有发现所接会计资料在真实性、完整性方面的问题，事后发现的，仍应由原移交人员负责，原移交人员不得以会计资料已移交为由推脱责任。

## 二、会计档案管理

《会计档案管理办法》对会计档案下的定义为：会计档案是指单位在进行会计核算等过程中接收或形成的，记录和反映单位经济业务事项的，具有保存价值的文字、图表等各种形式的会计资料，包括通过计算机等电子设备形成、传输和存储的电子会计档案[1]。

---

[1] 周虹、耿照源：《会计学基础》，浙江大学出版社2019年版，第350页。

## （一）会计档案的作用表现

会计档案是会计活动的产物，是记录和反映经济活动的重要史料和证据，其作用表现在以下方面：

（1）会计档案是总结经验、揭露责任事故、打击经济领域犯罪、分析和判断事故原因的重要依据。

（2）会计档案提供的经济活动的史料，有助于各单位进行经济前景的预测，做出经营决策，编制财务成本计划。

（3）会计档案可以为解决经济纠纷、处理遗留的经济事务提供依据。

（4）会计档案在经济学的研究活动中发挥着重要史料价值的作用。

各单位必须加强对会计档案管理工作的领导，建立会计档案的立卷、归档、保管、查阅和销毁等管理制度，保证会计档案妥善保管、有序存放、方便查阅，严防损毁、散失和泄密。

## （二）会计档案的主要内容

会计档案的内容一般指会计凭证、会计账簿、会计报表以及其他会计资料等四部分。

（1）会计凭证是记录经济业务、明确经济责任的书面证明。它包括自制原始凭证、外来原始凭证、原始凭证汇总表、记账凭证（收款凭证、付款凭证、转账凭证三种）、记账凭证汇总表、银行存款（借款）对账单、银行存款余额调节表等。

（2）会计账簿是由一定格式、相互联结的账页组成，以会计凭证为依据，全面、连续、系统地记录各项经济业务的簿籍。它包括总分类账、各类明细账、现金日记账、银行存款日记账以及辅助登记备查簿等。

（3）会计报表是反映企业财务状况和经营成果的总结性书面文件，主要有主要财务指标快报，月度、季度、年度会计报表，包括资产负债表、损益表、财务情况说明书等。

（4）其他会计资料属于经济业务范畴，与会计核算、会计监督紧密相关的，由会计部门负责办理的有关数据资料，如纳税申报表、会计档案移交清册、会计档案保管清册、会计档案销毁清册、会计档案鉴定意见书及其他具有保存价值的会计资料。

## （三）电子会计档案

随着各单位信息化水平和精细化管理程度的日益提高，越来越多的会计凭证、账簿、报表等会计资料以电子形式产生、传输、保管，形成了大量电子会计档案。电子会计档案为互联网创新经济发展提供了有力的支持；有利于形成绿色、低碳的发展方式，形成节约资源和保护环境的空间格局、产业结构、生产方式、生活方式；有利于国家开展深度数据挖掘、扁平网络传递，实现决策科学化、管理精细化等治理能力现代化。

《会计档案管理办法》规定，单位可以利用计算机、网络通信等信息技术手段管理会计档案。同时满足下列条件的，单位内部形成的属于归档范围的电子会计资料可仅以电子形式保存（即不再打印纸质归档保存），形成电子会计档案：

（1）形成的电子会计资料来源真实有效，由计算机等电子设备形成和传输。

（2）使用的会计核算系统能够准确、完整、有效接收和读取电子会计资料，能够输出符合国家标准归档格式的会计凭证、会计账簿、财务会计报表等会计资料，设定了经办、审核、审批等必要的审签程序。

（3）使用的电子档案管理系统能够有效接收、管理、利用电子会计档案，符合电子档案的长期保管要求，并建立了电子会计档案与相关联的其他纸质会计档案的检索关系。

（4）采取有效措施，防止电子会计档案被篡改。

（5）建立电子会计档案备份制度，能够有效防范自然灾害、意外事故和人为破坏的影响。

（6）形成的电子会计资料不属于具有永久保存价值或者其他重要保存价值的会计档案。

此外，单位从外部接收的电子会计资料附有符合《中华人民共和国电子签名法》规定的电子签名的，可仅以电子形式归档保存，形成电子会计档案。

## （四）会计档案的保管

单位会计管理机构按照归档范围和归档要求，负责定期将应当归档的会计资料整理立卷，编制会计档案保管清册。当年形成的会计档案，在会计年度终了后，可由单位会计管理机构临时保管1年，再移交单位档案管理机构保管。因工作须要确需推迟移交的，应当经单位档案管理机构同意。单位会计管理机构临时保管会计档案最长不超过3年。临时保管期间，会计档案的保管应当符合国家档案管理的有关规定，且出纳人员不得兼管会计档案。

### 1. 会计档案保管的要求

（1）会计档案室应选择在干燥防水的地方，并远离易燃品堆放地，周围应备有相应的防火器材。

（2）采用透明塑料膜做防尘罩、防尘布，遮盖所有档案架，堵塞鼠洞。

（3）会计档案室内应经常用消毒药剂喷洒，保持清洁卫生，以防虫蛀。

（4）会计档案室应保持通风透光，并有适当的空间、通道和查阅的地方，以利查阅，并做好防潮工作。

（5）设置归档登记簿、档案目录登记簿、档案借阅登记簿，严防毁坏、损失、散失和泄密。

（6）会计电算化档案保管要注意防盗、防磁等。

单位分立后原单位存续的，其会计档案应当由分立后的存续方统一保管，其他方可以查阅、复制与其业务相关的会计档案。单位分立后原单位解散的，其会计档案应当经各方协商后由其中一方代管或按照国家档案管理的有关规定处置，各方可以查阅、复制与其业务相关的会计档案。单位分立中未结清的会计事项所涉及的会计凭证，应当单独抽出由业务相关方保存，并按照规定办理交接手续。单位因业务移交其他单位办理所涉及的会计档案，应当由原单位保管，承接业务单位可以查阅、复制与其业务相关的会计档案。对其中未结清的会计事项所涉及的会计凭证，应当单独抽出由承接业务单位保存，并按照规定办理交接手续。单位合并后原各单位解散或者一方存续其他方解散的，原各单位的会计档案应当由合并后的单位统一保管。单位合并后原各单位仍存续的，会计档案应当由原各单位保管。

建设单位在项目建设期间形成的会计档案，需要移交给建设项目接受单位的，应当在办理竣工财务决算后及时移交，并按照规定办理交接手续。

2. 会计档案的借阅要求

（1）单位保存的会计档案一般不得对外借出。确因工作需要且根据国家有关规定必须借出的，应当严格按照规定办理相关手续。

（2）外部借阅会计档案时，应持有单位正式介绍信，经会计主管人员或单位领导人批准后，方可办理借阅手续；单位内部人员借阅会计档案时，经会计主管人员或单位领导人批准后，方可办理借阅手续。借阅人应认真填写档案借阅登记簿，将借阅人姓名、单位、日期、档案数量与内容、归期等情况登记清楚。

（3）借阅会计档案人员不得在案卷中乱画、标记，拆散原卷册，也不得涂改、抽换、携带外出或复制原件（如有特殊情况，经领导批准后，方能携带外出或复制原件）。

（4）借出的会计档案，会计档案管理人员要按期如数收回，并办理注销借阅手续。

3. 会计档案保管的期限

按保管期限的不同，会计档案可分为永久性和定期性两类。凡是在立档单位会计核算中形成的，记述和反映会计核算的，对工作总结、查考和研究经济活动具有长远利用价值的会计档案，应永久保存。定期保管期限一般分为 10 年和 30 年。会计档案的保管期限，从会计年度终了后的第一天算起。这里的保管期限为最低保管期限。

为了全面反映会计档案情况，上档部门应设置会计档案备查表及时记录会计档案的保存数、借阅数和归档数，做到心中有数、不出差错。

## （五）会计档案的销毁

会计档案的销毁是会计档案管理的重要环节，其中鉴定工作是档案销毁的前提和基础。单位应当定期对已到保管期限的会计档案进行鉴定，并形成会计档案鉴定意见书。经鉴定，仍须继续保存的会计档案，应当重新划定保管期限；保管期满，确无保存价值的会计档案，可以销毁。

会计档案鉴定工作应当由单位档案管理机构牵头，组织单位会计、审计、纪检监察等机构或人员共同进行。

经鉴定可以销毁的会计档案，应当按照以下程序销毁：

(1) 单位档案管理机构编制会计档案销毁清册，列明拟销毁会计档案的名称、卷号、册数、起止年度、档案编号、应保管期限、已保管期限和销毁时间等内容。

(2) 单位负责人、档案管理机构负责人、会计管理机构负责人、档案管理机构经办人、会计管理机构经办人在会计档案销毁清册上签署意见。

(3) 单位档案管理机构负责组织会计档案销毁工作，并与会计管理机构共同派员监销。监销人在会计档案销毁前，应当按照会计档案销毁清册所列内容进行清点核对；在会计档案销毁后，应当在会计档案销毁清册上签名或盖章。

(4) 电子会计档案的销毁还应当符合国家有关电子档案的规定，并由单位档案管理机构、会计管理机构和信息系统管理机构共同派员监销。

但是，保管期满但未结清的债权、债务会计凭证和涉及其他未了事项的会计凭证不得销毁，纸质会计档案应当单独抽出立卷，电子会计档案单独转存，保管到未了事项完结时为止。单独抽出立卷或转存的会计档案，应当在会计档案鉴定意见书、会计档案销毁清册和会计档案保管清册中列明。

# 第七章　会计信息化发展与标准体系构建

## 第一节　企业信息化与会计信息化初探

### 一、企业信息化的内涵与实现

企业信息化是指以开发和利用企业内外部信息资源为出发点，利用现代信息技术以提高效率和效益、增强企业竞争力、实现企业现代化管理的过程[①]。

#### （一）企业信息化的内涵阐释

企业的主要任务是产品的设计、生产、营销以及伴随发生的管理活动，因此企业信息化必须覆盖业务信息化与管理信息化两个方面。其具体包括以下内容：

（1）产品设计信息化。通过采用计算机辅助设计（CAD）或仿真模拟技术加快产品的研发，实现设计自动化，缩短产品设计周期，降低产品设计成本。

（2）生产过程信息化。通过电子信息和自动控制技术对生产过程中的制造、测量和控制实现自动化。为此，企业需要采用计算机辅助制造（CAM）技术以及其他自动控制技术控制生产过程，以减轻人们的劳动强度，提高产品的质量。

（3）管理信息化。管理信息化即实现计划、财务、人事、物资、办公等方面的管理自动化。为此，企业方面要建立管理信息系统（MIS）、决策支持系统（DSS）、专家系统（ES）以及办公自动化系统（OA）。近年来成为热门话题的企业资源计划（ERP）、供应链管理（SCM）、客户关系管理（CRM）基本上都属于MIS的范畴。

（4）商务营运信息化。商务营运信息化即基于Internet实施全过程的电子商务，包括广告浏览、市场调查、谈判、网上订货、电子支付、货物配送、售后服务等全程信息化。

#### （二）企业信息化的实现

企业信息化的实现是一个过程，需要做好总体规划，明确目标，按效益驱动的原则分

---

[①] 李雄平：《信息化背景下会计领域的新发展》，四川大学出版社2019年版，第1页。

期实施。其具体工作包括以下内容：

（1）开发信息资源。要规范企业各类数据，按集成的需求分类编码，建立相应的数据库。同时，还要制定信息资源开发的有关规章制度。

（2）建设企业信息化的基础设施。如建设数据采集设备、生产过程控制系统、用于辅助设计及管理的计算机系统以及通信网络系统。

（3）开发信息系统。如支持制造的控制系统、辅助设计系统以及管理信息系统。为此，必须调整组织机构和重组业务流程，以支持这些信息系统的集成。

（4）对企业各级人员进行培训。使他们了解信息化的基础知识，学习信息技术，并应用到自己的业务活动中。同时，企业领导也要接受培训。

## 二、会计信息化的内容及作用

会计信息化是指将会计信息作为管理信息资源，全面运用信息技术获取会计信息，并进行加工、传输、应用等处理，建立信息技术与会计高度融合的、开放的现代会计信息系统，为企业经营管理、控制决策提供充足、实时、全方位的信息。会计信息化是信息社会的产物，是未来会计的发展方向。会计信息化不仅将先进的信息技术引入会计学科，与传统的会计工作相融合，它还包含有更深的内容，如会计基本理论信息化、会计实务信息化、会计教育信息化、会计管理信息化等。

### （一）会计信息化的内容

#### 1. 会计核算信息化

会计核算信息化按信息载体不同可分为会计凭证、会计账簿和会计报表 3 个子系统。

会计核算信息化是会计信息化的第一个阶段，主要内容包括：建立会计科目信息化、填制会计凭证信息化、登记会计账簿信息化、成本计算信息化、编制会计报表信息化等。

（1）建立会计科目信息化。建立会计科目信息化是通过系统初始化功能实现的，除了输入总分类和明细分类会计科目名称和编码外，还要输入会计核算所必需的期初及有关资料，包括年初数、累计发生额、往来款项、工资、固定资产、存货、成本费用、营业收入核算必需的期初数字；计算有关指标需要的各种比例；选择会计核算方法，包括记账方法、固定资产折旧方法、存货计价方法、成本核算方法等；定义自动转账凭证；输入操作人员岗位分工情况，包括操作人员姓名、操作权限、操作密码等。

（2）填制会计凭证信息化。会计凭证包括原始凭证和记账凭证。这些凭证在各个会计核算软件中是不同的。记账凭证是根据审核无误的原始凭证登记的，有的会计核算软件要求会计人员手工填制好记账凭证，再由操作人员输入计算机；有的会计核算软件要求会计人员根据原始凭证，直接在计算机屏幕上填制记账凭证；有的会计核算软件要求会计人员直接将原始凭证输入计算机，由计算机根据输入的原始凭证数据自动编制记账凭证。前两种方法比较接近，其区别在于一个是输入已经手工写好的记账凭证，另一个是边输入边做记账凭证，但都是把所有记账凭证输入计算机。而后一种方法与前两种有很大的差别，它增加了会计信息化的深度，提高了会计信息化的水平。

（3）登记会计账簿信息化。会计信息化后，登记会计账簿一般分两个步骤进行，首先是计算机根据会计凭证自动登记机内账簿，然后是把机内账簿打印输出。财政部在1996年发布的《会计基础工作规范》考虑了信息化的要求，对信息化条件下登记账簿提出了规范，改变了过去设计会计制度时主要考虑手工操作的做法。

（4）成本计算信息化。根据账簿记录，对企业经营过程中发生的采购费用、生产费用、销售费用进行成本计算，是会计核算的一项重要任务。在会计软件中，成本计算是由计算机根据机内上述费用，按照会计制度规定的方法自动进行的。许多通用会计软件提供了多种成本计算方法供用户选用；定点开发会计软件的成本计算方法，则相对少一些。

（5）编制会计报表信息化。编制会计报表工作在通用会计软件中都是由计算机自动进行的，一般都有一个用户可自行定义报表的生成功能模块，它可以定义报表的格式和数据来源等内容，这样无论报表如何变化都可以适应。但是在各种会计软件中，这个功能模块的开发水平有很大的差别，有的灵活性比较强，有的则比较差。《会计基础工作规范》规定："会计报表之间，会计报表各项目之间，凡有对应关系的数字，应该相互一致。本期会计报表与上期会计报表之间有关的数字应当相互衔接。"多数会计报表软件都具备按照这一规定自动进行核对的功能。

### 2. 会计管理信息化

会计管理信息化系统按会计管理的内容不同可以分为资金管理、成本管理和利润管理3个子系统。

会计管理信息化的主要表现为：①会计管理信息化不仅支持作业层和管理层的结构化和半结构化决策，而且对决策层的计划工作也是有用的；②会计管理信息化一般是面向报告和控制的；③会计管理信息化依赖于企业现有的数据和数据流；④会计管理信息化一般用过去和当前的数据辅助决策；⑤会计管理信息化是针对内部的而不是外部的；⑥会计管理信息化的信息需求是已知和稳定的。

会计管理信息化是在会计核算信息化的基础上，利用会计核算提供的数据和其他有关数据，借助计算机会计管理软件提供的功能和信息，帮助会计人员筹措和运用资金，节约生产成本和经费开支，提高经济效益。会计管理信息化主要有以下任务：①进行会计预测；②编制财务计划；③进行会计控制。

### 3. 会计决策支持信息化

会计决策支持信息化是会计信息化的最高阶段，在这个阶段，一般由会计辅助决策支持软件来完成决策工作。该软件根据会计预测的结果，对产品销售、定价、生产、成本、资金和企业经营方向等内容进行决策，并输出决策结果。其主要包括经营活动决策模型及其应用、投资活动决策模型及其应用、筹资活动决策模型及其应用。会计决策支持系统与会计信息系统的其他子系统共同构成了一个完整的会计信息系统，它们相辅相成，分别完成会计核算、会计管理、会计决策支持等相关工作。其中，会计核算信息化是基础，是后两个层次的重要数据来源；会计决策支持信息化是从前两个层次的信息化发展而来的，决策所依据的数据要靠前者来提供。

会计决策支持信息化的特点主要表现为：①会计决策支持信息化具有灵活性、适应性和快速响应性；②会计决策支持信息化让用户设置和控制系统的输入和输出；③会计决策支持信息化基本上不需要专业程序员的帮助；④会计决策支持信息化一般是针对非结构化问题的；⑤会计决策支持信息化需要使用复杂的分析和建模工具。

### （二）会计信息化的重要作用

会计信息化是会计发展史上的一次革命，与手工会计相比，不仅是处理工具的变化，在会计数据处理流程、处理方式、内部控制方式及组织机构等方面都与手工处理有许多不同之处，它的产生将对会计理论与实务产生重大影响，对于提高会计核算的质量、促进会计职能转变、提高经济效益和加强国民经济宏观管理，都具有十分重要的作用。

第一，提高工作效率，减轻劳动强度。在手工会计信息系统中，会计数据处理全部或主要是靠人工操作。因此，会计数据处理的效率低、错误多、工作量大。实现会计信息化后，计算机便自动、高速、准确地完成数据的校验、加工、传递、存储、检索和输出工作。这样不仅可以把广大财会工作人员从繁重的记账、算账、报账工作中解脱出来，而且由于计算机的数据处理速度大大快于手工，因而也大大提高了会计工作的效率，使会计信息的提供更加及时。

第二，促进会计工作规范化。目前，我国的会计基础工作尚很薄弱，而较好的会计基础和业务处理规范是实现会计信息化的前提条件。会计信息化的实施，要求会计工作人员熟练掌握会计软件的功能，按照会计软件所确定的流程及要求进行标准化、规范化的操作，从而在客观上促进了手工操作中不规范、易疏漏等问题的解决。因此，会计实现信息化的过程，也是促进会计工作标准化、制度化、规范化的过程。

第三，提高会计人员的素质，促进会计工作职能的转变。会计信息化可以使广大财会人员从繁重的手工核算中解脱出来，减轻劳动强度，使财会人员有更多的时间和精力参与经营管理。会计人员为适应会计职能转变与深化的需要，必须不断提高自身的专业素质，加强对计算机信息处理、网络技术、财务管理等方面知识的学习与掌握，以提高自身素质，应对会计信息化发展的需要。

第四，提升会计信息的全面性、及时性和准确性。在手工操作的情况下，企业会计核算工作无论在信息的系统性、及时性还是准确性方面都难以适应经济管理的需要。实现会计信息化后，大量的会计信息可以得到及时、准确的输出，即可以根据管理的需要，按年、季、月提供丰富的核算信息和分析信息，按日、时、分提供实时的核算信息和分析信息。随着企业内联网 Intranet 的建立，会计信息系统中的数据可以迅速传递到企业的任何管理部门，使企业经营者能及时掌握企业的最新情况和存在的问题，并采取相应的措施。

第五，奠定现代化管理的基础。在现代社会，企业不仅需要提高生产技术水平，而且还需要实现企业管理的现代化，以提高企业经济效益，使企业在竞争中立于不败之地。会计工作是企业管理工作的重要组成部分。据统计，会计信息占企业管理信息的60%～70%，而且多是综合性的指标。实现会计信息化，就为企业管理手段现代化奠定了重要基础，就可以带动或加速企业管理现代化的实现。

# 第二节 我国会计信息化发展演进与成就

经济体制改革的深入推进和信息技术的迅猛发展在制度与技术层面为我国会计信息化提供了成长的沃土，推动其实现了从"缓慢探索"到"全面推进"的伟大跨越。随着近年来大数据技术、人工智能、移动互联网和云计算等技术飞速发展及其在企业的推广应用，企业将逐渐成为一个集合财务、管理、业务等于一体的大数据平台。企业必须依托大智移云及时挖掘和充分利用各种信息，以全面提升管理效率，进而提升企业价值。

## 一、改革开放 40 多年我国会计信息化发展历程

### （一）1979—1988 年：缓慢探索，渐入正轨

改革开放之初，我国开始尝试推行会计电算化。1979 年，财政部和第一机械工业部为中国第一家会计电算化试点单位一长春第一汽车制造厂提供了 560 万元的财政支持，长春第一汽车制造厂借此从前东德进口一台 EC-1040 计算机以实行电算化会计。彼时，计算机只作为工资会计的辅助工具。1981 年，第一汽车制造厂和中国人民大学联合主办"财务、会计和成本应用计算机学术研讨会"，会议中将计算机技术在会计工作中的应用正式命名为"会计电算化"，这是我国首次确立"会计电算化"的概念。1982 年，国务院主导成立计算机和集成电路领导小组，重点推广全国计算机的应用，北京、上海、广州等发达地区的公司先后开展试点工作。自 1984 年以来，中国人民大学组织研究生先后为北京、石家庄的部分企业开发会计应用软件，帮助企业进行账务处理、报表编制、会计核算等工作。

1987 年，财政部颁布《关于国营企业推广应用电子计算机工作中若干财务问题的规定》，从提倡发展基金和严格管理成本支出两方面促进会计电算化的发展。1988 年 6 月，由财政部财政科学研究所主办的全国首届会计电算化学术研讨会在河北承德召开，会议提出了会计电算化应加强通用化、商业化，为会计电算化的发展指明了方向。同年 8 月，中国会计学会举办学术研讨会，对会计软件的实际运用提出了合理化建议。在起步之初，各界人士都在积极探索会计软件的商业化发展道路，为会计电算化的快速发展提供了理念、制度和人员上的准备。

在会计电算化应用起步的同时，会计电算化教育和科研也取得了一定进展。1984 年，

财政部财政科学研究所首次招收会计电算化研究生，中国会计电算化高等教育迈出新步伐。1987 年 11 月，中国会计学会正式成立会计电算化研究小组，其理论研究引起业内人士的广泛重视，中国会计电算化高等教育在缓慢摸索中渐入正轨。

### （二）1989—1998 年：重点关注，快速发展

1989 年，为交流会计电算化的管理工作经验，促进会计电算化的进一步升级，财政部召开了会计电算化管理专题讨论会，讨论并修订了《关于会计核算软件管理的几项规定（试行)》。该规定明确了政府会计电算化的重要性，决定在各级财政部门推行会计电算化的试点工作，会计电算化逐渐代替传统手工记账。自此，会计电算化开启了实践应用的新纪元。

随着国内会计电算化的推行，我国会计软件市场日益扩大。众多国际大型会计软件开发公司纷纷进驻我国进行市场开发与拓展。一些本土会计软件开发公司如用友、金算盘、金蝶等纷纷成立，促进了会计软件在我国企业核算中的应用与推广，进而推动了我国会计电算化的发展。财政部颁布的《会计电算化知识培训管理办法（试行)》则进一步促进了会计电算化社会教育的发展。截至 1998 年底，我国约有 2 万名会计人员接受过正规会计电算化的培训，为财务软件的实践应用构成了重要的人员支撑。在社会教育取得一定成效的同时，高等教育也取得重大突破。1996 年，财政部财政科学研究所成立第一个会计电算化博士点，此后多家高校先后开始招收会计电算化博士研究生，会计电算化正式成为会计学科研究的重要方向。

### （三）1999—2008 年：厚积薄发，稳步提高

1999 年，会计软件市场管理暨会计信息化研讨会召开，大会探讨了会计软件的市场情况，交流了企业会计电算化的管理经验，并明确指出会计信息化将成为下个世纪会计电算化的发展方向。在此之后，我国一系列软件开发企业以及会计软件的发展也印证了这一预想。

2003 年，上交所和深交所陆续开展 ×BRL 应用试点，×BRL 研究逐步成为社会热点。2006 年，中国 ×BRL 研讨会在北京召开，明确 ×BRL 研究在今后一段时期将作为主要研究方向，为会计信息化提供统一标准。2008 年，我国会计信息化委员会暨 ×BRL 中国地区组织成立大会在北京召开，中央各部门共同发力，从制度、准则和人才储备方面为会计信息化标准体系的建立提供了支持与保障。

2004 年，中国会计学会成功举办第三届会计信息化年会暨杨纪琬教授创建会计电算化高等教育 20 周年纪念大会。大会研究了如何完善会计信息化教学体系，并讨论了开展会计信息化实践应用的具体路径。2005 年，财政部先后颁布《会计从业资格管理办法》《初级会计电算化考试大纲》，明确了会计信息化的地位和从业人员所需达到的具体要求。

### （四）2009 年至今：与时俱进，全面推进

2009 年，财政部颁布《关于全面推进我国会计信息化工作的指导意见》，从意义、主要任务和措施要求三个方面阐述全面推进会计信息化工作的具体内容。会计信息化的施行是以计算机软件良好应用为基础，因此在实践中，会计人员不仅需要精通会计专业知识，具备会计专业胜任能力，同时也须熟练掌握会计软件系统，以此来保障会计信息化工作的顺利开展，更好发挥信息化工作的优越性。当前，会计工作与计算机系统间的联系更为紧密，各行业各领域都将会计软件作为处理会计工作的主要工具，会计软件的应用领域日益宽广。

科学技术的发展将人类带入大智移云时代。会计信息化建设逐渐从局域网网络进行管理的财务会计软件，向互联网综合利用阶段进发。但是现阶段的会计信息化更多是进行日常会计核算和财务报表编制等基本会计工作，缺少对大智移云的有效利用及政企之间、企业之间的信息交互。2017 年，德勤会计师事务所推出财务机器人，提供了财务自动化流程解决方案，这标志着会计工作正式由"信息化"向"智能化"转变。

## 二、我国会计信息化 40 多年发展成就与现实挑战

### （一）我国会计信息化 40 年发展的成就

#### 1. 理论研究不断发展创新

40 多年来，我国始终坚持会计信息化理论方面的研究与创新，先后经历了从自发应用到规范指导、有序发展的演进过程，现已形成基础理论、应用理论、环境理论及其他理论有机结合的会计信息化理论体系。

我国著名会计学家杨纪琬教授作为我国会计信息化事业的开创人和奠基人，为我国会计信息化理论研究提出了许多真知灼见。随着科学技术的发展和经济管理要求的提高，会计信息化仅满足于会计核算已远远不够，会计软件的研制开发亟待向企业管理软件方向发展，会计信息化与企业管理信息化的融合成为一种新的发展趋势，会计信息系统将不再是独立的一部分，而是企业管理信息系统的有机组成部分。同时，企业的管理信息系统也将成为整个社会信息一体化的有机组成部分。在中国会计信息化起步之初，学术界就倾向于把会计制度体系视为企业管理体系的一个组成部分。受杨纪琬教授思想的影响，王世定教授认真研究了会计制度在企业管理中的地位，在此基础上创造性地提出了"小系统"扩展理论。该理论以"会计账务系统—会计信息系统—企业管理系统"为进阶路径，阐述了会计信息化的发展方向，如今已成为国内会计学界的主流观点。

在第六届会计信息化年会上，庄明来教授明确了会计系统应用的"两段论"第一阶段，在嵌入实时控制和连续审计的监督下，核定会计流程的标准化，通过电子化原始凭证自动生成记账凭证，并进一步输出符合 ×BRL 的高质量财务信息；第二阶段，则通过 ERP 设

计框架构建业务数据库以获取财务与非财务数据，建立起业财融合的业务事件仓库。"两段论"可以有效实现业财融合，对于实现我国会计信息化的发展目标具有重要的指导作用。

2009 年，杨周南教授在总结和分析中国会计信息化 30 年发展的基础上，首次提出了会计信息 TMAIM 体系架构的概念和结构，为会计信息科学和会计信息资源的建立提供了一个研究框架和思路。随着科学技术的不断发展和广泛应用，会计信息化研究需要有机融合会计学理论和大智移云技术，既要把握会计信息化基本理论的发展脉络，又要加强会计信息化的实践导向，为会计信息化在社会管理中的运用奠定坚实的理论基础。

### 2. 实践应用得到广泛普及

随着科学技术的发展及政府的大力推广，我国大多数企业已经开展了会计信息化工作并取得了显著的成效，信息系统管理遍及企业管理的全过程，众多上市公司将会计准则与本公司的会计信息系统相结合，极大程度上确保了企业对外提供会计信息的真实性和完整性。许多企业成熟的财务共享服务中心正在尝试或者将经验总结分享帮助更多的企业，或者开始探索基于财务共享为企业提供更多的管理增值服务，也有部分企业在论证财务共享的可行性并将付诸实践。此外，为了满足不同信息使用者的需要，企事业单位尤其是上市公司，在实施会计准则体系、内部控制标准体系时，均会以 ×BRL 标准为基础规范编写财务报告和内部控制评价报告，促使建立会计工作和会计信息的标准化。随着信息技术的推广应用，云政务也得到广泛普及，会计信息化的应用领域逐渐拓展至政府部门。

随着企事业单位会计信息系统的日益完善，我国注册会计师的工作内容与方式同样发生了翻天覆地的变化。注册会计师在开展工作时充分利用信息技术创新成果，摆脱了简单、繁重、重复性高且有规律可循的机械性工作，从而将主要的时间用于专业性更高的职业判断中，极大提升了审计效率；各大会计师事务所纷纷在内部建立起技术支持中心，通过加强开发审计信息系统，从而实现审计流程与会计信息系统的统一。当前，我国已初步形成以信息化设施为基础、以数据资源为核心、以技术支持和安全管理为保障的互联网化、云计算化、智能化的注册会计师行业信息化体系。

### 3. 人才培养体系逐步健全

我国会计信息化事业的发展离不开会计信息化人才队伍的构建。目前，我国会计信息化人才培养方式主要有三种：正规教育、委托培养和在职短期培训。三种人才培养方式有机结合，不仅有利于培养既懂会计又懂计算机技术的复合型青年人才，还可促进当前从事会计工作的人员学习会计信息化知识，尽快适应会计信息化发展的新环境，提高自身工作效率与效果。除此之外，会计信息化的内容正不断融入注册会计师与会计专业技术资格考试中。

### 4. 会计软件开发及应用持续转型升级

经过 40 多年发展，我国会计软件顺应政策和市场发展变化，不断更新换代，从多个方面转型升级。

第一，从局部到整体。我国会计软件最初只能进行局部处理，数据处理量也较小。时至今日，会计核算软件已进化为处理业务全过程的会计信息系统，正进一步向企业管理信息系统进阶。

第二，从手工到自动。会计软件逐渐脱离会计人员手工操作，向全面自动化方向发展，大大降低了人为的出错概率。

第三，从基层到高层。原有会计软件仅用于处理领证录入、数据核算、报表生成等基础性工作，仅能满足基层单位会计工作的需要；新型会计软件不仅包含之前的功能，同时还能够在内部控制、信息传递、企业管理等方面对管理工作发挥辅助作用。

第四，从自主到通用。会计软件起初由企业自主开发，虽能紧密贴合自身业务，但须耗费大量的研发和维护费用。目前各公司均采用专业公司开发的通用会计软件，软件适用性更强，为全面推行会计信息化提供了前提和保障。

第五，从零散到规范。之前企业强调会计软件即插即用，更重视软件的功能性，忽视了系统的整体设计；随着信息化观念的不断更新，新开发的会计软件逐渐形成规范化的会计信息系统，可对企业整体的良好运行提供帮助。

## （二）我国会计信息化发展面临的挑战

第一，会计信息化基础薄弱，发展结构不均衡。相较西方发达国家而言，我国会计信息化理论和实践基础相对薄弱，会计制度规范体系中也缺乏对会计信息化的详细规定或明确规范，会计信息化的核算流程尚采用半人工半自动的方式，在监督和管理上存在诸多漏洞，实践中仍存在会计信息失真现象。信息化过程简化了会计流程，使其在账户设置、登记方法甚至会计核算方面都发生本质性改变，原有制度已不能适应新时代，甚至会在实践工作中产生阻碍。此外，会计信息化发展结构不平衡问题较为突出，小微企业的经济效益较少，对会计信息化的资金投入远不如大中型企业。同时由于观念普及的差异和业务实践的需要，相较于内陆经济欠发达地区，东部经济发达地区的企业更愿意向信息化的开发与应用投入成本以获取会计流程的高效率，提高会计决策的正确性。

第二，会计信息存在安全隐患，风险管控不规范。网络时代下，信息安全性成为企业普遍关注的焦点问题。这就要求企业在进行会计信息化的同时，努力做好风险控制工作。目前会计软件的研发着力点主要放置于完善会计软件的操作功能，忽视了财务数据的保密性问题。即使有部分会计软件提出安全性防范问题，但只是针对软件本身的使用，而非企业会计信息的保密，无法真正做到信息零泄露。除网络泄露外，企业内部同样存在人员泄露的隐患，这给企业的生存带来严重威胁。因而，防范企业内外财务风险须从会计软件入手。

第三，会计软件的专业性和商业化程度待提高。当前我国会计信息化应用得到了一定普及，但专业性的缺乏造成会计软件市场存在供需不匹配问题。一方面，通用会计软件的更新换代难以满足企业发展的需要。我国经济发展日新月异，企业面临的环境和业务也在不断变化，这对会计核算和报表编制提出了新的要求。通用会计软件虽然存在成本低、易维护等优点，但同时也存在很多与企业不相适应的机制，只有少数企业可以使用价值高昂的自主研发会计软件。另一方面，我国会计软件真正开发并广泛应用只有十几年的历史，行业水平仍有待提高，部分软件公司没有进行充分的市场调研就直接参照国外会计软件进行设计并投入市场，很难满足我国企业的使用需求。有的软件公司虽然争取到了一定的市场份额，但是缺少可持续性，开发软件的许多功能也没有充分利用。

第四，信息化认知待普及，复合型财会人员短缺。当前，会计从业者对于会计信息化的认知较为浅薄，仍停留在简单地运用会计软件进行会计实务以减少人工参与的层面，这严重制约着会计信息化的普及。会计信息化的发展客观上也对会计人员的计算机操作能力提出了更高的要求，高级会计人员不仅要精通专业知识，具备会计专业胜任能力，同样需要掌握计算机技术。当前，我国会计教育如火如荼，会计行业人才辈出，但在高级会计人员队伍中同时具备两方面知识的复合型人才却是凤毛麟角。

## 三、我国会计信息化发展的未来展望

### （一）会计信息化功能更强大，由核算层面转向管理层面

会计信息系统是现代企业管理系统的核心。传统模式下企业管理成本过高、信息透明度低、风险管理系统薄弱等问题降低了账户管理、资金收付、资源合理运用等方面的工作效率。财务共享服务中心则是会计信息化的新应用，它通过整合和升级企业的基础业务，极大提高了会计人员的工作效率和管理层的管理水平。财务共享服务中心的基本架构可以概括为"三项核心功能、四个管理机制、两套保障体系"。通过界定核心功能、打造管理机制、确立保障体系，并确保这些要素之间综合协调运行，从而提升财务共享服务的质量和效率，充分发挥财务共享服务的职能。

#### 1. 三项核心功能

第一，财务共享服务中心的核心功能是用于会计核算。业务内容包括应收、应付、成本费用、总账、资产、税务等，业务环节包含从会计制证到报表编制整个流程。实施财务共享模式后，分公司、子公司财务部门不再承担会计核算、资金结算等业务。

第二，财务共享服务中心具有监督规范的作用。集团公司对财务共享服务中心实行监督，财务共享服务中心对分、子公司实行监督，"双重监督"的机制能更有效地保障业务执行的合规有效。

第三，财务共享服务中心可以进行信息支撑。财务共享服务中心生产和管理会计信息，它可以为分、子公司提供会计核算、报销进度、账务报表等多元化的服务，并对会计信息进行加工与展示，以满足单位信息需求。

#### 2. 四项管理机制

第一，组织变革。财务共享服务具有独创性，需要打造新的管控机制以使企业更好运

行。一方面，要促使集团公司与分、子公司两级财务组织架构的转型升级，通过设立中间级的财务共享服务中心为集团公司下的会计主体提供服务；另一方面，突破以业务类型定岗的划分形式，转而分为会计核算、资金支付、总账报表等以流程环节为依据的岗位，提高共享服务岗位的专业性。

第二，流程创新。财务共享服务中心要创新应收应付、成本费用、资产总账等共享业务的流程，并在财务共享服务中心与分、子公司之间建立起有效的双向沟通机制。

第三，质量控制。财务共享服务中心可以通过财务审核、凭证稽核、因素分析优化流程与标准三个途径，打造财务共享服务中心业务稽核管理体系的"三道防线"，使财务共享服务中心的业务质量可控、在控。

第四，绩效管理。通过指标监控、绩效分析、量化考核等方式，对纳入财务共享的业务进行全方位、全过程的绩效监控，以此推进财务共享服务中心的管理水平。

### 3.两套保障体系

即建立健全标准化保障体系，对纳入财务共享服务的业务进行规范管理；打造完善的信息系统保障体系，提高工作效率，减少工作失误。

## （二）会计数据处理更全面，财务工作趋于网络化、智能化

在"大智移云"时代，集团企业及其分支机构的数量在急剧增加，财务信息也开始呈现规模化和多样性的特点，因此企业的财务管理越来越注重数据的可靠性和时效性，数据之间的相互关系逐渐成为财务信息关注的重点。财务工作由单一的会计核算、报表编制、财务分析等扩展至研发、运输、销售等多个领域，财务人员的工作也不再仅仅只是进行账务处理，同时也要掌握并处理各个业务部门甚至行业的数据以供决策者使用，财务工作正步入财务云时代。财务云通过财务共享服务中心(FSSC)搜集业务数据，数据全部上传后，在云端对搜集的数据进行处理、分析、储存和传输，并将处理后形成的财务信息传递给企业帮助其做出正确决策，其中，云计算是处理财务信息、提供决策支持的核心环节，是整个平台的关键程序。大、中、小型企业在选择财务云时的要求不同，从中小企业角度，使用公共云服务能更好节约成本，而从大型企业角度，安全性和效率是其考虑的重点，因此会选择使用私有云或混合云。

财务云时代，借助财务共享服务中心的信息平台，获取并处理各类数据的工作变得更为方便快捷。财务云通过高质量财务数据的处理与获取提升企业的总体决策水平，可避免财务人员个人原因导致的数据失真问题。然而，当前我国专网建设刚刚起步，现有技术对财务云支持力度较小，同时网络波动、电脑病毒等安全性和稳定性问题使得外网使用面临严峻挑战。随着"大智移云"在各行业的推广应用，云计算将会得到更广阔的发展空间。

## （三）信息化人才培养趋向系统化、创新化

会计信息化的实践应用预示着未来会计核算人员的生存空间受到挤压，绝大多数基础性会计工作人员被财务机器人或者会计软件所取代，但这并不意味着所有会计专业人员都要面临失业。通过会计信息化的应用，可从烦琐、重复的非核心业务和后台业务中释放出

大量的财务人员，让其更多地从事价值增值工作，专注企业战略财务规划，提高企业的财务管理能力，这对财务人员的专业水平和工作技能提出了更高的新要求。针对会计工作趋于智能化的形势，我国应探索更为高级的信息化人才培养模式以顺应时代发展。具体而言，我国将着重打造三元共育、四环紧扣、五阶递进的"三四五"信息化人才培养模式。

三元共育，是指从政府、高校和企业三处发力，形成多元培养环境，形成综合性人才结构。国家可进一步出台政策和相关法律法规，促使我国信息化走向制度化和成熟化；高校应采取相应措施，如增设相关课程、编著会计信息化课本等方式，打造"会计学为本，计算机应用为辅"的教学体系；企业应集中、系统、全面地学习解读会计信息化的知识，主要以人员职能为划分依据进行会计信息化人员的专项培训。

四环相扣，是指在理论课程的基础上，增添更多的信息化实践内容。理论教学中，可创新教学模式，通过模拟办公场所进行分组岗位体验，提高学生独立开展会计工作、解决会计问题的能力。社会实践中，可通过比赛、实习、模拟、岗位体验等方式提高学生的实践能力，打造"理论＋实验"教学模式，重视学生寒暑期的实习机会，促使其在毕业时即可熟练掌握会计信息化的应用。

五阶递进，是指打造以通识教育为基础，专业教育为核心，实践教育为主导，双创教育为引领，素质教育为铺垫的递进型教学模式。基层财务人员既要学习财务会计的基本知识和相关财经法规，又要学习计算机的基本操作。企业中层财务人员需要打造系统完善的知识结构体系，在管理过程中能够对企业的财务状况、经营成果做出正确判断，对未来发展提供良好建议，力争全面化发展。对于高级财务人员，不仅需要重点关注战略目标、创新举措、企业管理等方向的培养，还要加强会计信息化的再教育，使其能够有效管理企业资源，提高他们的领导、管理和创新能力。

## （四）会计软件标准更严格，更安全性、专业化

多年的实践与发展，给予我国企业会计信息化以大量经验，也进一步细化了会计软件的标准。不同企业在实行会计信息化的过程中，对会计软件功能的需求也有所不同。针对不同企业之间的差异，开发适应企业特征的会计软件是未来会计软件研发的方向。从软件本身层面，为实现数据即时共享，须增添数据共享模块，将共享功能纳入会计软件的体系中，这不仅需要提高接口技术，使每个模块之间更好连接，同时更要提高传输技术，使信息可以全面迅捷地达到共享。另外，未来会计信息化系统应增添审查模块，加强内部的审查功能，保证数据真实性的责任确认到人，杜绝会计人员擅自篡改系统信息的现象。利用智能化技术，企业可以对自身业务活动和财务工作进行实时监控并留下记录，并根据记录分析企业情况，以帮助管理层做出正确决策。因此，面对信息泄露日益严重的局面，提高软件安全迫在眉睫。具体而言，对内须做好会计人员审查制度，对每次信息审阅进行记录，防止数据外泄；对外须设置防火墙，以防止病毒、黑客等对软件系统的破坏。

# 第三节　会计信息化对企业财务管理的影响

在竞争日益激烈的环境下，企业要想生存和发展就必须充分发挥自己的优势，提高自己的市场地位，采取有效的措施面对各种市场竞争。有效的财务管理能够提高企业的经济效益，促进企业管理更加规范合理，财务管理更是企业各种经济活动的基础，真实的财务信息具有决策的参考价值。会计信息化的发展在一定程度上促进财务管理工作更加科学合理，提高会计信息数量速度，同时也提高财务管理工作效率和工作质量。会计信息化建立在计算机上，通过计算机的输入和运算，并得出相应的数据，但是在输入过程中很容易受到人为因素影响，导致会计信息失真，严重影响到其质量，必须高度重视会计信息化的发展，才能推动企业的发展。

## 一、会计信息化对企业财务管理产生的影响

一是对企业会计职能的影响。会计信息化的发展可以说是彻底颠覆了会计职能，并改变了财务管理的会计工作，更加重视企业财务管理，特别是会计信息在处理和传输过程中。传统的会计工作基本上都是依靠人工完成，而会计信息化则可以通过计算机，自动生成相应的会计报表，满足用户的基本需求，不仅提高会计信息处理速度，更使会计信息传递更加便捷，并提高企业对会计信息的使用率[1]。

二是对企业内部控制的影响。会计信息化的发展，促使企业内部更加了解财务和会计工作的重点，并大大提高了企业监督管控的风险。企业核心监督管控的重点是会计信息的真实性，但是在会计信息化环境下，财务管理工作基本上都是依靠网络技术加以完成，并生成对应的财务报表。那么需要企业加大对财务信息的监督管控范围，对会计信息输入的监督、会计凭据的监督，另外还需要保护网络环境。

三是对财务人员的影响。在会计信息化之前，所有的会计工作基本上依靠手工操作完成，只需要具有会计专业知识即可。那么在会计信息化环境下，所有的会计工作都必须依靠计算机和信息技术，财务人员必须具备更加专业的技能，比如能够熟练操作计算机软件和信息系统。但是从目前企业财务人员看，大部分财务人员具有丰富的工作经验和会计专业知识，但是在计算机操作水平上严重不足，导致工效率大降，并严重影响到财务管理工作的质量。在招聘计算机应用能力较强的人员，却在会计专业知识方面比较薄弱，且工作经验严重不足。那么在会计信息化环境下，必须重点培养财务人员，提高企业财务管理质量和水平。

四是对财务管理系统的影响。会计信息化环境下，必须建立会计管理系统，在系统开发时一般情况下会通过委托单位开发或者是合作开发，在开发过程中必须满足会计信息化发展的最基本需求，并提高系统的使用价值。但是在开发过程中，企业不完全了解会计信

---

[1]　周婧婧：《关于会计信息化对企业财务管理的影响探析》，载《中外企业家》2019年第36期，第9-10页。

息化，那么在沟通过程中就会出现一定的问题，从而导致系统开发出现各种问题，不仅不能满足财务管理的基本需求，还大大降低了工作效率，必须会给企业带来一定的经济损失。另外系统需要长期升级和维护，如果不能进行定时维护，就会导致系统出现漏洞，那么很容易导致财务信息出现失真现象，进一步增加了企业的财务风险。

## 二、会计信息化下企业财务管理的提高措施

（1）改变传统的管理观念。社会在发展时代在进步，会计信息化环境下，必须拥有先进的管理观念，并全面贯彻落实，这样才能促进企业实现长期稳定发展。所以企业必须要引进或者是创建先进的管理观念，让财务人员更好应对会计信息化，使企业财务管理工作向信息化管理方向发展。

（2）不断完善企业内部控制制度。企业内部控制制度的优化和完善，必须根据企业的实际情况出发，从而制定一个满足自身发生的内部控制制度，并全面有效的贯彻落实。内部控制制度要明确详细规定企业财务管理的内容和过程，并在金融风险上采用有效的措施加以控制。针对每个部门要完善预算制度，部门预算要详细具体，并在执行过程中详细记录各种财务信息，确认各个部门在实施过程中有无充分有效落实，能够有效掌握各个部门的具体情况，使企业的经济活动更加科学合理①。另外，内部控制工作要不断加强，用内控意识去管理企业各项经济活动，包括企业的财务管理工作，促进企业财务管理制度更加完善，还需要提高财务管部门内部设置科学合理，不断提高企业内部人员的综合素质。

（3）大力培养会计信息化人才。随着会计信息化进程加快，企业对专业性人才需求将会越来越高。那么在企业财务管理中的财务人员，不仅需要熟练掌握会计专业知识，更需要熟练操作计算机。所以，企业必须跟随时代的发展，应对会计信息化的发展，大力培养复合型人才，制订人才培养计划，针对目前的财务人员进行计算机操作技能的培训，不断提高员工专业技能和工作效率。那么在招聘财务人员，必须具备专业的会计知识和熟练的计算机操作能力。

（4）财务系统优化升级。企业的财务管理工作离不开财务系统，那么信息化环境下，必须高度重视系统的维护和升级工作，定期对系统进行维护，必须因系统的问题导致会计信息失真。此外，财务系统是企业财务管理工作的基础条件，利用系统软件能够快速处理各种会计信息，并提高数据信息处理效率。财务系统的升级，扩大财务系统的功能，能够满足各种财务工作的日常需求和运营需求，使会计信息化能够更好地应对企业发展的需求，并保证企业财务管理活动能够有序进行。

财务管理是企业管理的重心，有效的财务管理能够提高企业的竞争力，那么在会计信息化环境下必须高度重视，只有充分将计算机技术和财务知识相互结合，才能大大提高会计信息处理速度，提高财务管理工作质量和效率。那么需要财务人员不断更新管理观念，不断完善企业内部控制制度，大力培养会计信息化人才，只有这样才能保证企业健康持久发展。

---

① 张慧洁：《关于会计信息化对企业财务管理的影响分析及对策探讨》，载《现代营销》（信息版）2019年第10期，第12-13页。

# 第四节　会计信息化标准体系的构建与完善

在企业发展历程中，会计信息化需要具有一定的管理制度体系，以此体系为标准，推进各项工作的有序开展。会计信息化标准体系是指在会计工作中对会计信息的一些很重要概念以及运行准则进行规定，根据此规定，推进各项会计工作的有序开展，使工作人员在工作过程中遵从此规定，规范自身工作模式，提升会计信息化工作效度。通过构建会计信息化标准体系，对会计数据信息进行精准化的核算、预算，在核算、预算中提出有用的信息数据，进而使企业在经济管理过程中收到良好的经济效益。会计信息化标准体系需要立足于企业发展模式，根据会计工作形式进行构建，依照构建原则，推进会计信息化与各个组织、部门之间的衔接效度，彰显会计信息化标准体系构建的科学化、信息化、合理化。

## 一、会计信息化标准体系构建原则

一是结构性原则。在会计信息化标准体系中，基于其构建体系，突显一定的结构性。结构性是在会计信息化标准体系中，各个标准中的位置之间具有密切相关性，重视空间排列组合形式，使各个结构组列有次序。因此，在会计信息化标准体系构建中，需要遵从结构性原则，以服务模式为导向，推进会计信息化标准体系的构建。

二是整体性原则。在会计信息化标准体系构建中，需要遵从整体性原则，以整体性为导向，推进会计信息化标准体系的进一步构建，满足会计工作需要。因会计信息化标准体系构建是一个系统性、整体性的工程，在会计信息化工作中，包含不同的子系统，而这些子系统之间相互关联，由此组建大的系统。因此，在会计信息化标准体系构建中，以整体性为基础，推进各个子系统之间的相连，促进会计信息化标准体系的构建。例如：在会计信息化标准体系构建中，研究各个子系统之间的关系，找寻其中的关联点，构建一个庞大的系统，提升会计信息化标准体系的整体性效度。

三是动态性原则。在会计信息化标准体系构建中，动态性是会计工作诉求。会计信息化标准体系构建并不是一成不变的，也不是需要工作人员遵从该体系死板地进行工作。会计信息化标准体系构建提倡动态性原则，是在工作中以此体系为标准，在工作过程中不断地思考，发现问题、思考问题、解决问题，促进工作模式的更新，在不断的变化中完善会计信息化标准体系，促进发展的稳定性。

## 二、会计信息化标准体系构建策略

### （一）明确构建目的

在会计信息化标准体系构建中，需要明确构建目的，以目的为导向，推进各个子系统工作的完善，构建庞大的会计信息化标准体系。因此，在会计信息化标准体系构建中，需要相关人员明确构建目的，做好总结工作，在此过程中，构建研究方案，促进方案的分类总结，并且通过会议形式，选取适合的方案，以此方案进行探讨，在探讨中推进体系的设计[①]。与此同时，根据设计的方案，相关人员应该进一步研究设计方案，推进方案在实践中的实施，提升工作人员工作效度，进而实现会计信息化标准构建的科学性、有效性。

## （二）构建会计信息化平台

在会计信息化工作转型过程中，企业财务信息数据逐渐增多，为了进一步保护好这些信息数据，需要构建会计信息化平台，以会计信息化平台为导向，推进会计信息化标准体系的建设，为会计信息化工作模式提供保障。

第一，转变会计思想工作观念，树立信息化工作理念，为会计信息化工作开展提供支撑。

第二，借助大数据技术，构建信息资源库，加强财务信息数据的整合，并且将财务信息数据分批纳入数据平台中，进而有效地运用信息数据。会计信息化平台能够记录财务工作往来信息数据，在需要数据运用过程中，加强数据信息的分析，为企业发展提供正确化的信息数据。例如：工作人员借助以往信息数据进行分析，预测企业发展趋势，加强企业经济管理效度，使企业在发展历程中获取更好的经济收益。

## （三）加强法律法规体系的构建

基于会计工作的特性，需要加强法律法规体系的构建，促进会计信息化标准体系的构建。当前在信息技术发展的今天，网络犯罪层出不穷，这对会计信息化工作模式形成一定的冲击。为了确保会计信息化工作的有效开展，保障数据的安全性，需要加强会计信息法律法规体系的构建。从会计信息化标准体系构建来看，法律法规体系的构建是信息数据安全的前提。因此，在会计信息化标准构建中，立足于网络发展趋势，结合会计信息化特色，在以往法律法规体系基础上，细化相关条款，为工作人员网络化工作模式提供平台与机遇。与此同时，法律法规体系的构建，以政府政策方针为引领，结合我国法律法规体系，推进会计信息化法律法规体系的完善与构建。

综上所述，会计信息化是企业整体管理中的重要一环，在企业整体管理工作中占据重要地位，直接影响到企业未来发展趋势。因此，企业应重视会计信息化标准体系的构建，根据构建原则，从明确构建目的、构建会计信息化平台、加强法律法规体系的构建、加强人才的培育四个维度进行，促进企业全面发展。

---

[①] 杨周南、刘梅玲：《会计信息化标准体系构建研究》，载《会计研究》2011年第6期，第8-16、95页。

# 第八章　多元环境下的会计信息化发展探析

## 第一节　大数据环境下的会计信息化发展

近年来，随着互联网、物联网、社交网络、云计算等 IT 与通信技术的迅猛发展，全球数据信息量指数式爆炸增长，信息社会已经进入了大数据（Big Data）时代。大数据的涌现不仅带给人们更便捷的生活，也改变了很多企业的运作和管理模式。对于正处于快速发展的会计信息化来说，大数据时代的来临起到了革命性的推进作用。大数据的兴起使云计算进入 Cloud 2.0 时代，以云计算为依托的云会计也迎来了前所未有的宝贵机遇和严峻挑战。

### 一、大数据的内涵

不同领域的组织和专家对于大数据的理解略有不同，但其内在的价值却得到了一致的肯定。大数据这一概念提出并不早，从 2009 年提出至今，人们对它的认知都还不够全面，处于探索阶段。要想充分挖掘出数据中的价值和知识并为我们所用，了解大数据的基本概念、把握大数据的特征及类型、理解大数据与信息知识的内在联系是最基本的工作。

### （一）大数据的定义理解

大数据是一种人工在合理时限内无法处理整合的规模巨大的抽象信息。数据规模如此之大，以至于人类没有办法完成对其进行精准的科学活动。而有的人认为，大数据不应该这样定义，大数据就是高速获取有效信息。前者是从大数据本身出发所给出的描述性概念，后者表述了大数据的重大作用。所以，大数据该怎样准确定义，得到普遍认同，这是几乎不能达到的。不同的群体站在不同的逻辑出发点所接受的大数据方面是不一样的，这样也表明大数据在具有一般价值的同时也具有特定方面。

连接物理世界、信息空间和人类社会的纽带从宏观角度上来看就是大数据。因为物理世界通过互联网、物联网等技术有了在信息空间的大数据反映，而人类社会则借助人机界面、脑机界面、移动互连等手段在信息空间中产生自己的大数据映像。从信息产业的角度来讲，大数据还是新一代信息技术产业的强劲推动力。

### （二）大数据的产生与来源

随着新一代信息技术的飞速发展和广泛应用，其中互联网、移动互联网、社交网络等技术的迅猛发展带领我们进入了一个大数据的时代。下面从几个方面阐述大数据的来源与产生。

#### 1. 传统数据库的大数据

从企业的角度来看，企业内部的管理系统，比如企业资源计划（EPR）系统、办公自动化（OA）系统、客户关系管理（CRM）系统等，其产生的数据通过多年的积累和沉淀形成企业内部数据，这些数据在企业决策方面具有重要作用。

从传统数据库角度来看，业务系统的运行伴随着数据的产生，数据库便是这些数据的"容器"。

#### 2. 移动互联网的大数据

智能手机的普及使移动互联网占据了人们生活极其重要的一部分，人们通过手机等移动终端获取社会资讯、与其他用户进行交互，随时随地生产数据流量。工信部数据显示移动互联网在互联网中有着举足轻重的地位，而其迅猛的发展趋势也让更多人参与到数据的生产中来。

#### 3. 物联网的大数据

物联网（The Internet of things）是一个基于互联网、传统电信网等信息承载体，让所有能够被独立寻址的普通物理对象实现互连互通的网络。随着传感器、视频以及各种智能设备的发展，其产生的数据是极其庞大的，并且数据的生成方式也有了根本性的不同。

### （三）大数据的技术分析

大数据科学，顾名思义就是寻找快速发展和运营的网络其中的规律，并且将其应用于验证大数据和人类社会之间复杂的关系。大数据工程是通过规划建设大数据并进行运营管理整个系统。大数据应用主要体现在业务需求方面，而在此之前，大数据需要对包括大规模并行处理（MPP）数据库、分布式文件系统、数据挖掘电网、云计算平台、分布式数据库、互联网和可扩展的存储系统的数据进行有效处理和精准分析。以上大数据科学、大数据工程和大数据应用便是而今主要的大数据技术。

现在用于分析大数据分析的两个工具就是主要包括 Hadoop HDFS、Hadoop Map Reduce、HBase 等的开源大数据和一体机数据库、数据仓库及数据集市在内的商用两个生态圈。由于大型数据集分析需要大量计算机持续高效分配工作，而大量非结构化数据需要大量时间和资金来处理分析关系型数据库，因此大数据分析和云计算经常被同时提及。和传统的大数据不同的是，现在的大数据分析存在数据仓库数据量大、查询分析复杂问题。

目前大数据把时间作为处理要求，流处理和批处理是两种主要处理方式。流处理广泛应用于在线数据，一般而言都是在秒或毫秒级别的。其技术在某种程度上已经比较成熟了，比如 Storm、S4 和 Kafka 这种具有代表性的开源系统。流处理会在最快的时间内处理得到的数据并且分析出来精准科学的结果，因为它是处理假设数据的潜在价值着重于数据的新鲜度。数据接连传送过来，流携带了巨量的数据，其中只有相当小的部分被保存在十分有限的内存中。而批处理通俗来讲就是数据先被储存再被分析。其中 Map Reduce 就是其中具有重要意义的批处理模型。数据先被分成若干小数据 chunks，接着并行处理且以分布的方式得出中间结果，最后被合并产生最终结果。由于 Map Reduce 非常简单高效，所以生物信息、Web 挖掘和机器学习中被大规模应用。以上两种不同的处理方式会让相关平台在结构上产生不同。

结构化数据分析、文本分析、Web 数据分析、多媒体数据分析、社交网络数据分析和移动数据分析等从数据生命周期、数据源、数据特性等方面进行总结比较核心的数据分析方法。企业可以针对自身的需求来应用某种数据分析方法来分析自身拥有的数据，从数据中发现问题，如产品设计问题、运营策略问题、战略规划问题。

## 1. 结构化数据

当前而言，绝大多数的机器学习算法还是依赖于用户涉及的数据表达和输入。结合了表达学习（Representation Learning）、学习等多个不同级别的抽象的深度学习则能够处理这种复杂的高级任务，近年来逐渐成为研究分析热点。这是因为科学研究和商业上不断有巨量的应用成熟的 RDBMS、数据仓库、OLAP 和 BPM 的结构化数据产生。而处理这些巨量数据就是用上文提到的数据挖掘和统计分析。

## 2. 文本分析

文本分析比结构化数据有更高的商业潜力，是因为如文档、网页、邮件和社交网络在内都是一种文本数据，是信息储存最常见的模式。文本分析即是文本挖掘，其旨在从无结构的文本中提取有效信息和特定知识。文本挖掘并非单独存在，它是一个横跨多领域的过程，例如检索信息、机器学习、统计、计算语言和挖掘数据等。挖掘文本很大一部分都是基于在表达文本和处理自然语言（NLP）。搜索引擎的基础又是开发矢量空间、布尔检索和概率检索模型，而文档表示就是开发这些模型。NLP 技术帮助计算机用词汇识别、语义释疑、词性标注和概率上下无关文法来分析理解甚至产生新的文本，同时还能够使文本的可用信息增加。在以上方法的基础上计算机还能在 NPL 的帮助下进行信息提取、主题建模、摘要、分类、聚类、问答系统和观点挖掘等文本分析。

## 3. Web 数据

对于互联网企业而言，精通数据分析技术、精通如何监测和测量数据标准，当之无愧是一个企业运营的核心技术。同时呢，Web 的应用就涉及数据、信息检索、NLP 和挖掘文本。Web 会自动搜索 Web 文档和服务中的信息，具体可分为内容、结构和用法挖掘(Web Usage Mining)。

### 4. 多媒体数据

大数据的来源非常丰富，其不再是我们以往认为的图像，而是来源于各种可以产生丰富的图像、视频、语音数据的智能设备。除此之外，还有在现实生活中的各种监控摄像设备、医疗图像设备、物联网传感设备、卫星等都能产生大量的图像、视频信息。提取多媒体数据绝非易事，要从这些量级不可估算的数据中提取出精准有效的信息比许多领域的纯文本信息或者构造来源单一的数据更有挑战性。提取过程中要避免语义分歧，从而获取精准数据。以新浪微博为例，用户的微博含有大量的图片、视频等链接，即体现在被大量关注和转发的微博上。而用户对于纯文本的微博信息关注程度比较低。再者，目前微信的使用量居高不下，其主要凭借以语音作为信息载体，改变了以往以纯文本的形式进行社交的方式，使得微信的应用具有一定的竞争优势，现在大家经常能在街上看见用微信来与好友对话的人。为此，多媒体的摘要、推荐、时间检测、标注等无一不表明多媒体数据覆盖的巨大范围和广阔区域。

### 5. 社交网络数据

社交网络在一定程度上反映了目标用户的消费能力、消费偏好、购买需求，还可以得知竞争对手的应对策略。通过对这些大数据的精准分析，可以揭开藏在其后的预测结果。这不仅推动企业发展现状，更让企业有高度警惕还给了企业危机应对的反应时间和空间。当然这就需要深刻分析社交网络中所包含的广泛的联系和具体的内容数据。实体间的联系可以通过其中的联系数据来得出；文本、图像和其他多媒体数据则是其重要文本内容。

此后，人们还将依赖社交网络来进行未来预测和数据分析。为了更好地服务于高速化发展的时代和快速定位需求偏好，社交网络是最具有效力的工具。为了精准定位需求，企业也将以社交网络为中介来了解客户群的偏好，从而开发出更加精准的营销体系。所以从数据为核心来分析，基于联系的结构分析和基于内容的分析就是社交网络的中心研究目标。

### 6. 移动数据

日新月异的高速化发展，移动计算的普及和应用更为广泛了。手机、平板电脑、笔记本电脑、POS 机、传感器、车载电脑和 RFI 等这些可以完成较为复杂的处理任务的移动终端，移动终端在移动办公、通信、保险、物流通信等领域。移动应用是移动互联网的重要载体之一，而移动应用的数据分析是指在获得移动应用的用户使用等基本数据情况下，进行数据分析，深入挖掘用户的使用特点和潜在的价值，从而找到企业产品设计的不足，发现机遇，优化产品及营运策略，提升移动应用的质量。

研究移动数据分析是件有趣的变化过程，也由基础数据分析到深度数据分析的演化。基础数据分析包括用户的新增和启动、活跃分析、时段分析、地域分析、设备机型等；深度数据分析包括用户留存、用户的流失、用户的生命周期、用户的回访次数、日启动次数等。移动数据分析的流程就是一个发现问题、分析问题和解决问题的过程，这与其他大数据分析方法的流程一样。在做移动数据分析之前，必须想好三个问题，如图 8-1 所示。移动数据分析要达到移动应用和产品、运营、市场三者平衡。

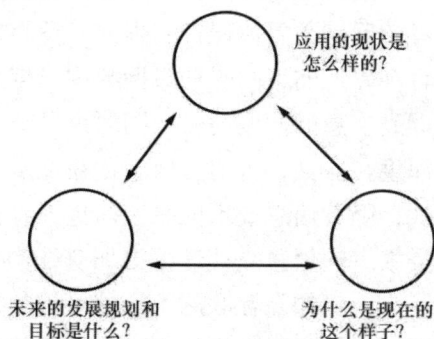

应用的现状是怎么样的？

未来的发展规划和目标是什么？

为什么是现在的这个样子？

**图 8-1　移动数据分析的三个问题**

移动数据分析的核心是预测。只要遇到无法科学解释的事，人们就会觉得这只是一种偶然，不会深究，会将此类问题抛诸脑后。塔勒布曾在其著作《黑天鹅》中提出，人类的行为都是随机的小概率事件。但是全球复杂网络研究权威，无尺度网络的创立者艾伯特 - 拉斯洛·巴拉巴西则在其作品《爆发》中认定：人类的行为并不是小概率事件，其 93% 的行为是可以预测得出的。这项研究的基础就是人类生活数字化的大数据时代，人类的行为模式在电子邮件和他所拨打的记录在网页中是有迹可循的。这些信息社会的产物让人类生活不再是杂乱无章的随机行为，而是数据统计上的一部分。换言之，社会中的每个人都是构成这个信息化社会的巨大数据库。而科学、技术、数据都是为了我们的下一步行动所服务，或者说这些大数据都是为了我们人类的未来而生的。

综上几种对大数据的分析方法，数据分析的最终目标都是找出数据背后隐藏的规律，通过利用该规律来进行企业的运营策略以及对目前自己的产品做出一定的定量，也可以预测出未来市场的变化趋势。

**（四）数据、信息和知识**

大数据是人类社会由信息时代、经过知识时代飞快进入智能时代的象征，对于被誉为革命性的现象。数据是通过感觉器官或仪器感知来反映客观事物运动状态的信号，而形成以文字、数字、事物或者图像等形式。数据是大脑的最浅层次和客观事物互相影响的效果，是大脑对客观事物的最早的认识。信息可以解答某个特别疑问的文本，说明具有某些意义的事实、图像、数字，是大脑再加工数据，将不同的数据联系起来的结果。知识可以展现信息的本质、原则和经验，是在实际的运用中将数据与信息、信息与信息之间创建关联。但把信息的客观记录放入特定场合时，就是信息，可以简单地理解为数据是信息的源泉，信息是知识的"子集或基石"，即信息产生知识。知识是有规律的信息。信息把数据和知识相连接，知识反映了信息的实质。信息传递的频率大、散布的范围广是信息时代的特征，在信息时代，可以非常迅速地得到新信息。人类想要"大知识""大科技""大智能""大利润"和"大发展"，就需要通过利用人类已经得到提升的分析和运用数据的实力，深层次的分析、开发和整合数据，得到全新的知识、创建全新的价值。

数据、信息和知识三者的区别主要体现在其根源，没有被加工处理的记录和不能回答指定的问题。人类在认知客观事物的不同时期掌握数据、信息和知识。知识是人类对客观事物的高级认知，是由数据到信息的发展而来，同时也是一个从低级到高级的认知经过。在这一经过中，其外延、深度、含义、价值和概念化在逐步提高。人类社会由最初对数据的简单处理时代到信息时代，随着信息技术的高速前进，我们已然跨过信息时代，走进知识时代。在知识时代，种类繁多的信息被处理得更加有结构、更加系统，使得知识时代拥有知识到处存在这一最大亮点，例如在互联网上随处可见的搞笑短视频和录成视频的课程等，只有我们想看想学可以随时都可以掌握知识。大数据的产生，让我们对数据有了更深入的理解并广泛地应用。

## 二、大数据兴起对会计信息化的影响

会计信息化是信息社会的产物，最基本特色是将计算机、网络和通信等先进的信息技术引入会计学科，促进企业会计系统的网络化和虚拟化，它的兴起和发展与信息技术的革命息息相关。

近年来，大数据时代为会计信息化的发展提供了渠道和途径，大数据为云计算大规模和分布式的计算能力提供了广阔的应用空间，云计算正在进入以"分析即服务"（AaaS）为主要标志的 Cloud 2.0 时代，这为会计信息化的深度发展提供了技术支持和平台。

### （一）大数据为会计信息化提供资源共享平台

从会计信息化的发展历程来看，会计数据处理历史上的一大进步是电算化会计信息系统的出现，电算化会计信息系统改变了传统会计的模式，实现了会计记账、算账和报账的自动化，通过自动化方式实现了财务管理技术的变革，并向管理者提供了信息资讯以辅助决策。但电算化会计信息系统并未带来会计信息系统的创新和革命性的变化，主要原因是因为电算化会计信息系统产生了一个会计信息孤岛的现象，这距离现代企业管理对它的要求还有很大的差距。由于现代企业组织处在一个复杂多变的外部经济环境之中，企业组织自身的经营管理活动要想适应这种环境，就必须既了解自身的经营活动，又能对外部环境审时度势，这时就需要解决会计信息孤岛的问题。而大数据的出现和云计算的深度融合，使云服务出现在企业管理者的面前，云服务可以有效整合信息资源，为用户提供一个资源共享平台。在 Cloud 2.0 时代，云服务可以利用云计算的技术特色打造企业综合管理信息体系：云计算的软硬件高度集成运行模式可以帮助企业实现高效管理、便捷维护和低成本运营，使企业内部的财务、销售、采购、决策等各个部门能够基于同一个云平台工作，保障各部门信息之间衔接无缝、实时畅通；云计算的快速部署及可扩展性确保了企业内部以云计算为核心的会计信息化系统规模可以动态调整，满足未来企业规模增长会计信息化集成应用的需要；云计算同时还便于企业与供应商和客户、银行、税务、海关、会计师事务所等众多利益相关者保持数据链接。

在云计算模式下，电子商务、网上报税、银行对账、企业与上下游企业及用户之间的企业会计信息化系统集成均能实现。

## （二）大数据减低了会计信息化的成本

会计信息化的发展与传统纸质会计记账阶段不一样，会计信息化解决方案首先需要大量基础设施的建设，如机房、办公室、电源、空调、网络等基础设备都是信息化方案要考虑的问题；其次会计信息化的实施需要不菲的费用支出，包括信息化方案的咨询与规划费用，会计软件的选型和投资费用，数据库的建设和维护费用，同时还要考虑硬件以及软件升级、维护等费用。其中，软件的投资费用最为突出，不仅包括一次性购买标准的或订制的会计软件费用，还包括后期维护、升级以及二次开发等持续追加费用。因此，对于大量的中小企业来说，往往会因为会计信息化的成本过高，而放弃实施会计信息化的计划。而大数据和云计算融合后，云服务为中小企业的会计信息化提供了便利的捷径。使用云会计之后，企业用户可以按使用资源多少或时间长短来解决付费问题，企业不必为机房、数据中心、服务器、网络、软件等基础设施投入巨大的费用，只须缴纳相对低廉的月租费。投资方式的改变，使企业不用考虑设施成本折旧问题，企业不占用过多的营运费用，也能及时获得最新的硬件平台、稳健的软件系统、财务管理的最佳解决方案，这大大减低了中小企业的会计信息化直接投资成本。同时，云会计服务实施后，使企业从会计信息化建设繁忙的工作脱离出来，在当今市场竞争激烈的环境下，可以更加专注于对自身发展有巨大作用的战略性活动，这也大大减低了会计信息化投资的时间成本。

## （三）大数据提高了会计信息化的效率

在大数据背景下，提供云会计服务的会计信息化系统是通过互联网来实现与客户的互通，用户只要能够连接网络，就能订制和获取所需要的服务，无论是从企业的内部还是从企业的外部来看都大大提高了财务管理的效率。从企业内部看，云会计强大的计算能力，可以实时形成各种指标和报表，管理者能够迅速了解经营状况，识别经营风险。企业内部的云会计以内部会计流程为中心，通过信息流协同企业各部门有序合作，进而形成高效率的企业信息一体化流程。尤其对于拥有跨地区或跨国业务的企业来说，位于不同地区的会计人员可以同时在线操作，进行协同工作，这大大提高了中小企业会计信息化的应用效率。从企业外部看，云会计通过互联网实时处理企业与外部有关部门之间的财务和会计业务，加快了交易速度，提高了工作效率。例如，目前各地税务系统逐渐将云计算系统平台引入税收信息化建设中，企业可以通过该平台进行各项办税业务；会计师事务所可以通过网络对企业的财务状况及时做出电子版审计报告；企业购销业务的合同采用电子数据的形式在网上进行交互，通过互联网进行资金转移。

## 三、大数据背景下会计信息化的风险因素

近年来，大数据和云计算的深度融合，促进了会计信息化的快速发展，但云会计等新型会计信息化手段也面临着一定的风险。云会计等网络会计信息化系统是一种特殊的信息处理系统，除了一般信息处理系统的安全特征外，还具有自身的一些安全特点。在会计信息化发展过程中，平台系统的稳定性、身份认证和管理的漏洞、数据加密系统的缺陷等系统的安全性问题的出现，都可能孕育并产生会计信息化的风险因素[①]。

### （一）会计信息化共享平台建设有待加快

现代会计信息化的发展依赖于共同资源共享平台的建设，如云会计的发展主要依赖于云计算平台的技术发展。对于云计算供应商来说，在可扩展性较强的云计算模式下，他们通过专业化和规模经济降低提供软件服务成本的同时，需要依靠大数量的用户提高自己的经济效益。但面对客户的需求要提供一套与中小企业用户实际相符的会计信息化系统，需要进行大量的前期准备工作，主要须对用户的需求进行综合分析。不同于传统的按需订制软件，云计算供应商要求能够满足不同用户、不同地域和不同业务规则的需求，所以对服务的适应性、扩展件以及灵活性要求非常高，在技术上也有更高的要求。因此，由于云计算平台建设的资金起点和技术水平较高，研发周期较长且风险较大。目前，知名的云计算平台几乎都来自美国，如谷歌、亚马逊、Salesforce、Facebook 等美国互联网先行者，同时微软、富士通、IBM、SAP 等 IT 成熟公司也建有企业内部的云计算平台。相比国外先进的云计算技术平台，我国刚刚开始起步自主研发财务会计信息化的云计算平台，不成熟且应用推广力度不够。国外开发的云计算平台，由于众所周知的原因，广大的企业并不放心将企业的经济数据及会计数据放到这些外部平台系统上。而国内的云会计平台建设的滞后，也使云会计这种新型会计信息化样态发展面临巨大障碍。由于云会计的建设较多依赖于云会计服务提供商，云会计服务提供商的专业能力和售后服务质量直接影响云会计的应用效果。一旦云会计服务提供商技术支持响应不及时，或者停止运营，这对企业的正常运营都可能造成破坏性的影响。因此，云会计平台建设的滞后直接影响到会计信息化的发展速度。

### （二）会计信息化共享平台安全性需要加强

有统计资料显示，大约有 70% 的企业从安全性的角度考虑，不愿意将企业内的会计和经济数据放在公有云上。目前，云会计等网络会计信息系统的设计主要存在着两大安全隐患：一是身份认证的安全隐患。在网络会计信息系统中，身份认证是体系安全的基础，实施认证的目的是为了保证网络会计信息系统的安全，只允许被授权人合理访问会计系统数据。常用的身份认证方式包括用户名/密码方式、动态口令、生物识别技术等。目前，我国网络会计信息化应用软件主要采用第一种认证方式，由于这种认证方式的设置比较简

---

① 彭超然：《大数据时代下会计信息化的风险因素及防范措施》，载《财政研究》2014年第4期，第73-76页。

单，安全系数较低，其密码很容易被互联网中的监听设备或木马程序等病毒截获。此外，在身份认证管理方面，由于个别数据库管理员（DBA）或会计操作人员缺乏对系统用户口令安全件的认知，为了操作方便往往采用电话号码、生日号码等作为操作密码，这些数字口令极易被网络黑客破译，给系统留下了安全隐患。二是数据加密技术的安全隐患。在云会计中，企业的各种财务数据通过网络进行传递，数据的载体发生了变化，数据流动的确认手段也出现了多种方式，这时加强数据加密工作是云会计安全运行的关键。事实上，在我国网络会计系统中数据的加密技术仍然不是非常成熟。大多数软件开发商在开发软件时，数据密钥模块的设置过于简单。加密则主要是对软件本身的加密，以防止盗版的出现，很少采取数据安全加密技术。虽然在进入系统时加上用户口令及用户权限设置等检测手段，但这也并不是真正意义上的数据加密。网络传输的会计数据和信息加密需要使用一定的加密算法，以密文的形式进行传输，否则信息的可靠性和有效性很难获得保障。在数据没有加密的情况下，数据在互联网中传输容易出现安全性问题，企业竞争对手或网络黑客可以利用间谍软件或专业病毒，突破财务软件关卡进入企业内部财务数据库，非法截获企业的核心财务数据，并可能对传输过程中的数据进行恶意篡改。企业最为机密的核心财务数据遭黑客盗窃、篡改，或是被意外泄露给非相关人员，这对企业无疑是致命的。

### （三）会计信息化标准与法规有待完善

大数据时代的到来，使更多的企业开始关注企业经营管理模式与信息化社会的对接，在此背景下，云会计等新兴会计信息化方式越来越被人们所认知。从互联网的发展历程来看，互联网能遍布全球得益于统一的技术标准和一体化的协调机制。同样对物联网环境下的会计信息化发展来说，制定数据收集、处理、共享交换等技术标准规范至关重要。在大数据时代，标准是技术的统一规范，如果技术的标准出现多元化，会严重影响技术的应用和推广，导致整个市场及产业的混乱。为了推动会计信息化标准这项工作，财政部和国家标准化管理委员会于2010年10月分别发布了可扩展性商业报告语言（XBRL）技术规范系列国家标准和基于企业会计准则的XBRL通用分类标准。对于编制财务报告的企业而言，XBRL系列国家标准相当于将XBRL应用到财务报告中的"使用说明"，而企业会计准则通用分类标准，则是指导企业为各项会计数据打上标记的"业务词典"。根据部署，我国企业会计准则通用分类标准将率先在美国纽约证券交易所上市的我国部分公司、部分证券期货资格会计师事务所施行，并鼓励其他上市公司和非上市大中型企业执行。但是，我们要清醒地认识到，包括XBRL在内的物联网技术标准体系建设还任重道远，在大规模的企业范畴内进行推广还有待于进一步宣传和实践。此外，除了会计信息化标准体系刚刚开始起步之外，我国在信息安全立法建设方面也进展缓慢。在信息大爆炸的大数据时代，企业的交易数据及财务数据更多地融入信息体系，但目前我国网络信息的金融监管明显滞后金融创新的步伐，产生了自生性滞后和自觉性滞后的现象。目前我国还没有出台信息安全法，信息安全立法的缺失，使企业在使用云会计等服务时，如遇数据盗取等合法权益被侵占时，很难在现有法律框架内获得权益保护，这也是阻碍当前云会计等新型会计信息化发展的重要障碍。

## 四、大数据背景下会计信息化风险控制的战略

虽然大数据和云计算的高度融合推动了云会计的极大发展，也带来了会计信息化的真正创新和实质性变革。但正如前所述，大数据时代的快速发展，在带来的机遇的同时也带来了挑战，在会计信息化发展中风险濡染概率不断增加，只有采取有力的风险防范措施，才能保证会计信息化的持续稳健发展。

### （一）加快会计信息化资源共享平台的自主建设

在会计信息化资源共享平台的自主建设上，由于诸多的原因导致大多数平台都由国外研发建设。针对我国国内的一些IT厂商在资金、技术力量等方面较为薄弱的现实情况，可以考虑由政府牵头，实现跨行业资源的整合，集结各相关企业的资金、技术、管理、人力资源等，形成优势互补的局面，集众家之所长联合开发云计算平台，以降低云计算平台开发难度及开发成本。另外，政府有关职能部门可以专门设立云计算重大专项工程等，加大投入对云计算平台的建设资金，鼓励国内各IT厂商积极进行云计算平台的自主建设；还可以通过建立"云计算平台示范工程"设立国内自主建设云计算平台的样板，供各IT厂商研发时参考借鉴，以此规范云计算平台自主研发工作[①]。在云会计平台建设过程中还应防范"新信息孤岛"的现象。为解决新信息孤岛现象的出现，应加强企业会计信息系统与其他信息系统ERP、BI的有效融合和集成。在会计信息系统与ERP融合方面。由于企业在经营管理过程中，需要资金流、物流和信息流的协调统一，为实现"三流"的良性循环，就必须打破过去会计系统的传统功能局限，以财务会计工作为核心，考虑将会计信息化系统与ERP系统融合，最终形成基于云计算的ERP，使企业信息一体化得以实现，加强"三流"的协调共进，这样才能给企业决策带来全方位、多层次、可信度高的信息。在会计系统与BI（Business Intelligence，商业智能）系统集成方面。应逐步添加基于云计算的智能在线分析（OLAP）、财务数据仓库（DW）、数据挖掘（DM）、决策支持等功能与服务。在大数据与云计算融合的背景下，过去庞大的BI系统具备了风险小、见效快、可个性订制的特件。因此会计信息系统与BI集成后，会计管理可以借助云平台的技术优势，通过建立人工智能系统和专家系统、利用神经元网络和决策树等先进技术，实现会计系统的高端应用。

### （二）积极构建会计信息化的网络防火墙

企业是否愿意基于云计算处理企业的财务会计数据，很大程度上取决于云计算应用的安全性。云计算的可靠性、安全性对企业是否采用基于云计算处理的会计核心运用模式至

---

① 刘世峻：《大数据时代下会计信息化的风险因素及防范措施》，载《技术与市场》2021年第28卷第3期，第184、186页。

关重要。基于此，云计算服务商要为云计算建立多层、严密、完善的安全防护体系。就目前的技术条件而言，可从如下途径加强云计算应用安全：

第一，加强身份认证和安全管理。云计算财务平台应通过身份对信息及操作人员设置不同的权限及权限的组合，形成全方位查看和操作的防控机制，从而最大限度地保证在线财务在云计算模式应用的安全；通过密钥管理技术，对企业存放于云中的数据进行加密处理，为防止云计算服务运营商及其他不相关的人看到数据，这个密钥由企业来掌管。

第二，加强数据的加密工作。可利用虚拟机软件进行防护，通过软件模拟出具有完整硬件系统功能的、运行在一个完全隔离环境中的完整计算机系统。然后，针对云计算服务运营商基于虚拟机服务器的安全问题，考虑由网络安全解决方案提供商提供恶意软件及黑客入侵检测和防御服务，构建虚拟化的安全网关，以保障在互联网环境下的系统应用和数据存储、传输的高度安全。

第三，加强数据备份工作。在强化数据加密工作的同时，云会计服务的供应商还应当做好数据的备份工作，除了每日正常的数据备份，还应增加数据的异地备份，以保证一旦系统出现异常情况时，系统使用企业的历史数据能够及时恢复，防止重要财务信息丢失。同时，云会计服务供应商还应当建立妥善的数据恢复件测试制度，定期进行数据恢复件测试，并书面记录相应的恢复结果，减少系统出现故障时数据信息及时被恢复的难度，防止历史数据丢失，保证云会计使用企业的关键财务信息的完整性和准确性，保障用户正常业务的进行。

## （三）制定会计信息化系统标准及安全法规

当前，我国的云会计发展还刚刚起步，相关标准、规范仍处于讨论阶段，政府部门除了对云产业进行规划布局和调控外，还应尽快推动云会计系统标准的制定和应用，通过法律法规的执行监督产业的运行，促进其健康良性发展。政府态度的明朗化及云会计相关标准和法规的尽快出台对于提高云会计在企业中的认同度是非常有利的。我们不妨借鉴美国政府的做法，由政府主持或参与制定云会计的应用标准、产业规范和法律法规。为此我们可以分步进行：先考虑对国内的云会计市场进行摸底调查，在此基础上尽快制定和推出云会计标准；再根据云会计市场的变化不断进行修订，形成云会计的产业规范；在此基础上加快国家层面的信息安全立法步伐，尽快颁布《信息安全条例》和《信息安全法》，以规范云会计市场，完善我国信息安全法律体系。在我国构建云会计信息安全法律法规的同时，还应建立云会计服务运营商的资质规范，架构适当的行业门槛，筛选出技术强、诚信高的云会计服务供应商，优质的服务供应商既可保障其数据库的安全性，也能够创造良好的云会计竞争市场，企业的财会信息安全也得以保障。同时还应成立信息安全的第三方监管机构，定期对有资质的云会计服务供应商进行审查，针对审查中发现的问题进行监督及时整改，对有不合格运营行为的服务商立即取消其从事云会计服务资质。此外，监管机构要积极组织后续教育，给云会计服务供应商普及云技术的风险。

# 第二节  物联网环境下的会计信息化发展

## 一、物联网与会计信息化认知

### （一）物联网的内涵

1.物联网的概念提出

麻省理工学院 Auto-ID 研究中心是较早对物联网进行研究的机构之一，该中心将物联网做了如下的定义：将数量众多的物品，通过射频识别技术和条码等信息传感设备，实时传输信息，建立数据信息系统，实现与互联网系统的融合，最终实现对互联的物品智能化识别与管理。这一概念的实质是将物联网界定为射频识别技术与互联网二者的结合，毫无疑问，这主要是从技术角度对物联网的概念进行定义的。

2005 年，在国际电信联盟（ITU）举行的信息社会世界峰会（WSIS）上，"物联网"的概念被正式确定，在其随后发布的题为《ITU Internet reports 2005 the Internet of things》的报告中指出：我们正处在一个变革的时代，飞速发展的信息与通信技术，使得人与人之间进行跨越时空的沟通交流目标已经实现，人与物、物与物之间的连接沟通正在成为我们下一步的目标，物联网技术的发展是实现这个目的的条件，一个全新的通信时代正在向我们走来。将任何时间、地点和人的连接，延伸扩展到任何物品的连接，万物的互联就成为物联网。国际电信联盟的报告正式提出了"物联网"的概念，并做了描述，它将物联网界定为实现万物互联的网络，从这里我们可以看出，ITU 对于物联网的定义只是描述而未进行精确的概念性界定。

在我国，对物联网进行长期研究的姚万华（2010）将物联网定义为：通过射频识别等感知设备，借助于现有互联网信息系统，将物体与物体、物品与网络连接起来，进行智能化的物品信息采集与传输，实现信息的智能化处理，从而达到对物品进行智能化管理的目的。他的这一定义是通过比较物联网、传感网、互联网和泛在网而得出的。

从上面可以看出，对于"物联网"定义的角度不同，其定义的内涵也不同，从目前的文献来看，2010 年政府工作报告中有关物联网的定义得到了学者们的普遍认同。该报告将物联网定义为：通过射频识别和二维码等信息传感设备，按照约定的协议，将物品与现有的信息网络连接起来，进行信息传输和交换，以实现智能化识别、跟踪、定位、监控和管理的信息网络。

我们认为，物联网是以计算机技术和互联网技术的发展与普及为基础，以 RFID 射频技术和二维码等技术为支撑，按照约定的协议标准，借助于无线通信基础网络，进行物品相关信息的传输与交换，从而实现物与物、物与人和人与人的沟通、定位、跟踪、监控和管理的智能化网络。

### 2. 物联网的特征表现

与计算机技术和互联网技术相比，物联网的新特点包括以下几点：

（1）物联网实现了"物"与网络的互联。在物联网环境中，互联的物体被嵌入了智能芯片，智能芯片通过 RFID 技术随时向网络发送信息，数据网络中的数据同物体自身的状态互相关联，物体自身注入位置、温度等信息并随着物体的状态变化随时记录在智能芯片中，智能芯片实时向网络系统发送有关物体的信息，网络系统的数据实现动态更新，物体成为网络系统的有机组成。

（2）实现信息源数据与物质实体的直接关联。物联网技术的应用，使得"根据实物追踪数据"和"根据数据查证实物"成为常态，物质实体同物质信息互相关联，物质实体的变换必然导致信息源数据的变化，物体与信息源数据一一印证，克服了在传统的企业管理中，物品信息与物体自身的分离与脱节，信息源数据同物体自身高度一致，实现了会计信息的可靠性和真实性，提高了会计工作对实务资产的效率，为企业资产的有效监管提供了可行的技术手段。

（3）实现了实时化的信息处理系统。在传统的数据网络中，网络中的数据系统通过手工录入来完成，这样造成一下两种结果：一是由于人为因素的影响，数据的真实性差；二是反映物质属性的数据信息存在滞后性，物质属性同数据信息保持高度一致。物联网技术的应用，使得数据库中的数据随着物质属性的变化及时更新，使得数据库系统的数据录入与更新更加便捷，提高了数据更新的效率，也使得数据的客观性增强，物质属性同数据网络的数据动态同步更新，实时化的信息处理系统成为必然。

### 3. 物联网的体系架构

目前，关于物联网技术体系结构已经形成统一的认识。普遍认为物联网的技术体系包括三个层次：感知层、网络层和应用层。形象地说，如果把物联网看作一个社会中的人的话，那么感知层相当于人体的皮肤和五官，网络层则是人体的神经中枢和大脑，应用层则相当于人在社会中的分工。

（1）感知层。如果将物联网系统比喻成人体的话，感知层就相当于物联网系统的皮肤和五官，它具有识别物体和采集信息的功能。主要用于采集物理世界中发生的物理事件和数据，包括各类物理量、身份标识、位置信息、音频、视频数据等。在感知层中用来识别物体和采集信息的设备主要包括：二维码标签和识读器、RFID 标签和读写器、摄像头、GPS、传感器、终端和传感器网络等，数据采集与执行主要是运用智能传感器技术、身份识别以及其他信息采集技术，对物品进行基础信息采集，同时接收上层网络送来的控制信息，完成相应执行动作。这相当于给物品赋予了嘴巴、耳朵和手，既能向网络表达自己的各种信息，又能接收网络的控制命令，完成相应动作，这类似于人体的皮肤和五官。

（2）网络层。网络层是物联网的神经中枢和大脑，它的主要功能是进行信息传递和处理。这一层的主要任务是把感知层捕获到的数据信息快速、准确、安全地传送到数据中心，使互联的物品之间能够借助于该层进行远距离和大范围的数据传输，进而实现数据通信。这一过程就相当于人类借助于一定的交通工具在一定范围内的流动。在网络层中，包括诸多的网络和数据管理中心，诸如管理中心、信息中心和处理中心等，这些处理中心的功能同人体中的神经中枢和大脑的功能相似。

（3）应用层。应用层是物联网的"社会分工"，它极具个性化，与行业的个性需求相结合，实现广泛智能化。在这里，通过网络层传输的感知层信息被收集起来，进行信息汇总，汇总后的信息借助于信息处理系统进行分析和决策，处理后的信息应用于不同的部门与行业，发挥物联网的应用与服务功能，推动社会管理和生产方式的革新。

## （二）物联网与互联网的关系辨析

众所周知，物联网是在互联网技术和计算机技术发展的基础上建立起来的，有部分学者将物联网称为"互联网+"，显然，物联网的发展同互联网密不可分，二者不可分割。

### 1.物联网与互联网之间的联系

物联网与互联网二者并不孤立，相互联系又相互区别。二者的联系在于：如果信息技术按发展阶段进行划分的话，计算机技术是第一阶段，互联网技术是第二阶段，物联网技术是第三阶段。在物联网的发展中，有观点认为物联网是互联网由虚拟化向实体化的发展。物联网很可能是"互联网的下一站"，是继计算机技术和互联网技术之后，世界信息产业的第三次革命浪潮。

物联网是通过RFID、传感器和二维码等智能信息传感设备，按照约定的协议，把物品与互联网连接起来，进行信息的彼此交换和数据通信，以实现对物体繁荣智能化识别、定位、跟踪、监控和管理的一种网络。互联网的发展是物联网的基础，物联网是互联网借助于职能传感技术等进行的延伸和拓展。

### 2.物联网与互联网之间的区别

物联网与互联网二者的区别可以从起源点、面向对象、发展过程以及使用者等方面区别开来。计算机技术的发展和信息技术的传播速度加快是互联网发展的基础和支撑，传感及时的创新以及云计算等则是物联网发展的前提；互联网是人与人进行沟通和交流的网络，物联网则是人与人、人与物、物与物进行通信和数据交换的网络；互联网的发展是技术的研究到人类的技术的共享使用过程，物联网是芯片多技术的平台应用过程；互联网的信息使用者是人，人与物质则是物联网的信息使用者；主流的操作系统和体验的创新是互联网时代创新的核心，芯片技术的开发商和标准的制定者是物联网时代的主导者；互联网时代是内容和体验的创新的时代，"技术就是生活，想象便是科技"则是物联网时代的主题；互联网时代是一个精英文化占主导地位的时代，物联网时代则是草根文化主导天下的

"活信息"世界。

### （三）物联网对会计信息化的影响

会计作为社会科学的属性，外部的社会环境决定了会计的产生、发展和变革，决定了会计思想、方法和理论等。社会环境对会计的影响是深刻而直接的，本部分将从企业外部宏观环境和企业的内部微观环境来研究物联网对会计环境的影响。

1.物联网影响外部会计环境

从本质上看，物联网技术是现代信息技术发展的必然产物，如同互联网技术和计算技术给我们的生活带来的变化一样，物联网技术的发展，必将对我们的生产和生活方式产生深刻的影响。

一方面，物联网对社会生产方式必将产生深刻影响。物联网技术的发展，使得人与物、物与物和人与人之间形成了一个庞大的信息网络，通过该网络，对于企业而言，使得企业的管理层能够随时监控企业的产品生产情况和材料消耗情况；对于政府部门而言，实现了对城市交通的有效引导和管理；对于个人而言，使人们能合理选择出行路线，随时随地掌控家中事务。

另一方面，物联网对社会生活方式也将产生深刻影响。"国际电信联盟"曾在一份报告中这样描绘物联网技术对人们生活的影响：当驾驶员出现操作失误的时候，汽车会进行自动报警提醒；日常携带的公文包会及时告诉主人需要携带的物品；衣服会根据面料和干净程度的不同，告诉洗衣机所需要的洗涤模式和洗衣液的用量。诸此种种，现在看来似乎不大可能，随着物联网技术的发展，这些都将变得习以为常。

2.物联网影响内部会计环境

第一，推进企业组织结构扁平化。每一次科技的浪潮，都会带来企业组织结构和管理方式的变革，信息技术的飞速发展，使得世界产业结构从物质型经济向知识型经济转变。物联网技术的发展，也将是一次产业革命，部分传统产业必将被淘汰，新产业、新产品和新服务等必将如雨后春笋般出现；网络化、数字化和智能化与产品的生产、销售以及服务相结合；小批量、个性化的生产替代大规模的生产；以质量和效益为代表的集约型生产方式取代以数量和高资源消耗为代价的粗放型生产方式；金字塔式垂直管理被网络式水平管理所取代。

第二，物联网促进企业内部各职能部门之间的协调。计算机技术和互联网技术在企业管理中的应用，提升了信息在企业内部的传输效率，但企业内部之间依然存在"信息孤岛"现象，对于大型企业而言，"信息孤岛"现象尤为严重，究其原因，目前的工作网络依然是由一个个相互分隔的子系统组合而成，无障碍的企业综合网络系统远未形成，企业各系统之间联系较少。物联网技术的出现，将有助于企业形成一个网络系统，在这个网络里，与企业互联的人与物都可以实现无障碍的智能化沟通。

## 二、物联网发展的现状与挑战分析

### （一）物联网的技术现状

在我国物联网的发展过程中，2009 年是我国物联网发展史上具有重要意义的一年，在这一年，时任国务院总理的温家宝提出了"感知中国"的理念，正是由于国家领导人层面的重视，随后物联网被正式列为国家新兴战略性产业，成为政府工作报告当中的重要组成部分，受到了全社会的关注，这推动了我国物联网技术的提升与产业的发展。从物联网发展的技术现状来看，在已有的网络通信技术研究成果的基础上，我国在传感器技术、RFID 射频识别技术和信息处理等领域有了一定的突破，取得了一定的成绩。但是，从总体来看，由于我国在信息产业的发展过程中，还存在着长期的基础性瓶颈亟待突破，我国在物联网技术研究领域的核心技术层面与发达国家间存在一定差距，部分技术领域的核心技术未能掌握，致使受制于人，落后于国际先进水平，以跟随和模仿为主，处在产业链低端。

### （二）物联网的标准化现状

众所周知，互联网标准化传输协议的建立，推动了互联网的普及与应用，物联网的发展与普及同样离不开标准化体系的建设。从我国物联网的标准化工作现状来看，我国的物联网标准化建设正处在起步阶段，标准化体系的建设还有很长一段路程。可喜的是，在物联网标准化体系建设方面，我国的物联网标准化工作正在有条不紊地开展。总体来看，我国物联网标准化工作得到了业界的普遍重视，但推动我国物联网体系的标准化建设，首先需要进行顶层设计，客观冷静分析物联网标准化体系建设的需求；其次需要统筹兼顾，积极协调国际标准、国家标准、行业标准的推进，进一步优化资源配置，推动我国的物联网标准化体系建设。

### （三）物联网发展面临的挑战

物联网正在快速地发展，虽然已经得到了初步的应用，但大规模的使用和普及还有待时日，物联网在自身发展过程中，面临着诸多挑战。

（1）缺乏统一的标准。如同互联网的建立与使用一样，TCP/IP 协议、路由器协议等的制定是互联网发展史上的历史性事件，那么在物联网的发展过程中，要实现万物的互联，统一的技术标准是物联网建设的第一道门槛，没有统一的标准，物联网的发展便是空谈。因此，在物联网的发展过程中，形成统一的标准和管理机制是当务之急，需要世界各国的共同努力和推动。

（2）过高的使用成本。在当前的条件下，物联网发展还处在起步阶段，这一阶段的主要特征是物联网相关设备的成本高，物联网技术的应用范围小，普及率低。这些特征又反过来制约着物联网技术的普及与应用，成本高，就难以实现大规模的应用，而没有大规模的应用，规模化的生产就难以实现，成本高的问题就更难以解决。突破成本的壁垒成为物联网技术普及与大规模应用的前提，也成为实现物联网产业化的首要问题，所以在当前成本尚未降至能普及的前提下，物联网的发展必将受到限制。

（3）产业链条远未形成。我们知道，物联网技术包括传感器技术、网络和通信技术、RFID 技术和信息处理技术等一系列技术，物联网的整个产业链涵盖芯片商、传感设备商、系统解决方案厂商和移动运营商等上下游厂商。目前，在物联网的产业链中，上下游厂商各自为政，而物联网的产业化需要上下游厂商的通力协作。对我们而言，实现物联网的产业化，形成完整的产业链条，还有很多工作要做。在体制方面，要通过制度建设加强广电、电信、交通等行业主管部门的合作，共同推动信息化、智能化交通系统的建立；在网络基础设施方面，需要加快电信网、广电网、互联网的三网融合进程；在利益分配上，需要兼顾产业链上各方的利益。这些问题的解决需要时日，可见，物联网的普及仍是一个相当长的过程。

（4）盈利模式尚不清晰。物联网技术的体系结构可以分为感知层、网络层和应用层3 个层次，针对每一个层次，在市场上都存在着相应的开发商，每个开发商都有多种选择去开拓相应的市场，选择相应的盈利模式。从计算机技术的发展到互联网技术的普及，我们可以清晰地看到，对于任何一次信息产业革命而言，其发展的成熟普及必然伴随着一种成熟商业盈利模式的出现。从目前物联网发展的现状来看，物联网发展依然处在初级阶段，尚未产生一种成熟的商业盈利模式，这也在一定程度上阻碍了物联网技术的普及与规模化应用。从目前物联网发展的利润来源看，其利润点主要集中于与物联网相关的电子元器件领域，如射频识别装置和感应器等，而在数据传输网络以及物联网技术最下游的物流及相应行业的利润增长模式相对模糊，要形成成熟的商业盈利模式还需要很长的时间。

### （四）物联网技术对会计信息化的推动

物联网技术的诞生，成为信息产业发展史上的第三次革命浪潮，它的诞生实现了网络的真实性，它通过 RFID 技术，借助于无线通信网络，将"虚拟的互联网"和"现实世界的万物"连接在了一起，这种现实与虚拟的结合，给传统的互联网发展注入了活力，对社会的生产方式和生活方式注入了动力，对企业的生产经营模式的变更和组织管理方式的变革产生推力，对借助于信息技术发展的会计信息化产生了深远而深刻的影响。

第一，解决了数据源问题。我们以原材料为例，物联网技术的应用，对原材料从采购、入库、领用、在制品、产成品入库直到最终销售等一系列环节，产生了深远的影响，嵌有芯片的原材料通过 RFID 技术，与数据仓库进行实时的"交流"，数据及时更新，实时导入数据仓库。在此过程中，数据的读取与传输没有人员的参与，只有物品的自动"说话"，使得所获取的业务数据更加可靠真实。

第二，真实反映企业经营状况。在物联网技术条件下，可以实现对企业产供销环节、实物资产和产品生产等有效监控，这将有效规范企业的业务，减少甚至杜绝业务混乱现象，企业的会计信息资料真实可靠，企业的会计处理过程标准规范，企业的经营情况与企业的会计信息相互印证，信息失真得到有效防范。

第三，促进企业内部控制。在物联网技术下，在企业的决策、执行、管理和监督全过程中，可以运用 RFID 技术实现全程贯穿，覆盖企业的所有业务和事项，实现企业内部控制的全面性。通过会计信息系统的建立，促进内部控制流程与企业信息系统的有机结合，减少或消除人为因素的操纵，实现对业务和事项的自动控制。

## 三、物联网环境下的会计信息化建设

### （一）会计信息化建设的前提

会计信息化建设的两次飞跃，与计算机技术的大规模应用和互联网技术的成熟与普及密不可分。没有计算机与互联网发展的普及，会计工作的信息化只能是纸上谈兵。物联网下的会计信息化建设，同样离不开物联网技术的发展。目前，我国物联网发展还存在着商业模式不成熟、体系不完善、物联网的应用开发只依靠运营商和物联网企业、技术标准的不统一和相关政策及法规不完善等诸多问题，这些都制约了物联网产业的发展与普及，物联网的大规模应用与普及是物联网下的会计信息化建设的前提[①]。

### （二）会计信息化建设的理论支撑

任何学科的发展，都需要理论支撑作为先导，计算机理论的发展和会计信息化理论的研究，推动了会计信息化工作的开展。物联网下的会计信息化建设，同样需要会计信息化理论的指引，物联网技术的发展，对传统的会计理论提出了挑战，对基本会计理论建设提出了新的要求。

从会计主体的界定来看，随着信息技术的发展，会计主体也变得模糊，这为会计主体如何界定提出了新的要求；会计信息传递的及时性及其动态性，对会计的分期也出现了新的要求。从会计要素的确认、计量和记录来看，随着经济的发展和社会的进步，同固定资产相比，无形资产在企业中的比重越来越大，无形资产在企业的生产经营中也愈加重要，会计确认标准的扩展就显得尤为迫切；传统会计理论中每一项经济业务的确认和记录，通常以权责发生制为前提，以历史成本为基础，对会计信息进行价值化核算，物联网技术带来的信息传播的及时性以及会计信息的时效性，使得公允价值计量在会计计量中的应用变得简便易行。从会计职能来看，物联网技术的应用将极大地发挥会计人员的管理职能，使其从传统的会计核算和会计监督中解放出来，通过及时向企业管理层提供相关的会计信息，最大限度地发挥其会计职能，服务于企业的管理决策，实现企业价值最大化。

### （三）会计信息化建设的目标

学者们普遍认为，会计信息化的实质是会计工作与信息技术的有机融合，这种融合不

---

① 　王舰、李晓虎：《物联网助推会计信息化变革浅探》，载《财会通讯》2010年第22期，第119-120页。

仅在于将计算机技术和互联网技术等引入会计学科，实现与传统会计工作的融合，从而为信息技术在企业会计业务核算和财务处理等方面带来便捷，会计信息化还包括会计基本理论的信息化、会计实务的信息化和会计管理的信息化等诸多内容。

关于会计信息化建设的目标，研究的角度不同，得出的目标也不同。财政部发布的《关于全面推进我国会计信息化工作的指导意见》提出，我国会计信息化的目标是力争通过 5~10 年的努力，建立健全会计信息化法规体系和会计信息化标准体系，包括可扩展商业报告语言（×BRL）分类标准，实现企业会计信息化与经营管理信息化二者的有机融合。

显然，上述这一目标是从会计信息化体系建设方面而言的，侧重于宏观方面。我们认为，会计信息化是为会计工作服务的，会计信息化的目标同会计工作的职能密切相关。物联网下的会计信息化建设的目标，是物联网与会计工作的有机融合，实现会计工作的核算智能化和监督智能化，为企业的管理服务，为企业的决策提供支持。

1. 会计核算智能化目标

在会计核算过程中，涵盖了会计信息的获取、确认、计量、记录和披露等一系列内容，在传统的会计工作中，从一项经济业务的发生到记账凭证的编制，进而到登记账簿，直至最后会计报告的编制等工作，这一系列工作都是由具体的会计人员来完成的，这一过程通常耗时耗力，而且结果的准确性与会计人员自身的职业素养存在一定的关系。在物联网技术下，借助于 RFID 技术，整个会计核算过程都是通过数据处理中心自动完成的，减少了人工的参与，降低了会计核算工作人为因素的影响，增强了会计核算的准确性和客观性。

（1）信息获取智能化。可靠性和真实性是会计信息质量的基本要求，确保企业会计信息的正确真实无误是企业会计工作的基本要求，物联网技术的应用，从信息源上保证了会计信息的质量。我们以物联网技术在企业产品和设备上的应用为例，通过在企业的产品、设备等资产中嵌入 RFID 电子标签，以及其他的感应设备，可以实现对产品和设备的自动识别，收集企业资产从采购、生产、物流和交易等一系列环节中的信息，在这一过程中，没有人工的参与，均是由会计信息系统自动生成与处理，从而实现了会计信息获取智能化。

（2）信息处理智能化。在物联网环境中，在没有人工参与的条件下，企业会计信息系统将自动获取的信息实时导入数据库，并及时对获取的信息进行确认和处理，数据的处理过程都是实时完成的，整个过程与数据的更新同步进行，整个信息处理流程智能化。

（3）会计报告智能化。在传统的财务报告文本形式中，存在着标准不统一、内容冗繁和效率低下等一系列弊端，物联网技术标准体系的建设，可以实现财务报告的跨语言、跨平台、低成本和高效率，将有助于提高会计信息的相关性、趋同性、准确性和共享程度，财务报告实现智能化，能够为决策者提供更加及时、准确和完整的会计信息。

2. 会计监督智能化目标

（1）实现"三流合一"。在物联网技术下，企业能够通过企业会计信息化系统及时掌握资产的属性、位置及状态，能够对业务和事项进行自动控制，做到企业的物流、资金流和信息流"三流合一"。通过对企业的物流、资金流和信息流信息的分析，可以快速、准确地判断企业经营状况，找出经营管理的薄弱环节，从而采取有效措施予以改进，促进企业的健康发展。

（2）增强内外部协同。物联网技术的发展，使得打破部门、区域及行业之间的障碍成为可能，各种会计信息资源的有效整合成为现实。在物联网技术下，对企业内部而言，企业内部管理系统与财务会计信息系统二者的融合成为必然，通过二者的融合，有助于管理者通过远程管理和在线协助等技术，突破地域和时间的限制，对企业的交易业务进行实时的操作和监控，实现办公自动化，降低经营成本，提高企业管理效率。从企业外部来看，通过物联网技术，企业可以保持同供应商、客户甚至是竞争对手的数据链接，实时掌握相关会计信息，提高风险管理水平。

### （四）会计信息化建设的途径

艾文国等学者将我国的会计信息化发展路径划分为两个阶段，即会计电算化阶段和会计信息化阶段，前者是以计算机技术在会计核算工作中的具体应用为标志；后者是在互联网技术的浪潮下，以综合性的会计软件研发和在企业中的应用为标志。从这里可以看出，会计工作的信息化其实质是会计工作与信息技术的结合。在二者进行结合的过程中，互联网理论和会计理论的发展，为会计信息化建设提供了指引，并进一步推动了会计工作的信息化进程。

会计信息化是以强大的电算化为技术支撑的，所以说，信息化发展到何种阶段，很大程度上取决于现有电算化技术如何创新。而电算化技术创新的关键在于会计信息化软件。软件是电子计算机的灵魂，软件设计的优劣，直接关系到会计信息系统建立的目的能否实现。可见，会计信息化的推动，建立相应的会计信息化软件系统是关键。

我们不难看出，会计信息化的发展每一次都是会计工作与信息技术的一次深度融合的过程，都是会计工作向智能化的一次前进。物联网条件下的会计信息化建设，需要会计信息化理论作为先导，关键是物联网技术与会计实务工作的有机融合，核心是建立"物物互联"的会计信息化系统。在企业会计信息系统的重新架构中，物联网技术将有助于企业实现实时管理模式、多维核算体系、现实场景和信息利用与决策的会计信息系统。

第一，动态化控制，在物联网环境下，"万物的互联"成为现实，企业的所有原料和设备，包括每一个元件，都是一个实时化动态化系统，其瞬时变化都能够被记录。在动态化的企业会计信息系统中，从企业的管理者角度出发，可以随时随地根据需要进行实时管理和控制，随时跟踪物品的位置，随时管理原材料的投入，随时核算工程的费用，从而实现对企业会计要素的动态化控制。

第二，多维度核算，在物联网技术下，建立满足企业需要的多维度核算体系成为企业的共同选择。在多维度核算体系的建立中，对企业而言，所依据的是一个反映原始状态的数据，为了多维核算体系建立的需要，就需要根据不同的核算要求，对原始数据进行不同角度的分类、汇总与分析。通常，这种分类、汇总和分析，是同企业的某种管理需要相联系的。例如，基于上市公司外部报表需要，我们需要按照新会计准则提供报表；根据内部管理需要，应该按照内部管理体系提供报表等。

第三，场景式管理，利用物联网技术，数据信息记录的方式发生了根本性的变化，嵌入物体当中的电子芯片可以存储视频、音频和图片等形式的物体信息，信息的利用方式也被改变，采用搜索的模式来提供会计信息，就可以查询到该设备从购买之日起的有关信息、场景，就可以了解其在企业的部分或全部有关信息。例如，输入某台设备，就可以查询到该设备从购买以来的有关信息、场景，实现场景式的管理和控制。

# 第三节　云计算环境下的会计信息化发展

## 一、云计算概述

### （一）云计算的发展阶段

"云计算"一词是 2006 年 Google 在搜索引擎大会上首次提出的，短短几年之内，云计算已经从新兴事物发展到欣欣向荣。然而云计算并不是某个时间突然就出现的全新事物，它是从网格计算、公用计算等技术逐渐演变到一个整合各种技术资源的平台，大致经历以下 5 个发展阶段：

第一个阶段是利用并行计算解决大型问题的，网格计算阶段，也称为分布式计算阶段。即通过把需要大型计算机处理的任务分割成若干部分后，再分配给众多普通计算机去计算，最终统计所有的分析结果来攻克大任务。

第二个阶段就是将计算资源作为可计量的服务提供的公用计算阶段。这个阶段是从 20 世纪 90 年代开始的，作为一种广泛存在的计算机架构，通过收费提供服务和资源，可以在其中实现各种运算需求。

第三个阶段是应用服务提供商 ASP（Application Service Provider），作为一个流行的概念，顾名思义，它为企业提供业务和管理服务。通常是一些第三方的服务公司利用广域网络或者虚拟专用网为没有自己的会计信息化系统的客户服务，这些服务公司在远程的主机中部署构造、安装管理和维护各种应用程序，负责接受客户的生产经营活动数据进行处理后再传递给客户。客户不需要自己购置软件系统，只用租赁就能享受到相应的服务。

第四个阶段是软件即服务（SaaS），这是一种基于互联网提供软件服务的应用模式，随着互联网的发展和软件的成熟而兴起。它是按某种服务水平协议（SLA）直接通过 Internet 向客户提供相应软件功能的服务，用户无须在自己的电脑或服务器上安装软件产品，根据用户选择的服务和使用的时间来收取相应费用。这也是一种订制租赁模式。ASP

提供的产品比较初级，部分软件不能适用多用户远程访问的要求，是单租户模式。与 ASP 不同的是，SaaS 的定位更为明确，关键在于软件服务提供商适应新形势要求改变原来的销售许可证模式，利用 Internet 这一渠道把软件租给用户，优化了软件性能，适合多用户使用。

第五个阶段就是云计算，这将是未来信息化发展的不可逆转的趋势。它的运行方式类似于电网，通过互联网来传输运算任务到大量的分布式计算机中，而不再是传统地把计算任务分布在本地计算机或者服务器中。企业可以按需切换软硬件资源，进入可配置的计算资源共享池，而这个过程只须投入很少的管理工作，减少和服务供应商的交互，计算能力也可以通过互联网这个媒介实现流通，是一种按使用量付费的模式。

## （二）云计算的服务原理

云计算的工作原理是服务商提供 IT 资源在一个资源池中，用户则通过互联网访问资源池来获得他们所需要的各种应用服务。云计算系统连接了大量的廉价的计算机，使用分布式的方式以形成一个大型的数据中心，由非本地或远程服务器到用户的方式充分利用互联网的高速传输能力以便计算和存储资源。这个由无数个计算机集群组成的云计算系统主要任务是管理分布式计算机，进而达到类似于超级计算机的效果。也就是说，云计算将原来从本地计算机或服务器的数据处理任务转移到云计算系统这一大型数据库的过程。

云计算系统服务主要依赖三层架构：基础设施即服务（IaaS）、平台即服务（PaaS）、软件即服务（SaaS）。三者之间的关系紧密关联，相互依赖，逐层递进，从底层的硬件开始逐步到面向最终客户的应用软件。

基础设施即服务（IaaS）：处于云计算架构的最底层，把各种硬件资源包括 PC 服务器、数据存储和网络服务器以及计算资源进行虚拟化后租赁给需要的用户，以便用户可以根据自己不同时段、阶段对 IT 阶段的需求均衡部署计算机运行能力。

平台即服务（PaaS）：处于云计算架构的中间层，与其他服务最根本的区别在于它提供的不是应用，而是一个基础平台。在此基础上来部署和搭建应用系统，匹配企业业务流程需要编程开发互联网的资源以灵活快速响应用户，从而达到真正为用户创建有价值的平台的目的。

软件即服务（SaaS）：它建立在前两层服务开发软件的基础上，是 21 世纪开始兴起的一种完全创新的软件应用模式。与传统软件服务模式相比，SaaS 服务依托于软件和互联网，类似于将光盘安装式的服务方式转换为依托互联网在线平台，服务商在自己的服务器上部署应用软件并全权负责后续管理和维护，用户无须花费大量投资用于硬件、软件、人员，只需要付出一定租金通过互联网向服务商定购开通所需的应用软件服务。

## （三）云计算的部署分类

根据部署环境分类，云计算包括三种：公共云、私有云、混合云。

（1）公共云。所谓公共云，顾名思义，是指放在 Internet 上的，只要是注册用户、付费用户都可以享受到各种资源的服务。服务提供商运营该系统，拥有所有权，用户支付合理价格即享有使用权。基于互联网的云计算，具备无限强大的存储能力、计算能力和网络服务，可轻松实现不同设备间的数据与应用共享，拥有无限的便捷性和扩展性。

（2）私有云。与公共云不同的是，私有云的数据安全级别和保密性更高，是放在相对私有环境中由个别组织控制运营的，未经授权无法访问该资源，只有经过相应的验证授权才能使用各种虚拟资源。它提高了企业商业数据的安全性，但也增加了企业运行成本。

（3）混合云。混合云是指在云计算系统架构中结合公共云和私有云的策略，二者同时协同工作。实际应用中，公共云和私有云都不会单独存在，由于受安全、成本、沟通和控制等因素影响，企业把核心数据存储在私有云中，当面临 IT 需求高峰期时或需要灾难备份恢复时寻求公共云服务，这种部署可以灵活地重新分布和整合现有的 IT 资源。

## （四）中小企业应用云会计的必要性分析

### 1. 经济方面

对于中小企业来说，资金短缺是阻碍其会计信息化发展的最大问题。从自身发展的角度来看，中小企业普遍融资困难、市场竞争激烈、生存压力巨大且生命周期较短，但传统的会计信息化需要进行长期规划并持续投入大量资金，很多中小企业根本无力承担如此巨大的经济负担，从而放弃会计信息化建设，甚至有些企业因为资金问题导致会计信息化的建设中途停滞。而云会计的出现大大降低了中小企业会计信息化的经济门槛，仅需低廉的软件租用费，软硬件的部署和维护升级等服务均由云会计服务提供商统一负责，数据信息也都存储在云端。中小企业只要准备好办公电脑和网络设备，就可以随时随地在线访问云会计软件处理相关工作。因此，从经济角度而言，云会计是中小企业会计信息化的必然选择。

### 2. 技术方面

在云计算快速发展的推动下，云会计市场日益繁荣，各大云会计服务提供商根据中小企业经营管理的特点，纷纷开发了以会计核算功能为核心的各类产品。这些产品通用性较强且界面简单，操作易上手，用户还能根据不同的需求进行功能组合，能满足大多数中小企业的需求。而且很多产品已经在市场上投入使用多年，成熟度非常高，因此用户体验也不错。最重要的是，云会计能为中小企业省却会计信息系统的软硬件部署和维护升级等 IT 技术工作，而且还提供全方位的培训指导和全天候的技术支持，大大降低了 IT 技术水平相对较低的中小企业会计信息化的技术门槛。另外，云会计的互联网特性使其还可以无缝对接外部专业服务机构，随时随地便捷地完成网上纳税、交易和审计等工作，这是传统的会计信息系统无法实现的。

虽然云计算自诞生以来，其安全性问题就饱受质疑，但从实际情况来看，云端很有可能比传统的数据中心更安全。因为云计算兴起的时间较短，为了增强这项新技术的市场可信度，多数云服务提供商都将安全标准定得非常高，比如通过 ISO 27001 等国际标准认证。但传统的本地数据中心却很难达到此标准，对于缺乏专业 IT 运维团队支持的大部分中小企业而言更是如此。因此，数据安全问题的关键在于中小企业在选择会计服务提供商时，必须了解其安全标准是否符合要求。综上，从技术的角度而言，云会计是中小企业会计信息化的必然选择。

## 二、云计算环境下中小企业会计信息化建设模式对比

中小企业伴随着中国企业会计信息化多年的发展进程从会计电算化进步到会计信息化，其中历经了多种模式的探索和经验积累，从传统的会计信息化模式到网络时代的信息化模式，比如有自行开发、外包订制服务、整体购买等。无论哪种模式都是利用当时最为先进的信息技术来满足中小企业的财务需求。当今时代，网络和信息技术的高度普及，通信手段日新月异，多媒体设备不断更新换代。在这个快节奏的信息时代，ASP 应运而生，作为一种有效利用资源的途径，企业无须有自身的会计信息系统即可进行整个财务流程。从应用层面被视为 ASP 的延伸和拓展，云计算这种新型的模式迅速占领市场为企业提高效率、实现最大价值提供了无限可能。

### （一）基于云计算的中小企业会计信息化建设模式

云计算系统有 3 层服务架构，那么基于云计算的中小企业在选择会计信息化建设模式分为以下 3 种：

#### 1. 软件即服务

软件即服务，即 SaaS，相较于大型企业，该模式提供了更好地解决中小企业会计信息化的方案。在 SaaS 模式下，中小企业资金实力不足以自己开发组建内部云计算平台，而且数据也不像大型企业那么庞大，根据成本效益原则，租赁云计算平台比较合理。SaaS 之所以能成为中小企业新宠，是由于它在降低中小企业自身运营维护风险的同时降低了维护和人员成本，充分利用互联网在线服务，把财务系统软件作为应用程序放在云平台中供企业按需租用资源。比如在云平台中部署有会计核算管理系统、固定资产管理系统、报表生成应用系统、存货管理系统等与会计信息化系统应用相关的模块，用户订购自己所需业务模块，不需要购买软件许可和安装需支持的软硬件，从传统的一次性财务软件买卖关系变为长期的客户服务关系。在这个平台中，管理者可以随时随地掌握最新发布的财务数据，以便企业利用有价值数据进行内外部沟通协调，尽早发现企业资金利用缺陷和财务管理漏洞，大幅度提升资金利用效率和管理效果，抢占市场，响应变化，顺应潮流。这个模式对推动中小企业会计信息化无疑是不错的选择。

#### 2. 平台即服务

平台即服务，即 PaaS，虽然 SaaS 模式对推动中小企业会计信息化优点多多，但是也

有一定的局限。作为对 SaaS 的进一步延伸和发展模式，PaaS 可以改进 SaaS 的不足之处。与 SaaS 模式提供标准化应用程序不同的是，PaaS 可以灵活满足中小企业个性化需求，因为不同规模和行业的中小企业对财务报表信息的侧重点是不同的，外部环境也随时可能发生巨变，统一化的财务软件就不能很好地与企业实际业务流程和环境契合，缺乏从企业自身角度的考虑。如果不能适应企业的财务流程，则会引起内部财务人员的抵抗，给财务工作的顺利展开带来困难，进而给企业带来损失。基于这些原因，PaaS 模式下服务提供商站在企业的角度，让企业用户加入财务系统的开发过程。指导理念是将开发会计信息系统的任务从服务商转移到企业自身。具体过程就是熟悉企业财务流程用户和技术专家组成团队，量身定做自己的财务系统，服务商只是提供一个个性化的服务平台，用户仅仅是利用它提供的服务器、平台、开发工具等，财务人员把系统流程需求传递给技术专家后，他们据此利用平台的开发环境（如系统编程语言、开发程序、数据模型等）订制开发应用系统。初步开发后再结合财务人员的实际使用效果设置和更改部分参数，比如基本配置、人员访问规则和授权、数据保密级别。如有更复杂的需求，可以由软件工程师修改编程语言和程序、脚本设计。这个过程要求财务人员和系统开发人员高度互动，相互协同，从而使其贴近企业真实的财务管理流程。与以前的企业自行开发进行企业财务管理信息化建设相比较，采用 PaaS 模式大幅缩短了开发周期，更重要的是符合企业个性需求，间接提高企业在 IT 上的投资回报率，在 PaaS 平台上订制化开发将是一种长期的发展趋势。

### 3.基础设施即服务

基础设施即服务，即 Iaas，传统模式下，企业要发展会计信息化首要是购买昂贵的基础设施如专用服务器、存储设备，建立数据中心，这些往往投资大、回报慢，直接延缓了中小企业会计信息化进度。而在 IaaS 模式下，这些基础设施投资由专门服务商提供，利用先进的服务器虚拟技术把网络资源、存储功能、网络一系列资源转化为可计量出租的商品。企业在需要的时候交付相应租金即可使用对应的计算能力，服务商拥有所有权，负责机房、机器等日常维护。这种模式并非指企业不需要投资所有的基础设施，对于必要的基础设施，可以比较自行购买建设或者外包建设的成本进行最优选择。新建中小企业的初期规模小、业务少，会计信息化系统太过完美则会闲置浪费计算资源和资金；有的企业的业务有明显的季节性变化，淡季时闲置了大量的资源，而旺季时大量业务数据需要处理分析挖掘，资源需求量将会激增。针对这些对资源需求不均衡的矛盾情况，Iaas 模式帮助企业实现了成本最低化、价值最大化。除了必要的基础设施，需求量高峰期可以采用租赁服务来应对，不需要时再返还给服务提供商，降低企业的基础设施投资成本，实现资金的高效率投资，达到 IT 资源供需的平衡。

## （二）云计算会计信息化与传统会计信息化的对比分析

### 1.SaaS 模式与传统模式会计信息系统的对比

（1）SaaS 模式的优点

第一，投入成本低。从初始投入来看，传统的财务会计软件需要企业从软件开发商处购买，然后在自行购买的硬件设备上安装使用，之后相关软硬件的运营、维护与升级都需要企业自己来解决，这些都需要企业在初始阶段一次性地投入大量的资金，严重影响企业现金流的稳定。而基于 SaaS 的在线财务应用软件是安装在 SaaS 端的云服务器上的，企业通过网络端口连接使用 SaaS 财务软件，无须购买财务软件和硬件设施，只需要按照企业的实际需求租用软件并按月或按年缴纳一定的租金即可，不会对企业的现金流造成很大的波动。

从后续的使用过程来看，传统的会计信息化需要企业雇用专职 IT 人员来对会计信息系统的日常运营进行维护，并根据需求支付相关费用对系统进行升级。而基于 SaaS 的会计信息化系统全程由 SaaS 服务商负责，SaaS 服务商雇用专业人员对在线财务会计软件进行日常的运营维护，并负责软件的在线升级，用户无须承担软硬件的维护和升级工作，也不需要为升级的软件服务缴纳额外的费用，即可获得最新的应用技术，满足企业的财务管理需求，为企业节省了后续的 IT 支出。

第二，数据协同。在传统的会计信息化下，财务软件安装在企业办公室的设备终端上，会计人员只有在公司时才能访问会计系统，对于需要跨地域办公的会计人员十分不便。在基于 SaaS 的会计信息化下，会计人员可以随时随地通过互联网访问会计信息系统，消除了会计工作中时间和空间的限制，实现了财务数据的共享，加强了会计人员之间的协同办公，提升了会计人员的工作效率，为企业管理人员提供实时的决策支持。

（2）SaaS 模式的缺点

第一，安全性。在传统模式下，财务软件的运行环境是隔离互联网的局域网，不会受到黑客的网络攻击，且财务数据保存在本地的存储器中，外人无法访问。而基于 SaaS 的在线会计服务，无论是使用的财务软件还是企业的财务数据，都部署在 SaaS 服务商处，用户对数据的可控性较低。一旦出现网络问题或者受到黑客攻击，系统可能会瘫痪，用户的财务数据极有可能会泄露，甚至丢失，这些对于企业而言都是难以承受的损失，也将对 SaaS 在线会计服务造成无法预料的影响。

第二，稳定性。传统模式的会计信息系统完全建设在企业内部，所有的网络及硬件设施都由企业自己配置，因此除非出现断电、硬件故障等问题，不会影响财务软件的使用。而在 SaaS 模式下，企业通过互联网来使用财务软件，所有会计信息的输入、处理以及存储都是通过互联网来进行的。因此，从稳定性的角度来看，如果出现断网、网速过慢等问题，极易造成会计信息的丢失，将影响使用在线会计服务的持续性。

第三，兼容性。在企业的信息系统中，除了会计信息系统以外，还包括供应链管理、客户关系管理、人力资源管理等子系统，如果这些系统一部分使用云计算模式，另一部分使用传统模式，势必造成数据的不兼容，影响子系统之间的协同办公。

第四，迁移成本。同传统财务软件相比，基于 SaaS 的财务软件的迁移成本更大。因为不同的 SaaS 服务商所采用的数据接口不同，不同的 SaaS 服务商的数据并不兼容，因此如果用户想要更换另一家 SaaS 服务商的产品，将会承担巨大的迁移成本，甚至面临之前的财务数据无法继续使用的风险。若是 SaaS 服务商因为市场竞争而倒闭，则其用户将面临财务数据丢失的局面，或者即便侥幸被保存下来，仍将面临数据不兼容的问题。因此，企业在选取 SaaS 服务商和产品时，一定要慎重，可以先试用一段时间，评估后再选择。

### 2.PaaS 模式与传统模式会计信息系统的对比

（1）PaaS 模式的优点。在传统模式下，财务软件的开发需要开发人员在硬件设施上安装运营环境，这些都是需要花钱购买的。开发的财务软件需要在运营平台上试运行，也就是说从完成开发到真正能够使用只要需要几个月的时间以及相应的运行费用。而在 PaaS 模式下，开发人员只须负责程序的开发和测试，无须负责硬件和运营环境的配置，而且 PaaS 平台对开发人员提供可选择的语言支持功能和基础架构订制途径，极大地方便了财务软件的开发。借助 PaaS 平台，开发人员可以用极低的成本来检验软件的性能。对于作为用户的中小企业来说，PaaS 不仅给其带来了开发和运维的变化，同时优化了企业的组织架构，为企业的运营带了革新，使得企业更具竞争力。

（2）PaaS 模式的缺点。首先，每个平台缺少统一的架构模型，运行的标准、数据接口的口径等也不尽相同，这将为以后的迁移带来高额的成本；其次，但凡通过互联网连接的软件时时刻刻都受到网络安全的威胁，这是无法避免的，因此与传统的会计信息化相比，这无疑是一大缺点。

### 3.IaaS 模式与传统模式会计信息系统的对比

（1）IaaS 模式的优点。

第一，节省前期投入。相比于传统的会计信息化，IaaS 模式可以节省中小企业前期对硬件设施的投入。通过租用 IaaS 服务商的硬件设备，即便是没有重资产运营，仍然可以享受同等质量的服务，获得所需要的计算能力和存储能力。对于中小企业而言，极大地节省了会计信息化前期投入的费用，优化了资产的运营状况。

第二，弹性扩展。同传统的会计信息化相比，基于 IaaS 的会计信息化能够获得较高的硬件弹性，根据财务软件的需求和扩展，可以随时调配所需的硬件设施，量身打造会计信息化的运行环境。

第三，专业的后期维护。同传统的会计信息系统相比，基于 IaaS 的会计信息系统无须中小企业自身对硬件设施进行维护和升级。IaaS 服务商拥有专业的技术团队对基础设施进行管理，对于新技术，能够及时根据服务协议对用户的升级要求进行响应，对服务器和存储器进行维护和升级，解除中小企业的后顾之忧。

（2）IaaS 模式的缺点。

第一，安全问题。同传统的会计信息系统相比，IaaS 存在更多的安全隐患。IaaS 涵盖了一切的基础设施资源，所有的物理设备均由服务商进行虚拟化后租借给用户，因此用户的财务数据通通存储在服务商的云平台上面。由于网络远程访问，多用户运行在他人设施上，带来了传输安全、接入认证、抗干扰性以及第三方访问权限等问题。

第二，稳定性问题。IaaS 的原理是将一个资源池分块出租，总资源不变，但是每一个资源块可以实时增减，即多用户共享一个资源池，这就存在其他用户是否会影响用户主机的问题。此外，IaaS 服务商能否像传统的会计信息系统那样提供 24 小时的服务、存储器是否有备份、网络是否畅通等一系列的问题都是用户在选择 IaaS 服务商时所需要考虑的。

## （三）中小企业选择云计算架构服务的关键点

（1）选择合适的云服务提供商。首先结合企业的会计信息化现状，分析存在的优势和劣势，以什么方式来提高会计信息化水平，充分考虑引入新软件系统对现有会计流程和财务人员的影响；其次和云服务商做好沟通，事先了解服务商的实力、资质、信誉度等，慎重研究云服务提出的产品或者方案给中小企业财务改革带来的效益，学习其成功案例，综合分析之后再确定租用意向。目前，有很多云服务推出了在线免费使用部门财务系统功能，中小企业完全可以利用这个优惠免费享受其提供的部分服务，降低了企业寻找合适服务商的成本费用。尽管这个服务是限制时间和功能，中小企业仍然可以通过试用对比企业原有的会计信息化和利用云服务后的会计信息化带给企业的价值。

（2）签订服务级别协议。中小企业利用云计算实施会计信息化能否成功很大程度上受服务提供商质量的影响。双方需要签订正式合同，明确彼此之间的责任和权利，其中针对服务内容、价款报酬、数据存储、违约责任等条款要清楚明白。服务商承诺中小企业在应用本公司的云计算服务后对企业的会计流程改造后的实施效果有细则，并有衡量的特定方法，如果未达到实现约定的效果，可以约定请求赔偿金额以及赔偿金的计算方法。

（3）客户个性化订制及培训。双方彼此沟通了解后，云服务商要根据客户的财务环境和行业特点，按照 IaaS、PaaS 和 SaaS 三种架构模式以符合客户的个性化订制，还要给客户的财务人员提供培训，使他们了解系统处理过程，利用好资源。

（4）结合实际拓展完善。随着中小企业宏观环境和内部环境的变化，在对会计处理提出更高要求时则需要对原来的服务进行横向拓展和纵向深度发展。云服务商要保持和客户的密切联系，一旦需要即对系统升级改进，充分满足客户的要求。

（5）售后服务。当资源交付给客户使用时最好配备有专门的实施顾问，负责把企业在执行财务信息过程中遇到的问题传达给云服务商，不断改善后续使用效果。这样才能和客户保持长久关系，对双方都是有利的。

总之，中小企业会计信息化能够基于云计算平台获取大量的计算能力和数据处理能力得益于日渐成熟的虚拟化技术。在服务商提供的云计算平台中可以支持多个操作系统同时各自相互独立运行还不受影响，就是利用虚拟技术把资源抽象化，在虚拟的基础上运行计算机软件，减少兼容模式下的 CPU 占用。这种办法可以极大地提高计算机利用效率，也能有效降低计算机基础设施的投资成本。低成本是云计算能在中小企业会计信息化改革中推广的关键条件之一。我们需要借鉴国外成功的案例从技术层面不断完善云平台的搭建，结合最先进的 IT 技术为中小企业会计信息化建设添砖加瓦。

## 三、云计算环境下中小企业会计信息化网络设计方案

构建基于云计算的中小企业会计信息化模式有 3 种网络设计方案，分别是自行建网、互联网和虚拟专用网。其中自行建网对于中小企业的实施难度较大，虽然中小企业可以完

全依据自己的需求合理建设网络，数据安全性能最高，自主性较强，但是构建和维护成本需要自身承担，不适合中小企业。考虑选择这种方案的机构一般是对带宽和网络安全性要求较高的机构，如政府国防机密情报部门、金融公司或者经济实力相当雄厚的特大型企业。公共互联网，始于1969年的美国，人人皆知的Internet，在全球范围内广泛分布，在网络中的每台计算机都有自己唯一的网络逻辑地址，再利用共同的传输控制协议即TCP把所有通信设施连接而成巨大的国际计算机网络。它之所以广受欢迎是因为使用成本低，信息沟通速度快，交换形式多样，有图片、视频、文字等，不受空间和时间限制。但是一些财务核心机密数据不宜使用公共互联网传递，网络不稳定时传输速度受影响且安全性能较低，可适用于一般数据的传输。

虚拟专用网，即VPN（Virtual Private Network），正如城市中混乱的道路上专门建立公交专用通道，在公用网络基础之上如Internet、ATM（异步传输模式）、Frame Relay（帧中继）等建立一个临时安全的连接，相较于公共互联网，传输数据进行几倍加密，这个临时隧道既稳定又安全。在这个网络通道两端的链接并非端口和端口间的物理链路，而是一条公用网络中的逻辑链路，使用者想进入虚拟通道主要采用隧道技术、加密技术、解密技术、密钥管理和使用者身份验证技术。这样一来充分保证了数据的安全，远程客户也可以便捷地获取实时信息，远程互联，立即实现，加强了上下级、母子公司之间及商业伙伴之间交易安全，是连接企业各点间的无形纽带。选择虚拟网作为中小企业发展基于云计算的会计信息化系统适应了未来的发展趋势，用户只须简单地在公用网络上接入专线，然后进行相关配置，减少了不必要的软硬件投资成本和企业网络维护成本。VPN隧道经过了层层加密，最大限度地保护数据不被修改或盗用。综上三种网络方案比较，结合自身行业发展阶段特点，中小企可以把核心财务数据和需要内部共享的信息放在基于互联网的VPN，同时把公共互联网作为备选网络。

## 四、云计算环境下中小企业会计信息化机制

中小企业在选择云模式时需要利用企业生命周期理论，企业的发展阶段历经起步、成长、成熟到稳定，各个阶段的信息化需求是截然不同的。中小企业的信息化进程较大型企业的起步较晚，步伐也较为缓慢。为了抓住市场机遇、顺应信息化潮流，中小企业要及时调整信息化策略，部署云计算环境，选择云计算策略。

起步阶段的中小企业致力于开拓市场，在激烈竞争的狭缝中求生存，此时对于它们来说，生存是首要的，因其资金紧张，业务少利润也低，人才缺乏，相应的会计处理也简单，不需要高度的会计信息化水平就能满足日常财务需要。这时部署云计算环境是利用公有云，选择SaaS按需租赁服务的策略。中小企业一旦生存下来下一步就是壮大成熟，业务逐渐增多，原来的云策略已不能适应日益复杂的财务流程。此时需要的是专业的IT服务，企业拥有自主选择的权利，利用私有云部署云模式环境，选择PaaS平台即服务的策略，在平台中以低成本享受到专业订制和可靠的应用程序。随着规模的进一步发展，企业也进入了稳定的经营阶段，周期性的生产是这个阶段最为显著的特点。在周期性的循环阶

段，企业的会计业务复杂程度不同，淡季时企业对 IT 资源使用效率不高，会形成闲置浪费，而旺季时对 IT 需求会随着业务量的增加而增加。利用云计算可以实现自动按需分配 IT 资源，高峰时期分配足够资源，低谷时再过滤返回不需要的资源，在大大提升利用资源效率的同时最大化地节约中小企业会计信息化成本。这就是云计算模式下的灵活弹性分配资源优势，实现了随需应变。

在云计算逐步走入中小企业、展开了会计信息化的广泛使用的同时，云平台上存储的数据越来越庞大，为方便企业会计信息一体化可支持的功能也会越来越多。那么这个云端会积累大量的计算资源，就有可能出现系统瘫痪的情况。为了保证云平台在需求高峰值也能正常运营，需要建立有效的机制应对特殊情况的发生。

### （一）个性化模块机制

中小企业各自的财务处理过程、数据需求、商业运营模式等和自身所处的行业、规模大小、地域经济结构、信息化水平等密切相关。因此，中小企业的会计需求千差万别。传统的实现中小企业会计信息化模式一般是通过购买财务软件，在自己的客户端安装运行财务系统，若个别企业有个性化需求时可通过联系软件销售商，经过授权访问修改客户端程序中的相应代码即可实现更高级设置，该财务系统可扩展性强。而云计算模式下提供的财务服务则不同，中小企业无须购买软件系统，只要按需租赁 IT 资源即可。而且考虑到众多使用云服务的客户，通用性是其在设计系统功能时主要考虑因素，而且运行系统是由服务商管理维护，那么需要开发哪一种有效的个性服务机制优化设置才能既满足个别中小企业的需求的同时又不会影响到其他用户的使用呢？

为了能够适应中小企业用户对财务软件的需要，云计算服务可以提供不同的接口以及算法，即当用户有特殊需求时，授予其权限安装相应的对口控件，根据不同的地域、不同的行业推出对应算法的接口，用户可以在自己的客户端上对程序进行二次开发，利用云计算服务中的核心模式，再结合自身的特点订制自己所需控件和算法，而不需要的控件和算法则无须购买，这样可以降低用户在购买软件上的花费，并且省去了购买多余控件的费用，同时减少了云服务的资源，可以将资源发挥到最大用处上，减少了核心资源的浪费。例如，当某个行业税率、地域的特定税率发生变化时，中小企业可以利用控件发出请求单个修改某个算法，帮助企业进行纳税筹划，使企业在合法的前提下，降低纳税成本，有效地实现股东价值最大化。

有众多的中小企业还面临跨境贸易，为了保持会计核算的一致性，云服务商还应该根据企业要求在平台上增加多国语言任意切换功能。当然前提是必须既遵守国际会计准则又遵守国内会计准则，可以方便地把以外币计量的经济事项反映为以人民币计量的事项，予以记录、确认和披露。有的云服务商为了帮助企业实现整体信息化，进而提高企业管理水平，还把会计模块与其他业务模块紧密联系在一起，如销售模块、进货模块、存货管理模块、生产流转模块。这些多功能模块成一体化可以把不同业务流程产生的数据对接起来及时生成财务数据，节约了各自运行的成本。以上种种都是力求使中小企业用户的个别需求和云服务商的标准化财务系统相互协调平衡。

## （二）数据存储机制

一般而言，会计档案的保存年限较为长久，从 3 年到 25 年不等，有的重要的会计档案需要永久保存。作为记录和反映经济业务的重要史料和证据，电子数据的保管尤为重要。但是会计数据却随着业务增加和时间的推移而不断地增加，这使得数据的保管更加复杂。而且保存在本地计算机内存在病毒入侵、计算机软件更新、硬件淘汰以及物理性硬盘损坏等无法避免的难题，同时一旦公司面临改制、更换软件服务商或者会计政策的变更，需要追溯调整以前年度数据是如何有效保存、备份、转移、更新数据等，使会计核算具有连续性是中小企业面临的关键问题。

现在大部分软件服务商为了绑住客户，使用垄断的方式将数据接口难以兼容，从而使得后期的数据转移变得更加困难。同时，随着数据的日趋增加，云端存储的信息量也日益庞大，而且由于会计数据保存年限有特定性等要求，应该将会计数据存储机制嵌入云端服务中。这个数据存储机制要有软约束，云端服务要在遵循会计法律的前提下，根据中小企业用户的意愿将会计数据保存年限进行设定，当保存期超过后可以按用户要求及时删除过期数据，也应当及时优化处理冗余的大量数据，确保所有财务数据真实、准确、重要，符合勾稽关系。另一方面，建立合理的行业标准是非常有必要的，不同服务商采用某种通用的接口使中小企业的财务数据顺利从一个服务端转移到别的服务端，方便企业转换服务商或者当服务商面临破产时依然能使会计核算连续。

## （三）安全机制

### 1.访问认证设置

中小企业的核心财务数据存储在云端存在很大的安全隐患，如何防止任何未经授权的访问，确保财务数据的机密性，减少商业机密的泄露是云端服务最大的挑战。很多软件服务商提供统一认证方式，服务商将中小企业部门人员信息及登录信息进行编组、存储在服务商内部资料中，形成了这个企业访客的信息数据库，当有用户登录系统访问数据时，服务商需要调阅访客的信息进行核对并认证，登录用户方能查看自己权限范围内的财务数据，这种方式通过硬件系统的认证提高了数据存储的安全性，但是难以突破时空的限制，使用户很难随时对数据进行查阅。目前，银行采用的网上在线支付方式给我们提供了一个很好的借鉴，服务商根据不同的企业制作唯一的 USB 存储个人 CA 证书，给每个用户配发一个唯一的证书，用户在登录时只有身份信息和 CA 证书都匹配时才能登陆，并根据用户的权限进入系统查询对应级别的数据，有效降低了窃取账号或者越权操作的风险。除此以外，还可以引入高科技生物认证机制，例如虹膜验证、指纹识别。当然这会增加中小企业的服务费用，不过当用户规模扩大时能随之降低每个用户的成本，因此企业应全面权衡成本效益再选择其合适的安全机制。

## 2. 数据安全

目前，数据的传输过程也存在很大的安全隐患，黑客可以通过网络将所需要的财务数据、商业信息进行窃取，或者在数据上传时对财务数据进行篡改，从而影响数据的完整性，因此在数据的传输过程中也应该采取必要的安全措施。中小企业还可以将云端的 SQL 数据库进行加密，这样即使黑客在数据传输中窃取信息也不能得到有效的数据，或者在网络中开辟一条专用的传输通道，减少信息在传输过程中丢失，也可以为用户配置专用的、随时变更的密钥，只有密钥正确方能接收数据，避免数据随意传输，减少数据传输中接触到不良的信息，提高数据交互的安全性。服务商还应该提高防患于未然的意识，日常对数据进行严格的备份，在数据库主机上起码配备双机系统以应对偶然事故发生，可在必要时恢复数据。

## 3. 网络稳定性

为了保证会计核算的连续性，对网络传输速度和质量也提出了较高的要求。云服务商的服务器、数据库的数据在传输过程中不能存在拥堵及丢包的现象，如果丢包则数据会不完整，对财务数据的分析、修改会造成很严重的后果，而且要传输的速率很快，财务数据的处理时间上具有紧迫性，业务的发生要确保及时确认、核算和披露。某些数据一旦不能及时提供有可能使企业错失最佳盈利时机。因此，涉及中小企业重要财务数据的网络系统应该最好配备有双网线路，一条是常用主线路，一条应急线路，由不同独立运营商提供网络服务，以保证业务不会因为网络拥堵中断事故发生时中断，还可以设置级别优先处理重要会计信息。

## 4. 商业秘密安全

毋庸置疑，如今各类重大商业机密泄密事件层出不穷，带来了不同程度的损失。一旦存储在云端数据中心的中小企业的核心财务数据遭到泄露，将会牵扯到中小企业生存和发展，产生的负面影响也让中小企业难以承受。财务数据和其他普通数据不同，它关系企业的生命，财务数据包含企业业务流程各个方面和企业的关联客户信息。中小企业要有效地降低数据泄露风险和数据库黑客入侵风险，应当对数据级别分类，保留部分高级别数据在中小企业自身控制之下方便随时调取。建立对商业机密的动态监控机制，任何访问都保留日志记录，规范访问流程，建立泄密事件发生时的反应机制。当然，作为数据管理维护的云服务提供商员工的诚信水平也直接影响商业机密的安全。

## （四）会计信息披露机制

随着经济的发展，财务造假事件屡屡发生，如何合理进行会计信息披露备受多方关注。因为会计信息使用者来自不同部门，有企业员工、管理者、政府部门、消费者等，各自侧重的信息需求不同。近几年随着网络财务报告的兴起和 ×BRL 技术的发展，会计信息披露研究进入了新阶段。外部会计信息使用者最关注的是披露信息的真实可靠性并据此做出经济决策，那么需要及时完整准确地披露会计信息，减少中小企业财务造假的空间。云服务商作为财务服务提供商，是一个独立的第三方，要起到监督和制衡作用。借助于先进的标准报告语言，使不同会计政策下的中小企业财务报告内容标准化，具有可比性。我们应该转变思路，让云服务提供商代替中小企业执行信息披露。即云端数据库中心要实时进行会计数据同步更新，对存储在云端数据库中的信息要能直接控制数据接口。一方面中小企业按需租赁支付费用享受云计算服务商的 IT 资源，供应商要尽心尽责遵守监管部门的规定，及时合理地披露企业会计信息。另一方面，其他信息使用者想要查阅中小企业个别所需财务数据时经过企业和云服务提供商允许后付费获取，他们之间要达成合法的协议，云服务商还可以收取信息查询费，与企业分享这部分收益。这个机制就是设想把政府监管部门作为纽带，把云服务提供商与中小企业以及其他信息使用者连接在一起，以期更好地披露和使用会计信息。这个过程中值得注意的是云服务商本身是不可访问企业的会计信息的，它仅仅是提供一个接口供授权用户查询，除非得到企业授权允许代理财务记账、生成报表等。通过这个机制能减少会计信息不对称和会计信息的失真问题，可以按照会计法律法规的标准实施披露内容。

## 五、中小企业会计信息化系统与云计算的结合分析

云计算的出现迅速引领中小企业的新一轮会计信息化变革，把中小企业原来模式下的财务数据和业务处理流程与云模式实现完整高效的衔接非常重要。中小企业需要按业务模块如统计模块、成本费用模块、利润模块、管理固定资产模块、报表模块、查询模块等区分各自处理流程，掌握各自环节中的关键控制点和核心数据，理清彼此之间勾稽关系，从大局出发，要有战略性眼光。可以采用价值链分析方法，把低增值非核心资源通过按需租赁取得，集中精力投身于重要的增值业务中。对中小企业的会计信息化现状分析完后，要引入具有强大技术优势的云计算。基于云计算的中小企业会计信息化模式架构可以分为 5 层，不同结构对应不同的服务，可以分为应用层结构、云平台服务层、数据中心层、基础设施层、虚拟化硬件层。5 个层次有效整合分别发挥作用促进中小企业会计信息化。

应用层结构也就是采用软件即服务（SaaS）搭建中小企业的日常会计核算系统、财务数据查询系统、薪酬福利系统、经济决策支持系统、财务部门的门户访问以及与会计业务发生密切联系的模块。中小企业需要自行研发会计系统、开发应用环境或者建立数据库，可以灵活应用云平台提供的服务。对于企业的核心会计信息和对决策起重要作用的经济信息，可以利用数据中心层来完成大量的计算处理分析。通过基础设施即服务（IaaS）提供的虚拟硬件资源将可以用的计算资源分配至各用户，比如多大的计算能力，多大的内存空间、硬盘容量，是否需要数据的备份来按照用户的需要租用给用户，按照使用时间来收费，达到弹性利用计算资源能力。这几个层次提供的服务归根结底都需要通过 Internet 实现基于云计算的会计信息化体系。

利用云计算构建中小企业会计信息化体系应当由三部分构成：第一，会计核算平台，包括总账、日记账、明细账、存货管理账、成本核算账、收入账等具体业务集成的日常财

务核算系统；第二，财务管理综合平台，通过企业价值综合分析指标、资金投资分析、筹资管理、运营分析、平衡计分卡等全面预算指标体系创造企业价值最大化；第三，企业管理综合平台，企业的采购、仓储、生产、销售、行政管理、客户服务、售后管理等与财务流程密切相关，要把这些业务有机融合在一起形成企业信息化管理综合系统。例如，发生某项业务时，业务数据在云平台中传输得到处理，实时记录在会计信息系统中生成财务数据。云计算环境使得企业日常业务如与银行对账、向税务局报税、会计师事务所审计、客户之间交易和会计信息系统整合为一体，方便彼此之间沟通联系，有利于企业内部各个流程之间协作，可以及时反馈外部信息到企业的综合系统中实时做出决策。

# 参考文献

[1] 毕巧.大数据时代下会计信息化存在的风险及防范对策 [J].商业经济,2017 (02): 142-144.

[2] 曹立明.论基于云计算的会计信息化 [J].中国注册会计师,2011 (09): 113-115.

[3] 陈真子.大数据在会计档案管理中的应用发展分析 [J].中国商论,2020 (09): 156-157.

[4] 樊燕萍,曹薇.大数据下的云会计特征及应用 [J].中国流通经济,2014, 28 (06): 76-81.

[5] 冯冬云.会计信息化在企业财务管理中存在的问题及对策 [J].中国商论,2019(19): 153-154.

[6] 盖地,罗斌元.会计研究:理论与方法的思辨 [J].湖南财政经济学院学报,2014, 30 (01): 54-60.

[7] 盖地.税务会计概念框架构想 [J].会计研究,2014 (10): 3-12+96.

[8] 葛家澍,杜兴强.财务会计理论:演进、继承与可能的研究问题 [J].会计研究, 2009 (12): 14-31+96.

[9] 顾建莉.大数据时代会计信息化风险因素与防范对策 [J].质量与市场,2021 (23): 37-39.

[10] 郭楠.物联网条件下会计信息化的发展路径分析 [J].中外企业家,2016 (04): 152-153+160.

[11] 郭云.我国会计监督现状探析 [J].财会研究,2011 (12): 68-69.

[12] 韩爽.企业会计报表分析存在的问题与对策 [J].中国集体经济,2020 (02): 120-121.

[13] 何欣荣.浅论会计岗位交接工作流程及问题 [J].亚太教育,2016 (08): 232+231.

[14] 黄慧,杨扬.财务会计 [M].上海:上海社会科学院出版社,2018.

[15] 黄莉.会计信息化标准体系构建策略分析 [J].财经界,2019 (36): 193.

[16] 黄晓波,张霁.会计环境变革与财务会计理论创新 [J].审计与经济研究,2011, 26 (03): 67-75.

[17] 黄艳芝.基于云计算的企业会计信息化发展 [J].信息通信,2015 (02): 150-151.

[18] 黄宜华.深入理解大数据——大数据处理与编程实践[M].北京:机械工业出版社, 2014.

[19] 贾希玲.大数据时代下的会计信息化发展趋势及其风险防范 [J].经济研究导刊, 2016 (08): 138-139.

[20] 蒋韬，邱志鹏.电子会计档案管理的难点及对策研究 [J]. 兰台世界，2020（03）：77-79.

[21] 李赫.会计凭证电子化是未来发展的必然趋势 [J].计算机与网络，2020,46（08）：14-15.

[22] 李魁胜.会计人员加强职业道德建设研究 [J].中国乡镇企业会计，2020（03）：228-229.

[23] 李默.探索会计信息化对企业财务管理的影响分析 [J].中国储运，2021（10）：188-189.

[24] 李薇.论会计凭证的填制与审核 [J].中国商论，2018（34）：130-131.

[25] 李闻一，穆涌.会计信息化实施效率、实施周期与客户认知程度 [J].会计研究，2013（06）：39-46+95.

[26] 李雄平.信息化背景下会计领域的新发展 [M].成都：四川大学出版社，2019.

[27] 李玉环.关于会计从业资格问题的研究 [J].会计研究，2018（01）：16-23.

[28] 刘从兵.大数据、云计算背景下的会计信息化建设[J].教育财会研究，2015,26(01)：65-67.

[29] 刘光军，袁小平.采用借贷记账法编制现金流量表新探[J].财务与会计，2011(11)：46-49.

[30] 刘世峻.大数据时代下会计信息化风险因素及防范措施 [J].技术与市场，2021,28（03）：184+186.

[31] 刘玉廷.全面实施我国会计人才战略 [J].会计研究，2010（03）：5-11.

[32] 罗勇.会计学 [M].上海：立信会计出版社，2018.

[33] 欧玉辉.会计信息化标准体系的构建策略分析 [J].投资与合作，2020（06）：49-51.

[34] 彭超然.大数据时代下会计信息化的风险因素及防范措施 [J].财政研究，2014(04)：73-76.

[35] 任世驰，李继阳.公允价值与当代会计理论反思 [J].会计研究，2010（04）：13-20+95.

[36] 谭湘.财务会计 [M].广州：中山大学出版社，2017.

[37] 唐皓.会计信息化标准体系构建探究 [J].佳木斯职业学院学报，2020,36（01）：60+62.

[38] 田凤欢.浅谈会计报表附注信息的利用 [J].中国管理信息化，2019,22（20）：20-21.

[39] 王华，蔡祥，张程睿，等.互联网时代会计人员能力框架分层构建 [J].财会月刊，2021（02）：16-24.

[40] 王慧，洪辉.物联网时代会计信息化发展探析 [J].财务与金融，2012（01）：91-95.

[41] 王舰，李晓虎.物联网助推会计信息化变革浅探 [J].财会通讯，2010（22）：119-120.

[42] 王菁，梁文俏．人工智能下会计人员的突围 [J]．河北企业，2017（07）：51-52.

[43] 王鹏．云计算的关键技术与应用实例 [M]．北京：人民邮电出版社，2010.

[44] 王文军．会计工作交接的基本程序及应注意的问题 [J]．中国资源综合利用，2010，28（09）：54-55.

[45] 文茜．浅析借贷记账法中的借与贷 [J]．全国流通经济，2018（31）：143-144.

[46] 吴育湘，杜敏．财务会计 [M]．镇江：江苏大学出版社，2018.

[47] 谢彦琦，邵华清．物联网条件下会计信息化的发展路径研究 [J]．中国商论，2015（07）：157-159.

[48] 徐玉德，马智勇．我国会计信息化发展演进历程与未来展望 [J]．商业会计，2019（07）：7-12.

[49] 薛玉莲，张丽华．会计学 [M]．北京：首都经济贸易大学出版社，2016.

[50] 杨柳．企业电子会计档案管理困境的解决方案 [J]．商场现代化，2020（16）：159-161.

[51] 杨雄胜．中国会计理论研究应有历史使命感 [J]．会计研究，2012（02）：18-22+96.

[52] 杨周南，刘梅玲．会计信息化标准体系构建研究 [J]．会计研究，2011（06）：8-16+95.

[53] 张慧洁．关于会计信息化对企业财务管理的影响分析及对策探讨 [J]．现代营销（信息版），2019（10）：12-13.

[54] 张蕊，程淑珍，王建辉．会计学 [M]．上海：复旦大学出版社，2015.

[55] 张秀梅．分析会计信息化对企业财务管理的影响 [J]．财会学习，2021（32）：40-41.

[56] 周宏，张巍，宗文龙，等．企业会计人员能力框架与会计人才评价研究 [J]．会计研究，2007（04）：83-89+96.

[57] 周虹，耿照源．会计学基础 [M]．杭州：浙江大学出版社，2019.

[58] 周婧婧．关于会计信息化对企业财务管理的影响探析 [J]．中外企业家，2019（36）：9-10.